Axis aestheticus mundi Tauricam transit
КРЫМСКИЙ КЛУБ

НАШКРЫМ

OURCRIMEA

Антология НАШКРЫМ. Издательство «КРиК», Нью-Йорк 2014. - 288 с.

НАШКРЫМ – это антология современных поэтических текстов о Крыме на русском языке, в которую вошли произведения поэтов из России, Украины, Европы, Америки, Австралии и Израиля.

Антология выпущена в сотрудничестве с «Крымским Клубом» (Москва).

Составители антологии: Игорь Сид, Геннадий Кацов, Рика Кацова

ISBN-10: 0692354565
ISBN-13: 978-0692354568

Copyright © 2014 by KRiK Publishing House

веб-сайт проекта НАШКРЫМ: www.nkpoetry.com

веб-сайт издательства «КРиК»: www.krikph.com

веб-сайт Крымского клуба: www.liter.net

НАШ КРЫМ

Axis aestheticus mundi tauricam transit

из геополитики в геопоэтику

ИДЕЯ ПРОЕКТА

Axis aestheticus mundi Tauricam transit
(«Эстетическая ось мира пересекает Крым»)

НАШКРЫМ – это антология современных поэтических текстов о Крыме на русском языке, в которую вошли произведения поэтов из России, Украины, Европы, Америки, Австралии и Израиля.

Популярному в России в последние месяцы лозунгу «КРЫМНАШ», педалирующему на политико-административной принадлежности полуострова, на факте владения им, мы противопоставляем название сборника «НАШКРЫМ».

Логическое ударение, приходящееся на «КРЫМ», подчёркивает важность и самоценность полуострова, как предмета историко-культурных и эстетических рефлексий.

«МЫ» в такой формулировке – это поэты, авторы текстов о Крыме: те, кто его любит и для кого он что-то значит. В силу этого, и только этого, он – наш. В каком ключе сегодня полуостров ни рассматривай, внутри каких политических игр и конфликтов его ни бери, Крым, прежде всего – это место поэзии и поэтов.

Данная антология – своего рода поэтический миротворческий манифест, попытка возвращения Крыма из пространства раздора в пространство литературы и интеллектуального диалога, из геополитики в геопоэтику.

Кто-то, безусловно, скажет: проект наивен. Он не призывает, не отрицает, никому не угрожает и не воюет ни с кем. Но это поэтическая антология, а не сборник публицистических статей.

С одной стороны, поэзия и не должна призывать на баррикады, в атаку и хвататься за оружие. Она вообще ничего никому не должна. У Уистана Хью Одена есть известная строка: *«Poetry makes nothing happen»*. В силу ее лаконичности, можно перевести по разному: *«Поэзия последствий не имеет»*, *«Ничего в результате поэзии не происходит»*, а если совсем уже с досадой, то скорее: *«Ничего поэзия не делает!»*.

Все, что могут предпринять поэты по отношению к политиканам – это либо их не замечать, либо смеяться над ними.

С другой стороны, сегодня в реальной жизни льется и так много крови, так что не хватает еще, чтобы она лилась под обложкой поэтического сборника. И в этом – позиция авторов антологии, которые представлены стихами о Крыме. И только стихами о Крыме. Пример того, что можно и сегодня занимать в крымском вопросе достойную миротворческую позицию.

Поэтому к поэтам прислушиваются. Поэтому голоса поэтов, а не генералов и «народных избранников», в результате, во времени и остаются.

ОГЛАВЛЕНИЕ

АЗАРОВА НАТАЛИЯ (Россия)	10
АИНОВА ТАТЬЯНА (Украина)	13
АЙЗЕНБЕРГ МИХАИЛ (Россия)	14
АЛЕЙНИКОВ ВЛАДИМИР (Россия)	16
АЛЕКСАНДРОВ АЛЕКСЕЙ (Россия)	21
АМЕЛИН МАКСИМ (Россия)	22
АМУРСКИЙ ВИТАЛИЙ (Франция)	23
АРИСТОВ ВЛАДИМИР (Россия)	24
АРГУТИНА ИРИНА (Россия)	27
БАБИНОВ ОЛЕГ (Россия)	29
БАНДУРОВСКИЙ КОНСТАНТИН (Россия)	30
БАРСКОВА ПОЛИНА (США)	32
БАРАНОВА ЕВГЕНИЯ "ДЖЕН" (Крым)	33
БЕЛОВ ИГОРЬ (Россия)	36
БЕРДАН ЮРИЙ (США)	38
БИРЮКОВ СЕРГЕЙ (Германия)	39
БОНЧ-ОСМОЛОВСКАЯ ТАТЬЯНА (Австралия)	40
БРАЙНИН ГРИГОРИЙ (Украина)	41
БРИФ МИХАИЛ (США)	44
БУБНОВ АЛЕКСАНДР (Россия)	48
БУНИМОВИЧ ЕВГЕНИЙ (Россия)	50
БУРАГО ДМИТРИЙ (Украина)	55
ВАСИЛЕВСКИЙ АНДРЕЙ (Россия)	58
ВИНОГРАДОВ ГЕРМАН (Россия)	59
ВЛАСОВ ГЕРМАН (Россия)	60
ВОЛОВИК АЛЕКСАНДР (Россия)	61
ВОРОНИНА ОЛЬГА (Россия)	62
ГАБРИЭЛЬ АЛЕКСАНДР (США)	64
ГАРАНИН ДМИТРИЙ (США)	65
ГЕРШМАНОВСКИХ ИЗЯСЛАВ (США)	66

ГИНДЛЕР ВАЛЕНТИНА (США)	66
ГРИГОРЬЕВ ДМИТРИЙ (Россия)	67
ГРОМОВА ПОЛИНА (Россия)	68
ГУТКОВСКИЙ ВЛАДИМИР (Украина)	71
ДАВЫДОВ ДАНИЛА (Россия)	75
ДОЛИНА ВЕРОНИКА (Россия)	77
ДРАГИЛЁВ ДМИТРИЙ (Германия)	79
ДРОБОТ ВАСИЛИЙ (Украина)	79
ЕВСА ИРИНА (Украина)	83
ЕРМАКОВА ИРИНА (Россия)	89
ЗАМЯТИН ДМИТРИЙ (Россия)	91
ЗВЯГИНЦЕВ НИКОЛАЙ (Россия)	92
ИВАНЧЕНКО ИРИНА (Украина)	96
ИСАЕВА ЕЛЕНА (Россия)	101
КАБАНОВ АЛЕКСАНДР (Украина)	103
КАНЕВСКИЙ ГЕННАДИЙ (Россия)	108
КАПОВИЧ КАТЯ (США)	109
КАЦОВ ГЕННАДИЙ (США)	110
КАЦЮБА ЕЛЕНА (Россия)	113
КЕДРОВ КОНСТАНТИН (Россия)	114
КЛИМОВА ГАЛИНА (Россия)	117
КОВАЛЬДЖИ КИРИЛЛ (Россия)	121
КОРЕННАЯ ВАЛЕРИЯ (США)	125
КРИВУЛИН ВИКТОР (Россия)	127
КРОФТС НАТАЛЬЯ (Австралия)	131
КРУГЛОВ СЕРГЕЙ (Россия)	132
КУБЛАНОВСКИЙ ЮРИЙ (Россия)	133
КУДРЯВИЦКИЙ АНАТОЛИЙ (Ирландия)	138
КУРБАТОВ АЛЕКСАНДР (Россия)	139
КУТЕНКОВ БОРИС (Россия)	141
КУШНЕР АЛЕКСАНДР (Россия)	142

ЛАВРИН АЛЕКСАНДР (Россия)	144
ЛАЙТ ГАРИ (США)	147
ЛАПТЕВ МИХАИЛ (Россия)	149
ЛЕВИТ-БРОУН БОРИС (Италия)	149
ЛЕВЧИН РАФАЭЛЬ (США)	152
ЛЁВШИН ИГОРЬ (Россия)	158
ЛИТВАК СВЕТА (Россия)	163
ЛЮСЫЙ АЛЕКСАНДР (Россия)	167
МАЗЕЛЬ МИХАИЛ (США)	168
МАКАРОВ-КРОТКОВ АЛЕКСАНДР (Россия)	169
МАКСИМОВА-СТОЛПНИК МАРИЯ (Россия)	171
МАШИНСКАЯ ИРИНА (США)	174
МЕСЯЦ ВАДИМ (США)	178
МИНАКОВ СТАНИСЛАВ (Украина)	180
МИХАЙЛОВСКАЯ ТАТЬЯНА (Россия)	185
НОВИКОВ СЕРГЕЙ (Крым)	189
ОЛЬШВАНГ ХЕЛЬГА (США)	190
ПАРЩИКОВ АЛЕКСЕЙ (Россия)	191
ПЕРЕВЕРЗИН АЛЕКСАНДР (Россия)	194
ПОЛОНСКИЙ АНДРЕЙ (Россия)	195
ПОЛЯКОВ АНДРЕЙ (Крым)	197
ПРОБШТЕЙН ЯН (США)	202
РАХМАН ВИТАЛИЙ (США)	205
РЕТИВОВА ТАТЬЯНА (Украина)	208
РОМАНОВ АНДРОНИК (Россия)	209
РЫВКИН ИЛЬЯ (Германия)	210
САБУРОВ ЕВГЕНИЙ (Крым)	210
САЖИНА ВЕРА (Россия)	214
САПГИР ГЕНРИХ (Россия)	215
САФРАНСКИЙ ВАЛЕРИЙ (Германия)	219
САШНЕВА АЛЕКСАНДРА (Россия)	220

СЕВЕРИН НАТАША (США)	221
СИД ИГОРЬ (Россия)	225
СИЛИВАНОВ ВАЛЕРИЙ (Россия)	230
СКОРОДУМОВА ЮЛИЯ (Россия)	230
СКОРЫЙ СЕРГЕЙ (Украина)	234
СТЕПАНОВ ЕВГЕНИЙ (Россия)	238
СТРОЧКОВ ВЛАДИМИР (Россия)	239
СУМАРОКОВ ДМИТРИЙ (Латвия)	245
СУТУЛОВ-КАТЕРИНИЧ СЕРГЕЙ (Россия)	246
ТАВРОВ АНДРЕЙ (Россия)	251
ТЁМКИНА МАРИНА (США)	254
ТКАЧЕНКО АЛЕКСАНДР (Россия)	255
ХАЛЬБЕРШТАДТ АННА (США)	260
ХАРИТОНОВ ЕВГЕНИЙ (Россия)	260
ЧЕПУРИН ВАЛЕРИЙ (Крым)	262
ЧЕРНЫХ НАТАЛЬЯ (Россия)	263
ЧЕЧИК ФЕЛИКС (Израиль)	264
ШЕРБ МИХАЭЛЬ (Германия)	266
ШИШКИН АЛЕКСАНДР (Россия)	268
ШНЕЙДЕРМАН АСЯ (Россия)	270
ШНЕЙДЕРМАН ЭДУАРД (Россия)	273
ШРАЕР МАКСИМ Д. (США)	276
ШРАЕР-ПЕТРОВ ДАВИД (США)	277
ШУЛЬПЯКОВ ГЛЕБ (Россия)	280
ЩЕРБАК-ЖУКОВ АНДРЕЙ (Россия)	281
ЭЛИНИН РУСЛАН (Россия)	282
ЮДИН БОРИС (США)	283
ЯРОШЕВСКИЙ ЕФИМ (Украина)	284
ВСЕМ СПАСИБО!	287

АЗАРОВА НАТАЛЬЯ (Россия)
ПОЭТ, ФИЛОЛОГ

* * *

у окончанья пирса
дыханьице белеет
телосложеньицами плещет
летом человек пугает в человечий рост
вокруг столпились лепестками лиц
многоквартирные стихи
антимгновенно мне
что то аптечное моё
и набережное лишь по беспорядку
атланты за затылком
глинобитных улиц только
цепкой галькой
я та и та та я
я л т а и я
стих в форме ёлочной
игрушки
звенящей
изнутри

Ялта, лето 2010

* * *

тысячелетье ждёшь дождя
с открытым настежь
ртом заберёшься в край
голубка замолчала
полуденным и дальним расстояньем
сквозь про себя
прорвался
диван арабский
сыра прохладна
скамейка у кенассы
созревает каллиграфия
косая от дождя

Чуфут-Кале, 15 июля 2010

ЧУФУТ-КАЛЕ

караимским камнем
вера муравьями
потеплела луна
замолкли собаки

сумерками по краям
кворум собрался
скалами карабкаюсь
ступнями лекалами

НАШКРЫМ

              ушли на кладбище

       капуша такая
         медлит мышцами каменными
         как наша история

Чуфут-Кале, август 2008

У ЧАН СУ

       у белоскалого начала суммы
       у - функции отвесных мхов

            скрытный орёл запущен
            в безводный водомёт

       у проёма француз минутный
         звук хочет снять с пластин

       криво-стоял куском структуры у

       вселенная из тонкой выси шевелилась щелью
         застревая сочится струйкой
         мощь по складке у

       у - сумерки кочуют
         накопленной вершиной порослью отдельных у

          вы тут подождите сгустком
          пока я ствольно
          порции белёсые бессмертий
          пойду найду и приведу

У Чан Су, 16-18 сентября 2010

* * *

          готовится к
              холоду
      юг
        забивают фанеру
        пальцы одевают в саваны
        ктото укутал кактус
        море скатали
          звёзд поубавили
            безлунная линза
              съёжилась

Алупка, 5 января 2011

СЕНТЯБРЬ

из моря вылезает
мраморный бизон
и оседает
на камнях

Симеиз, сентябрь 2010 – июль 2011

ДОМАШНЕЕ ШУТОЧНОЕ

прикаЗ как каприЗ
симеиЗ
волны фризом вниЗ
виллы извне до слёЗ
существуют
хозяйственные ящерицы
и большие
сакли скалы сакли скалы
малые
разорены хазары
здесь
живёт азарова
муза симеиза медуза

Симеиз, 29 июля 2011

КРАСНЫЕ КРАНЫ НА СЕРОМ

полукочевые мысли
имена их
    прямоходящие
        солнца полузакат
       наш полузапад
      безветрие абсолютно

каждая бездна бездонна
день-ночь на плаву центр-мир

заводы   моно хромны в солнце
заводы   сквозь   заводы
заводов   тихие   заводи
о ялтинский первопредок!
твои корчевые причины
центр весь из полных крупинок
от смерти вверх по течению
              путешествие

Янцзы, 1 ноября – Ялта, 31 декабря 2012

АИНОВА ТАТЬЯНА (Украина)
ПОЭТ

ЮЖНАЯ НОСТАЛЬГИЯ

Как трудно было приобщиться к стройности
фигуры, отрастившей непристойности!
Ещё трудней поверить, что в пятнадцать
всё только начинает начинаться.

Как шла по Крыму под конвоем бабушки,
на платьице моё садились бабочки,
и мужики, кучкуясь на аллее,
про пиво забывали, столбенея.

Какие сны, какие виртуальности
лелеяли презрение к реальности!
Как этого всего казалось мало!
Как я была несчастна! Как страдала!

2.

Там чахлая листва,
но сладкие плоды.
Душистей, чем халва,
нарезаны сады.
Их избранный инжир
крошится всем подряд,
и даже миражи
без гонора парят.

И если б я могла
отбросить время вспять,
то я б тебя нашла
невинность потерять –
не здесь лет семь тому
на просто простыне –
внезапно, как в волне,
и школьницей, в Крыму.

БЕЛОЙ ЧАЙКЕ...

(Памяти Татьяны Алюновой)

«Разбилась чернильница ночи, /Прошёл за окном птицепад... «
Татьяна Алюнова

По слову: птицепад –
пришло и спеленало...
Стихи твои слепят,
как белое на алом,
как мир под сенью век
просторней интернета,
как птице падать вверх
и в небо – но не это
Спасибо, не-сестра,

что ведала и смела,
что трауром утрат
прорезался на белом
обратный декаданс
чернильной крымской ночи
и слишком щедрый шанс
прожить ещё короче

«Белой чайкой Судака» называли поэтессу Татьяну Алюнову, умершую 21 октября 1998 года.

ВНИКАЯ В НИКУ

    Н.Т.

Ещё не совсем трамплин.
Уже не совсем балкон.
Оконного света клин
тьма выставила на кон.
Любовь не ведёт к любви.
Любая дорога – прочь.
Отбросить себя – лови
в пустые ладони, ночь!

Ни слава, ни светлый принц,
иное – вообще фигня.
Как шприц только в вене – шприц,
так я только в смерти – я.
Боги с разных икон
лепили из разных глин.
Уже не совсем балкон.
Ещё не совсем трамплин.

Луна прожгла в облаках
глазок – на балкон глазеть.
А завтра – в чужих руках
молчком – в скрижали газет
впечатанной вдрызг – ой блин! –
разбитый пустой флакон...
Уже не совсем трамплин.
Ещё не совсем балкон...

АЙЗЕНБЕРГ МИХАИЛ (Россия)
ПОЭТ, ПИСАТЕЛЬ, ЛИТЕРАТУРНЫЙ КРИТИК

* * *

Высоко над Кара-Дагом
светел каменный плавник.
Здесь по складчатым оврагам
каждый дорог золотник.
А сухие травы жёстки
для дневного полусна.
Открывается в подшёрстке
золотая белизна,

входит в ткань его волокон
и в состав его пород.

Мёртвый царь в горе без окон
ест на золоте и пьёт.

1972

* * *

Дойдёт медузой и слюной
что гулким бесом начиналось,
текучий оттиск водяной
волна впечатала, прижалась.

Ждут зачехлённые кусты
на опрокинутом подзоле,
и полдень сводит все черты
как побелевшие мозоли,

чтобы расплавить, приживить,
пришить к себе любую нитку
и это небо подпалить
как парусиновую свитку.

1972

* * *

Крым. Раззевавшейся земли
закатанный буреет локоть,
и низкие холмы чехлит
мыском собравшаяся копоть

Всё ждёт себя переступить
(летит песок разгорячённый)
и выпрямить, и растопить
нечистый глянец навощённый

Что в пёстром воздухе снуёт,
не приближаясь, не слипаясь, –
чужое тянет как своё

И только я в клею купаюсь.
И мир не сходится в одно.
Не развести руками омут,
где светит тёмное пятно,
и всё растёт в ущерб другому

1974

АЛЕЙНИКОВ ВЛАДИМИР (Россия)
ПОЭТ, ПРОЗАИК, ПЕРЕВОДЧИК, ХУДОЖНИК

ТАВРИДА

Тебя ли с оливковой веткой
Примечу ещё вдалеке,
Желанную в грусти нередкой,
Хранимую розой в руке?

Разорваны горькие цепи –
И нет у толпы Божества,
Чтоб в древнем стенанье и крепе
Найти дорогие слова!

Ты радуги просьба, Таврида,
Войти в золотые врата
Где впрямь затихает обида,
Свирель возникает у рта

В перстах прозревая звучанье
И чаянье слуха даря,
Ты вся рождена как прощанье
И встречена словно заря.

Ты рядом со мной, Пиэрия,
Изранена тяжестью гор, –
Пускай торжествуют чужие,
А ты хоть сейчас на костёр.

Но пламя тебя не затронет,
Подобную белым лучам,
И в море твоём не утонет
Лишь то, что певцам по плечам.

Волнуемы терпкие степи,
Где тайна скитаний царит, –
И даже в Эребовом склепе
Асклепий тебя оживит.

1978

* * *

Тавриды благодать теплее исподлобья
злопамятная глушь поверье ли тоске
ты руки протянул и вьётся в изголовье
зимы кручёный мел на грифельной доске

египетской сумой на столике укромном
и розовым вьюном табачного цветка
ты время подарил и поровну дворовым
ты жизни пожелал печаль моя легка

холодным серебром касаться переулка
ты радуге верни не в силах повернуть

осенние цветы ограды и прогулки
акации вокруг и некуда взглянуть

так будет же светла за то что называла
медлительным веслом зенком и наконец
ты руки протянул и время миновало
и нежности своей жестокий образец.

1965

ЯЛТА

Блажен и возвышен язык
Изустно ценимой прохлады,
Где полудня спрятан тайник
Фестончатой тенью ограды,

Где полымем, бросившим в жар
Стенавшие сыздавна канны,
Броженья прибрежного дар
Вблизи возникает нежданно.

Пленился я лени стеклом,
Небрежностью брошенным с толком,
Как будто вода под веслом
Была неразумным осколком,

Но только щекою приник
К жаре на границе подлога –
В лучах задыхается миг,
И ты накануне ожога.

Зато хороши до чего
Щекочущих листьев каскады –
И очерк плеча твоего
Сродни содроганью менады.

И к двери, открытой страстям,
Идёшь ты над пеной морскою,
Безумным доверив горстям
Знакомство с толпой городскою.

1978

* * *

Тирсы Вакховых спутников помню и я,
Все в плюще и листве виноградной, –
Прозревал я их там, где встречались друзья
В толчее коктебельской отрадной.

Что житуха нескладная – ладно, потом,
На досуге авось разберёмся,
Вывих духа тугим перевяжем жгутом,
Помолчим или вдруг рассмеёмся.

Это позже – рассеемся по миру вдрызг,
Позабудем обиды и дружбы,
На солёном ветру, среди хлещущих брызг,
Отстоим свои долгие службы.

Это позже – то смерти пойдут косяком,
То увечья, а то и забвенье,
Это позже – эпоха сухим костяком
Потеснит и смутит вдохновенье.

А пока что – нам выпала радость одна,
Небывалое выдалось лето, –
Пьём до дна мы – и музыка наша хмельна
Там, где песенка общая спета.

И не чуем, что рядом – печали гуртом,
И не видим, хоть, вроде, пытливы,
Как отчётливо всё, что случится потом,
Отражает зерцало залива.

1991

* * *

Для высокого строя слова не нужны –
Только музыка льётся сквозная,
И достаточно слуху ночной тишины,
Где листва затаилась резная.

На курортной закваске замешанный бред –
Сигаретная вспышка, ухмылка,
Где лица человечьего всё-таки нет,
Да пустая на пляже бутылка.

Да зелёное хрустнет стекло под ногой,
Что-то выпорхнет вдруг запоздало, –
И стоишь у причала какой-то другой,
Постаревший, и дышишь устало.

То ли фильма обрывки в пространство летят,
То ли это гитары аккорды, –
Но не всё ли равно тебе? – видно, хотят
Жить по-своему, складно и твёрдо.

Но не всё ли равно тебе? – может, слывут
Безупречными, властными, злыми,
Неприступными, гордыми, – значит, живут,
Будет время заслуживать имя.

Но куда оно вытекло, время твоё,
И когда оно, имя, явилось –
И судьбы расплескало хмельное питьё,
Хоть с тобой ничего не случилось,

Хоть, похоже, ты цел – и ещё поживёшь,
И ещё постоишь у причала? –
И лицо своё в чёрной воде узнаёшь –
Значит, всё начинаешь сначала?

Значит, снова шагнёшь в этот морок земной,
В этот сумрак, за речью вдогонку? –
И глядит на цветы впереди, под луной,
Опершись на копьё, амазонка.

1991

НОЧЬ КИММЕРИЙСКАЯ

I

Ночь киммерийская – на шаг от ворожбы,
На полдороге до крещенья, –
В поту холодном выгнуть лбы
И зрения полёт, как обращенье
К немым свидетельницам путаницы всей,
Всей несуразицы окрестной –
Высоким звёздам, – зёрна ли рассей
Над запрокинутою бездной,
Листву стряхни ли жухлую с ветвей,
Тори ли узкую тропинку
В любую сторону, прямее иль кривей,
Себе и людям не в новинку, –
Ты не отвяжешься от этой темноты
И только с мясом оторвёшься
От этой маревом раскинувшей цветы
Поры, где вряд ли отзовёшься
На чей-то голос, выгнутый струной,
Звучащий грустью осторожной,
Чтоб море выплеснуло с полною луной
Какой-то ветер невозможный,
Чтоб всё живущее напитывалось вновь
Какой-то странною тревогой,
Ещё сулящею, как некогда, любовь
Безумцу в хижине убогой.

II

Широких масел выплески в ночи,
Ворчанье чёрное чрезмерной акварели,
Гуаши ссохшейся, – и лучше не молчи,
Покуда людям мы не надоели,
Покуда ржавые звенят ещё ключи
И тени в месиво заброшены густое,
Где шарят сослепу фонарные лучи,
Как гости странные у века на постое,
По чердакам, по всяким закуткам,
Спросонья, может быть, а может, и с похмелья –
Заначки нет ли там? – и цедят по глоткам
Остатки прежнего веселья, –
Ухмылки жалкие расшатанных оград,
Обмолвки едкие изъеденных ступеней,
Задворки вязкие, которым чёрт не брат,
Сады опавшие в обрывках песнопений,
Которым врозь прожить нельзя никак,
Все вместе, сборищем, с которым сжился вроде,
Уже отринуты, – судьбы почуяв знак,

Почти невидимый, как точка в небосводе,
Глазок оттаявший, негаданный укол
Иглы цыганской с вьющеюся нитью
Событий будущих, поскольку час пришёл,
Уже доверишься наитью, –
А там и ветер южный налетит,
Желающий с размахом разгуляться,
Волчком закрутится, сквозь щели просвистит,
Тем паче, некого бояться, –
И все последствия безумства на заре
Неумолимо обнажатся, –
И нет причин хандрить мне в ноябре,
И нечего на время обижаться.

III

Вода вплотную движется к ногам,
Откуда-то нахлынув, – неужели
Из чуждой киммерийским берегам
Норвежской, скандинавской колыбели? –
И, как отверженный, беседуя с душой,
Отшельник давешний, дивлюсь ещё свободе,
Своей, не чьей-нибудь, – и на уши лапшой
Тебе, единственной при этой непогоде,
Мне нечего навешивать, – слова
Приходят кстати и приходят сами –
И нет хвоста за ними – и листва
Ещё трепещет здесь, под небесами,
Которые осваивать пора
Хотя бы взглядом, –
И пусть наивен я и жду ещё добра
От этой полночи – она-то рядом, –
Всё шире круг – ноябрьское крыльцо
Ступени путает, стеная,
Тускнеет в зеркальце холодное кольцо –
И в нём лицо твоё, родная,
Светлеет сызнова, – неужто от волшбы? –
Пытается воздушное теченье
Сдержать хоть нехотя дорожные столбы –
От непомерности мученья
Они как будто скручены в спираль
И рвутся выше,
И, разом создавая вертикаль,
Уйдут за крыши, –
Не выстроить чудовищную ось
Из этой смуты –
И зарево нежданное зажглось,
И почему-то
Узлом завязанная, вскрикнула туга
И замолчала, –
Как будто скатные сгустились жемчуга
Полоской узкою, скользнувшей от причала.

1992

* * *

Откуда бы музыке взяться опять?
Оттуда, откуда всегда
Внезапно умеет она возникать –
Не часто, а так, иногда.

Откуда бы ей нисходить, объясни?
Не надо, я знаю и так
На рейде разбухшие эти огни
И якоря двойственный знак.

И кто мне подскажет, откуда плывёт,
Неся паруса на весу,
В сиянье и мраке оркестр или флот,
Прощальную славя красу?

Не надо подсказок, – я слишком знаком
С таким, что другим не дано, –
И снова с её колдовским языком
И речь, и судьба заодно.

Мы спаяны с нею – и вот на плаву,
Меж почвой и сферой небес,
Я воздух вдыхаю, которым живу,
В котором пока не исчез.

Я ветер глотаю, пропахший тоской,
И взор устремляю к луне, –
И все корабли из пучины морской
Поднимутся разом ко мне.

И все, кто воскресли в солёной тиши
И вышли наверх из кают,
Стоят и во имя бессмертной души
Безмолвную песню поют.

И песня растёт и врывается в грудь,
Значенья и смысла полна, –
И вот раскрывается давняя суть
Звучанья на все времена.

1991

АЛЕКСАНДРОВ АЛЕКСЕЙ (Россия)
ПОЭТ, РЕДАКТОР

* * *

Чревовещатель зачервивел,
В надломе шляпки потемнел,
Смотри, и в Керченском проливе
Подводный телек починил.

Бог пароходства и лукавства,
И это сходство неспроста,

Его звезда взошла над царством,
Гори, гори его звезда.

Храни подробное молчанье
На глубине советских рыб,
Переключи канал вещанья
Как Чук и Гек, минтай и хек,
О серебристый голубь мира,
Вернись в отеческий ковчег!

22 марта 2014

* * *

Играющий смысл забывает игры
И хором поющий не помнит о нотах,
Советское детство вернулось не в Крым -
В холодное лето нечётного года.

И дальше покатится время назад:
Ништяк на озябшее тело наденут,
И милые вновь оживут голоса
Построивших эти каналы и стены.

И сахар в крови, возбудив аппетит
У птиц, достучавшихся каменным клювом
До истин, но только их стая взлетит,
И музыка кончится – так говорю вам,

Сверчок, не забывший шесток и свисток
У гномьего лаза в закрытой гостиной,
Где роза в бесчисленный раз лепесток
Роняет, тряся головою невинной.

15 апреля 2014

АМЕЛИН МАКСИМ (Россия)
ПОЭТ, ПЕРЕВОДЧИК, ЛИТЕРАТУРНЫЙ КРИТИК, ИЗДАТЕЛЬ

ХРАМ С АРКАДОЙ

В Судакской крепости, если от Главных
ворот — налево — до локтя стены —
и вверх, особым на первый праздному
зеваке с виду ничем не приметный,
с торчащего зубом во рту столпа
единственным и с полушарием купола

по-над осьмигранником кратковыйным,
сей дом Господень, куда чередой
в устах отверстых с молитвами мирными
одни за другими, что на берег волны:
из диких нахлынувшие степей
законопослушники Магометовы

петь «Ля илляха илля-Лла» протяжно:
по зыбкому от Лигурийских пучин

пути пришельцы искусствоносные
свой строгий отчётливо «Патэр ностэр»
на мёртвом наречии повторять;
со «Шма Исраэль» далёкой изгнанники

земли, во всём полагаясь на свиток,
чьи буквы ведомы наперечёт;
пространств на суше завоеватели
и на море, «Отче наш» возглашая,
крюкам доверяться и знаменам;
простых прямые Мартина грозного

писаний наследники с «Фатэр унзэр»;
единоприродным Вышнего чтя,
из злачных вкруг древней Ноевой пристани
юдолищ выходцы, дабы страстно
«Хайр мэр» твердить и лелеять грусть,
рассудку низкому неподвластную, —

все были некогда здесь, а ныне —
в открытый с восьми до восьми музей,
где фрески, михраб и разноязычные
по стенам надписи, вход свободный,
и внемлет мольбам одинаково Бог
всего разобщённого человечества

АМУРСКИЙ ВИТАЛИЙ (Франция)
ПОЭТ, ЛИТЕРАТОР, ЖУРНАЛИСТ

* * *

О, киевские конские каштаны,
О, скалы Крыма в отсветах легенд...
Я - из страны, убившей Мандельштама,
Близ вас не виноват ни перед кем.

Увы, сто раз чужой бандитам будь я,
Мне никуда не деться от судьбы,
Ведь жар позора не измерить ртутью
И никаким снежком не остудить.

Так было в годы разные, так будет
Возможно (прорицать не одарён),
Однако даже самых мрачных будней
Я не сменю на праздник с блатарём.

И земляком считать меня едва ли
Имеет смысл тому, в ком зло не спит.
Я - из страны, где многих убивали,
Но не смогли убить при этом стыд.

Конечно, в ней всегда хватало быдла
И тех, кто лжёт, о том не дуя в ус,
Пусть меньше их, кому сегодня стыдно, -
Я к ним своей причастностью горжусь.

Апрель-май, 2014

* * *

Я не поеду этим летом в Крым,
Чтоб посетить волошинские стены
И подарить глазам аквамарин
Шипящей черноморской пены.

Сии края мне чудятся пятном,
Которое, наверное, запомню,
Как бабочку с расплющенным крылом,
Пришпиленную к синему картону.

Кому-то, может быть, наоборот
Она сверкнёт, как в световом потоке, -
Так, не стремясь влечений побороть,
И мёртвых их обожествлял Набоков.

Июнь, 2014

АРИСТОВ ВЛАДИМИР (Россия)
ПОЭТ, ПРОЗАИК, ЭССЕИСТ, МАТЕМАТИК

* * *

Над головою крымцев пролетел болид
Поболее телячьей головы
Светилось в нем и видно было опытное поле
Делянок не было
Лишь виноградарь в белой шляпе
С немыслимыми ласковыми глазами
Звал сюда отведать
Неземного вкуса
Вина

Март 2014

СТИХИ ДЛЯ ПРОЕКТА «СИСТЕМАТИЗАЦИЯ ВОДЫ НА КРАЮ ЗЕМЛИ»

Чем выше в горы, тем выше стена океана
Не перейти ее взглядом
И внизу в городах все живут у подножья
                      этой синей стены –
В кратере мы с пенистыми краями

Тень от шляпы-медузы или нас затмевает волна?
В черной чеховской Ялте ли
         ты нищим лежишь на белых
                    плитах
            меж бухт, где спускаются волны
                      черной Яйлы
У подножья лежать замершей, замерзшей от
            ее синего взгляда стены

Тень и горы от потопа всех не спасут
Ты в космический успеешь вскочить ковчег

Ну а он последним останется на белой
                    площади городов
Завороженным взглядом следя, как полупрозрачная
            Тень от шляпы ее, и ленты по
            пенному белому краю идут
Ледяною любовью ее остановленная волна
Что достигнет его пригоршней брызг.

Апрель 2009

ВОСКРЕСНАЯ ЯРМАРКА В ФОРОСЕ

Уже в темноте предутренней
            занималась очередь
            возникая частями голосов.

Сон длился, пульсируя под веками,
        все вслепую ощупывали впереди стоящих,
            словно фрукты,
            обернутые в знамя.

Казалось, сон дозированный
        спускался к нам с рассветных гор,
            со стен московских магазинов
                от сытых фресок тех,
            в щедрости всеюжного загара.

Тогда в пятидесятых школьниками
        мы в очереди стоя, пересмеивались,
        но сердце, горящее, как вырез у арбуза,
            готовы были незаметно передать
            в ответном жесте на гору.

В той очереди томной
        внушало все нам, что надо запахи
                преодолеть
            из долины тесной подняться, чрез орды дынь,
        чтобы от яблоков, гранатов
            оставалась лишь прохлада, как благодарность.

Нас звали воспарить,
    пройти сквозь кожу пористую фрески,
        порхнуть под арку,
            где модерна нашего авто мелькнуло ненадолго,
            оставив полости, рельефы...
                подняться ввысь сквозь нарисованное время,
            где ткань одежды пропускает свет, как шкурка от плодов,
            выше груд из фруктов на плафонах,
            выше магазина «Фрукты»
        в доме том, где на фасаде – кариатиды –
            стоят с заломленными за спину локтями.

Превыше превентивной тьмы,
        что вы приготовляли миру, –
    над верховной фреской –
    и сразу темнота ночная.

В тех квартирах до дрожи незнакомых,
     где ты не был никогда,
 в пространствах, уготованных для будущего,
   где людская жизнь шевелится
неозаренным золотом «Рая» Тинторетто
     в палаццо дожей
  нас приготовили терзаясь для расцвета
   к изгнанью в рай
    чтоб разрастаясь в спальнях коммунальных
  достигнуть тесноты извилин
     внутри священного ореха.

Но мы не укоренились там
   мы полетели меж зеркалами –
    небом под потолками
    и дном дождливой ночи,
  где ты мой друг предшкольный
  там в палаццо незримого подъезда
  за кирпичами в высоте ты, Саша Кирпа, был

Исчезли мы из стен,
  сохранив лишь плоть под одеждой
   цвета невыразимого осенней пропускной бумаги –
  прозрачность, дынность, тыквенность...
  мы превращались на глазах в плоды иные,
опознавая друг друга где-нибудь, случайно:
у транспаранта трепета ярмарочного грузовика
в месте подобном... кто помнит: «Форос», по-гречески – «дань»?

Мы избежали и судьбы вещей,
   витрины были переполнены
   дешевыми разноусатыми часами
  тогда вещам, считалось, достойно стать часами
   /иль фотоаппаратом ФЭДом, например/
    показывая одинаковое время.

Теперь в том доме только темнота
   жизнь выбита из окон
   бездомные и те его покинули
  оскорблены и выскоблены липы перед ним

Перегорела в черноту та сладостная мякоть,
   но мы, превратившись частично
    в подобье овощей и фруктов
    /похожие на муляжи/
  все ж отличим себе подобных от съедобных.
И в очереди сонной и ночной
    /уже чуть пыльной/
   я обниму тебя
   немного впереди смотрящего

Сдернется простынная завеса
с нашей скульптурной группы овощей культурных
   мы – перемирие.

Флаконы духа высохли, но море простое – рядом.

1987, 90, 93.

АРГУТИНА ИРИНА (Россия)
ПОЭТ

ПУТЕШЕСТВИЕ В КИММЕРИЮ – XXI

1.

Не ждать погоды. Ехать к морю
искать покоя.
Привычно море слезы смоет
водой морскою.

Она ничуть не огорчится,
вода морская,
когда, от пятки до ключицы,
беда людская
в нее войдет –
и станет легче
почти в три раза,
слегка отпустит вольных женщин,
парящих брассом.

Заплыв далек, а небо – сочно,
волна – небрежна.
Рассыпан сахарный песочек
на побережье
чужой страны,
родной когда-то,
где море, внемля
всем анекдотам бородатым,
целует землю.

2.

Целует море – Киммерию
ли,
Украину –
целует землю, как Марию
или Марину.

Заворожит любимых женщин
закатом,
        вроссыпь
швыряя вверх сирень, и жемчуг,
и абрикосы.

И тут же гасит свет стыдливо
движеньем быстрым
ночь
        над нецарственным заливом
Феодосийским.

3.

Дорога в Керчь – стрела над степью,
такой, что всю бы

стерню спалить – и можно сеять
драконьи зубы.

И травы жгут. А что посеют,
пожнут когда-то.
Меж двух огней, к Пантикапею
и Митридату
ведет дорога –
                  в город мифов
тысячелетних,
где дух сарматов или скифов
живей скелетов
судостроительных гигантов,
уже почивших.
Конец?
       Но глазом Митридата
сверкнет мальчишка,
грифона оседлать решится –
а мать: куда, мол?!
И свет, и тень –
               и век ложится
на старый мрамор...

             4.

Летели вниз – и вдруг на спуске
притормозили.
...На стенке крупно и по-русски,
что Крым – Россия.

А где-то музыкой сгоняют
толпу к восторгу.
А ветер западный склоняет
траву к востоку.

И время стынет-не настанет
в немых вопросах:
к двум неизвестным,
что – крестами,
добавят посох:

так в странах дальних и поближе,
в селеньях близких
названье века снова пишут
по-древнеримски.

Драконьи зубы сеют в поле.
Пшеницу сеют.
Растят и жнут. И только море
целует землю.

             5.

Вагон плацкартный. Двое суток.
Уже и третьи.
Вернутся тело и рассудок
в свое столетье.

В тумане скроются от взоров
земля и космос –
вот так рождаются озера,
гранит и сосны.

Окно заплачет безутешной
слезой законной,
а пятилетняя Надежда
всего вагона

сомкнет ракушечные бусы
на тонкой шейке
и улыбнется – так искусно
и так по-женски...

2006

БАБИНОВ ОЛЕГ (Россия)
ПОЭТ

ОБРАЩЕНИЕ БРАВЛИНА

Десять дней напролет мы рубили упрямого грека,
десять дней под мечом и огнём Новагардской Руси
город Сурож сжимался, скукоживался до ореха -
мол, кусай скорлупу да язык себе не прикуси.

Лишь когда наши во́роны очи склевали ромеям
и подземные духи им кожу спалили дотла,
под развёрнутым знаменем с вечным безжалостным змеем
наша злая дружина в притихшую крепость вошла.

Греки прячут богатства по тайным ходам и подвалам.
Мы решили потом пошерстить по торговым домам.
Первым делом в их капище - вот, где добычи навалом!
Раки, чаши, оклады и всё, что там дарят попам.

Я, Бравлейн, и братишки мои назывные -
Ингворь, Глейфь и Хёлегр понеслись на весёлых конях
и дружины впреди налетели на Айя-Софию,
но запутались ноги коней в золотых кружевах.

Словно в царстве огня - даже ярче вершин Мусспелльхейма!
Я не помню как в точности было - но словно был рад...
Я упал из седла над могилою скальда Стефейна,
я упал из себя - и лице обратися назад.

Если раны болят, можно выпить целительной браги -
эта ж боль непохожа на жжение резаных ран.
Сквозь меня прорастали, как травы, кровавые саги.
Как зовут, я спросил тебя, стебель? Ответил - Стефан.

Сквозь меня пролетали то скифы, то готы, то гунны,
басурманы жгли правнуков, правнуки шли напролом,
у Федюкиных гор на скаку погибали драгуны.
Как зовут, я спросил тебя, камень? Ответил - Петром.

Сквозь меня проходила дружина - их звали морпехи -
на помывку в Валгаллу, на мыльную гору Сапун,
гимназисты, студенты, поручики, камни, орехи.
Как зовут, я спросил тебя, дьявол? Молчит - Бела Кун...

Храбрый Ингворь, верни окаянство, вдохни его в уши!
Мудрый Глейфь, поверни ты мне блёклые очи на свет!
Безрассудный Хёлегр, спой мне песню о море и суше!
Над лицом, обращённым ко бездне, стоит Филарет.

Филарете! родименький, старенький мой, Филарете!
Разве новая жизнь мою старую жизнь не убьёт?
Я готов заплатить самой главной монетой на свете,
чтобы только лицо обратилось отныне вперёд!

Десять дней я молился Христу на могиле Стефана.
Десять дней на коленях без сна, без еды, без питья -
и когда стало поздно, и позже, когда стало рано,
я увидел, как кончился я и как сделался я.

Филарете! родименький, старенький мой Филарете!
С поворотом обратным видавшего виды лица
я узрел Скифский Понт, рыбака и рыбацкие сети
и себя лет семи высоко на руках у Отца.

Пояснения от автора:

Бравлин - легендарный варяжский русский князь, взявший Сурож (Сугдейю, Судак) и принявший христианство на могиле Св. Стефана Сурожского.
Поводом к обращению был странный недуг - «лице обратися назад», возникший после разграбления собора Софии (у византийцев, как впоследствии на Киевской и Новгородской Руси, главные соборы посвящались Софии).
Бравлин был из некого Новагарда, но Новгорода Великого в VIII веке еще не существовало.
Мусспельхейм - огненная страна в германо-скандинавской мифологии.
Драгуны, погибшие у Федюкиных гор - британские драгуны времён Крымской войны. Помните Charge of the Light Brigade поэта-лауреата лорда Теннисона?
Пётр - это и легендарный матрос Пётр Кошка, и барон Пётр Врангель. Если бы Врангель, готовый отдать помещичьи земли крестьянам, встал во главе белого движения в 1918, а не в 1920 году, мы, возможно, родились бы в другой стране.
Бела Кун прославился, в том числе, как палач Крыма, устроивший красный террор в 1920 году после бегства врангелевцев.
Филарет был учеником Стефана и наследовал ему как епископ Сурожа. Он обратил Бравлина в христианство.

БАНДУРОВСКИЙ КОНСТАНТИН (Россия)
ПОЭТ, ИСТОРИК ФИЛОСОФИИ, ПЕРЕВОДЧИК

ЧАЙ

1.

Чаем пустым
Вдоволь напился и я.
Станция узловая.
Железнодорожная

Линия.
Звоном чугунным
Время как билом по рельсу.
Топот табунный
Будущего – раз-два-целься!.
Из мирового
Пожара истории –
И с головою
В гору зарою
Тело,
Чтобы оно не звенело...

2.

Станция Юности.
Белые яблони по краям.
Узкие улицы.
Мокрая
Зелень утренняя.
К морю пешком
Через грушевый сад
Не торопясь дойдём
За два часа...
Что ж, веселей шагай!
Дай
Радость ногам.
Только купи чай
И сахара килограмм.

3.

Но там, за холмом,
Старые груши горят –
В брошенный барский дом
Грохнул шальной снаряд.
Горький знакомый дымок
Веточек красноватых,
И попивают чаёк
Сделав привал, солдаты.
Если горит земля –
Пересыхают реки.
И снова лежат в углях
Разгромленные библиотеки.

4.

Я равен своей стране,
Покрытой артерий сетью,
И полыхают во мне
Огни раскалённой медью.

...Под стук вагонных колёс,
Под говор торговцев южных
Качаясь, кавказец принёс
Стаканчик с ложкой жемчужной.
Ладони я согревал,
И грезил уютом дома –
А утром – уже вокзал
И – в незнакомый гомон...

5.
…Остались трупы да пни.
Солдат спросил у старухи:
"К чему ты плачешь? Они
Давно к слезам твоим глухи.
И не помянешь всех,
Кого исхлестал ливень
Свинцовый" – в ответ: "Я тех
Оплакиваю, что живы…"

2003, Славянск – Старый Крым.

БАРСКОВА ПОЛИНА (США)
ПОЭТ

Четвёртое письмо о русской поэзии
КОКТЕБЕЛЬ, АНГЕЛ ВРЕМЁН, 1918

Марине Бокариус

Казавшийся бесформенным помпезным
Он обернулся зрячим и железным,
Жирдяй у моря, сердолик в руке,
Он говорил ку-ку разъятым безднам
Истории. Вполне невдалеке
Красавцы из ЧК спирток цедили,
Красавиц со всей строгостью судили –
Блондинку – в ночь, а рыжую – в расход.
И тоже в море камешки кидали
И море приносило чудный всход.
Оттуда подымался голос новый
Для чудака и мамкина сынка,
Чтоб он, и празднословный и лукавый,
Для постояльцев роль играл манка –
Высоким голосочком томным дочкам
Профессоров, расстрелянных во рвах,
Вещал – и травки приставали к строчкам
Степные – и на плоскеньких холмах
Дрожало эхо, искажало эхо
Всех прихвативший, поглотивший страх,
Всем ненадолго делалось – до смеха.
М. клокотал в предчувствии успеха.

М. корку заржавевшую терзал
(да-с, толстякам невыносимей голод),
М. плакал, лгал, кокетничал, дерзал
И наблюдал – всплывают серп и молот
Туда, где раньше над его холмом
Спала Венера нервным, вещим сном.

лето 2011

БАРАНОВА ЕВГЕНИЯ «ДЖЕН» (Крым)
ПОЭТ, ПРОЗАИК, ЖУРНАЛИСТ

СЕВАСТОПОЛЮ

И мой браслет,
и слёз собачьих блеск,
и осени божественная лажа.
Звони.
Звени.
Я уношу свой крест,
как тайну неглубокого корсажа.

Звони-звени!
Оливки.
Фонари.
«Всё по 15».
Барышни в балетках.

Когда уйдут все наши корабли,
на океан наклеят этикетки.

И разольют мой город по холмам,
по пузырькам для моложавых пальцев.
Когда уйдут все наши...
Океан
подыскивает новых постояльцев.

2012

НОЯБРЬ В КРЫМУ

Лишь горы позвоночником Земли.
Лишь оттепель, пристёгнутая к лужам.
Никто не свят. И пустота внутри
куда больней, чем пустота снаружи.

Лишь акварель. И сосен корабли.
И крыши, обветшалые некстати.
И что бы ты кому ни говорил,
одной души по-прежнему не хватит.

Один замолк, соседний занемог,
одна бутылка выжата об стену.
Ноябрь в Крыму не то чтобы замок:
он ключник и замок одновременно.

Какая тишь! Хоть ласточкой об лёд.
Размыло дни на стареньком планшете.
Никто не свят. У осени пройдёт.
И ты пройдёшь – как не было на свете.

2013

* * *

Закрой мне глаза.
Я увижу орлов, орлиц.
Их высокие гнезда.
Их головы.
Вальс когтей.
Они кормят птенцов, они падают саблей вниз.
Открываешь глаза – исчезнут, как те и те.

Закрой мне глаза.
Я увижу короткий дом,
все четыре окна, акация, двор, подъезд.
Рукомойник-апрель – и купаются дети в нём.
Открываешь глаза – не выдохнуть здешних мест.

Закрой мне глаза.
Я увижу свою зарю,
свои полные щёки, царапинки, ворох лент.
Я любила тебя, любила, любила, лю...
Открываешь глаза – а юности больше нет.

2014

* * *

И говорили овцы: «ба!ба!ва!».
И девочки заслуженно старели.
Росли на гидропонике слова.
Чапаеву мерещился Пелевин.

Мой старый мир, мой дивный старый мир
застрял в зубах – початком в молотилке.
Какое лето выдалось! Салгир
так обмелел, что вместится в Салгирку.

Какие вишни! – Вырубленный сад.
Мой Треплев переписывает «Чайку».
Все хорошо. Никто не виноват.
Обед в обед. Чистейшие лужайки.

Коньяк. Кальян. Коробка курабье.
Весёлый старт для быстрого начала.
И говорили овцы: «бе!бе!ве!».
А я молчала. Плакала. Молчала.

2014

БОЛЬНО И ТЩАТЕЛЬНО

Больно и тщательно
    (мыльной водой в носу)
я выживаю из памяти бледный лик.
Чтобы не помнить -
    день в молодом лесу.
Странные-странные майские напрямик.

Больно и тщательно стёклышко стеклорез
делает многочисленней и слабей.
Чтобы не помнить –
                город на букву С.
Его херсонесов, бункеров, лебедей.

Больно и тщательно –
                мелочно, жадно, зло.
В старых кроссовках, в берцах, на каблуках.
Так разделяет тоненькое сверло
камень на до и после.
                На лепестках
не оживают пчелы.
        Так Млечный Путь
движение кисти свёртывает в тупик.
Больно и тщательно!
То есть – куда-нибудь.
В недосягаемость всех телефонных книг!

В невозвращаемость!
В нЕкуда!
В никудА!
Чтобы не помнить! Чтобы совсем не знать!
Рой твоих родинок, мыслей твоих вода.
Как это больно
        (и тщательно) отдавать!

2010

ADIEU

Пора, мой друг, пора!
(не помнит и не просит)
покой неукротим,
знакомым всё равно.
На раненой листве уже вторая проседь
искрится и горит, как оптоволокно.

Пора, мой друг, пора:
горячих круассанов,
горячечных забав,
горчичных свитеров.
Я помню о тебе. Просторно и пространно.
Я помню о тебе в нелучшем из миров.

И жёлтые цветы в отбеленные руки,
и зимние духи, и пьяный Херсонес.
Пора, мой друг, пора – отпущены фелюги,
расставлены кресты и вечности в обрез.

Я буду помнить всё.
Единственные даты
единственной любви зарыты между строк.
«Пора, мой друг, пора». Пропущена цитата.
Пропущены звонки. Пропущен эпилог.

2013

БЕЛОВ ИГОРЬ (Россия)
ПОЭТ, ПЕРЕВОДЧИК

СТИХИ О ВИНЕ И ГЛИНТВЕЙНЕ
(триптих)

> *...пока развозит меня между вином и виной...*
> Андрей Хаданович

1

Пока земля ещё навеселе
и по рукам идёт, слегка на взводе,
нас караулит смерть, остекленев
на призрачном подпольном винзаводе.

Мы глушим это палево винтом,
поэтому вот так неотразимо
от сказанного вслух разит вином
с неуловимым привкусом бензина.

Наверное, я лишний человек,
и мне б уже словить, без волокиты,
глобальный, словно оттепель, флешбек
в смешных полутонах жёлто-блакитных,

чтоб взять да и увидеть – как теперь –
из чёрных недр калининградских баров
прижатый прямо к морю Коктебель,
весь в ссадинах от солнечных ударов,

где падающим звёздам смотрят вслед
налившиеся свежей кровью розы,
и всё на свете освещает свет
ущербных лун,
погибших от цирроза.

2

Табачным дымом воздух перекрыв,
мы выпьем, и мгновенно станет ближе
далекий обоюдоостров Крым,
герой бездарных санаторных книжек.

Скажи «изюм», судьбу переиграв,
умножь высокоградусную муку
моих плодово-ягодных отрав
на скорую креплёную разлуку,

никто не брошен посреди песков,
не пролегли границы между нами,
а просто время гасит кинескоп
и площадей оранжевое пламя.

Прихлопнуты газетной полосой,
отчаливают в прошлое до завтра
донецкий гопник, девушка с косой,
бандеровец с лицом ихтиозавра,

и, как в немом от ужаса кино,
с пробоинами в корпусе минфина,
полями ржи на золотое дно,
подняв волну, уходит Украина.

Но хрен забудешь эти голоса,
часть речи, пребывающую в трансе,
обитые железом небеса,
аварию на гефсиманской трассе,

апостолов, расстрелянных в упор
на запасном аэродроме мрака,
– и почерневший от тоски кагор,
сочившийся из топливного бака.

3

И в тот же вечер я тебе сказал,
что ты, иными говоря словами,
не женщина, а облако в слезах
над нашими большими городами.

Неслабый дождь со спиртом пополам
им заливал глаза в стальной оправе,
а я сдавал спасителя ментам,
воздушный поцелуй ему отправив,

и я в упор не видел берегов,
склонялся ангел надо мной в печали,
когда мой рейтинг падал мордой в плов
с таких высот, что еле откачали.

А завтра в нашей северной стране,
в которой занят я полураспадом,
недорогих кафе во глубине
приволокут и мне канистру с ядом.

Всё оживёт – бумажные цветы,
убитые дорогой километры,
твой мёртвый телефон и даже ты
в слепой воронке мусорного ветра.

Сойдя с парома где-нибудь в Литве,
ты мне соврёшь, что путь назад заказан
и что не кровь на блузке, а глинтвейн,
разбавленный холодным польским джазом.

Повалит снег, и я услышу, как,
приняв стакан, практически в отрубе,
играет на трубе один чувак
в прокуренном насквозь варшавском клубе –

спалив дотла огнём тяжёлых нот
нутро бессонной европейской ночи,
он слишком много на себя берёт,
вокзалы и пивные обесточив.

Пускай уже и музыка не та,
что доносилась с площади де Голля,

когда нас обнимала темнота
и мы тонули в ней, как в алкоголе,

но всё равно – ни жить, ни умереть
нельзя, пока, растягивая соло,
царь иудейский выдувает медь
из наших разговоров невесёлых.

Калининград, август 2010

БЕРДАН ЮРИЙ (США)
ПОЭТ, ЖУРНАЛИСТ

ТАНЦЫ У МОРЯ

1.

И снова в этом прибрежном баре
Танцуют танго седые пары..

Сентябрь над миром, над морем полночь.
Когда-то был он для нас – ты помнишь? –

Не просто старым красивым танцем,
А звёздной вспышкой – протуберанцем!

Был танцем бунтов и укрощений,
Прощаний наших, твоих прощений...

Был танцем страсти – хмельной, пружинной,
И женской власти твоей вершиной.

Танцуем танго, танцуем в белом...
Луна в треть неба над Коктебелем!

Но танец этот иного рода,
Другого нрава теперь и ранга:
Танцуем танец ухода – танго.

2.

Дул ветер с моря, медленный и влажный.
Под смех, аплодисменты и прибой
Мы танцевали танец бесшабашный –
Почти забытый, старый... Молодой.

Хмельной оркестр, певец – стальная глотка,
Минуты между счастьем и бедой...
Она – рыжеволосая красотка,
И я – худой, высокий и седой.

Ни прошлого, ни срочных дел, ни выгод!
Случайный выбор – решка и орёл...
Ее дебют и мой финальный выход –
Мы танцевали с внучкой рок-н-ролл.

Узнаете, что нет меня, не плачьте,
А вспомните сквозь камнепад недель
Тот рок-н-ролл – девчонку в красном платье,
Меня в костюме белом, как метель.

СЛУЧАЙНАЯ ЛЮБОВЬ

1.

Шла на покой к восьми жара,
Был пьян с утра – не пил ни грамма...
Какая женщина ждала!
Какая музыка играла!

И мир вокруг был прост и нов,
Без драм и без материй сложных -
Рассветный холод валунов,
Вкус лимонада и пирожных...

За всё воздастся – я приму,
Но пусть живут во мне, нескладном
Любовь случайная в Крыму
И губы в креме шоколадном...

2.

Про любовь с эстрады пел маэстро...
Прядь над бровью, профиль леди Ди.
Знал бы, на всю жизнь бы насмотрелся
На лицо и линию груди.

В стыни вьюг, в рассветной сини юга,
В городах, где сонм огней и смог,
Как мы жизнь прожили друг без друга?
Очень просто. Я ведь как-то смог...

Заросли следы от ран и ссадин,
Теплоходы в ночь ушли, трубя.
Проще нет мотнуться в Ялту на день...
Что мне делать в Ялте без тебя?

Буруны белели в темпе вальса,
Вечер камнем падал на корму...
Знал бы, на всю жизнь нацеловался
На исходе августа в Крыму...

БИРЮКОВ СЕРГЕЙ (Германия)
ПОЭТ, ЛИТЕРАТУРОВЕД, ФИЛОЛОГ

СБОЙ СТОП

Памяти Максимилиана Волошина

крым соткан из камней стихов свинца
край мы отторгнут не отринут
мы рук не отпускаем от лица
мырк втянут в сердце и стрелой не вынут

хыть этнос кажется до дырочек изношен
пригнут к земле придушен
вдоль берега сквозь мрык бредет Волошин
мы догадались он не равнодушен

о русская поэзия уже за шеломянем
стопа стопою о стопе стопы
давай мы сбоем ударения помянем
в составе почвы кро и плы

2007

КЕРЧЬ

     В.

испытание керчью
испытанье речью
керчь
черк
речьк
к реч
рек ч
керчь
вечер
речет
чет-нечет
перетечет
из в
в из
изгиб
касание
волн
челн
через
речь
губ
бег
гебы
луг
гул
губ
в
губ
и
свечение
Лун

БОНЧ-ОСМОЛОВСКАЯ ТАТЬЯНА (Австралия)
ПОЭТ, ПРОЗАИК, ФИЛОЛОГ, КУРАТОР

МНЕМОЗИНА В ФЕОДОСИИ

Стала уже забывать, как звали дворовых друзей,
Подманивали голубей, добегали до Карантина,

Там, у мыса Ильи, поскользнешься между камней,
          Ноги в царапинах, руки в тине.

А наверху, на горе Тепе-Оба, рыжеет трава,
Запах дурмана и розы, полыни и ельника,
Колет сквозь платье, пьянит, кружится голова,
          Целовались в тени можжевельника.

Зелень куста густа, колючки остры, сладка пыльца,
Не пролезть насквозь, не добраться до ежевики,
На другой год листва не припомнит лица,
          Тропы в серой пыли, прохожие многолики.

Если свернуть с дороги, если знаешь места,
У подружки бабушка в детстве коров водила,
Среди высоких колючек четыре колодца, узкие, а вода чиста,
          На камнях плющ, по соседству кусты кизила.

Вода вкусна, холодна, а надпись не разобрать,
Забытый колодец, неизвестно, кто его выкопал,
Кто жил на этой земле? Генуэзцы? Греки? Орда?
          Кто воевал здесь? Кто строил? Кто эту землю выкупил?

В начале прошлого века немец, Зибальд, придумал, как добывать
Здесь воду, сделали чашу, каменные кругляши сложили,
За ночь собиралось росы с пару десятков ведер, или больше, как знать,
          Теперь, зачем эта чаша, неизвестно и старожилам.

Все приходит в забвенье, в уныние, в тлен,
Над желтеющим склоном Тепе-Обы поднимается солнце,
Три с половиной тысячи лет дарили этой земле любовь, а взамен,
          – Что вы хотите взамен, незнакомцы?

2014

БРАЙНИН ГРИГОРИЙ (Украина)
ПОЭТ

В АВТОБУСЕ

Луна, привязанная к нам,
плывёт за нами по пятам,
и неподвижные как своды
деревья спят по сторонам.

Твой профиль, спрятанный во мне,
был виден также на окне,
и за стеклом по небосводу
он плыл привязанный к луне.

Природа, лежа за окном,
была объята общим сном.
Селенья плыли в сером хламе
как будто лодки кверху дном.

Как лента с рваными краями
плыл Старый Крым в оконной раме,

и небо двигалось за нами
как будто за улиткой дом.

КАРАДАГ

Он остался лежать на спине, как краб,
не узнавший успеха
в драке. Оцепенел, как железный скрап
корабля или доспехов.

Он остался лежать корневищем вверх
окоёмом инферно,
Словно рыба поставив вес
на ребро. И одним неверным

движением, казалось, вызовешь камнепад
и откроется сзади
вид на горы, как строчка Упанишад,
и сидящий внизу в засаде.

А ты сидишь – виски в коленях –
курортная дура
и ищешь в моём солнечном сплетении
яшму в цвет маникюра...

ВОЛНЫ

1

Держась друг друга по привычке,
бредут нестройными рядами
овечек белые сестрички
по 200 миль между портами.

И, кажется, сквозь буквы шрифта
проступит шум прибрежной гальки,
рифмуя пену волн над рифом
в капризные изломы кальки.

Таверен фадо и фламенко
в тугие кудри южной ночи
вплетают терпкий вкус измены,
уж слышен говор, виден почерк...

И все ужимки школы флирта
во впадинах между волнами
утопят всех потомков Флинта
и отшлифуют каждый камень.

2

Издалека они как текст
арабской вязи.
Совместный бег для них лишь тест
на общность фазы.

Но берег близится, и нет
иного моря.

Встав во весь рост, пропустят свет
и гибнут вскоре.

Им ускользнуть бы дырой в заборе –
и кто б искал.
Да только прыгнут обратно в море
с прибрежных скал.

В атаке шельфа они прекрасны,
набег – их труд.
Они лишь жертвы стихийной страсти,
и так умрут.

* * *

Над парусами небо сине,
над парусами звёзды, звёзды...
и млечный путь на паутине
ещё прозрачнее чем воздух.

Ты пишешь мне, что всё в порядке,
здоровы дети, хватит денег.
А здесь накат играет в прятки,
вокруг вода и нет растений.

Синеет небо. Тихо плещет
вода о борт. Ночная вахта.
И я описываю вещи
тебе не нужные de facto.

Я расскажу тебе про карту.
Зелёный берег, море сине.
Мыс Тарханкут. Любовь Петрарки
здесь не причём, и я бессилен.

Над парусами небо сине.
Лаура спит вдали от ветра.
Упряжка волн несёт на спинах
по карте жизни этот вектор.

УТРО

Открывается нового утра жемчужная тень.
Ночь теряет окраску. Восход её гонит на запад.
Убивается бриз и за берегом прячется день.
На прозрачном востоке витает степной его запах.

Тарханкут ещё спит, обозначив свой контур к утру.
Растворяется ночь, опускаясь к подножиям скал,
и расплавленный шар, поднимая затопленный груз,
абрис мыса зажжёт, как в радиолампе накал.

Дует ветер восточный, недавно взъерошив Тамань,
залетит в паруса, выдувая ночную полынь,
и покатится в море рассвета сверкающий Янь
пить зелёный тархун, подмешав своё золото в синь.

День пришёл на Кавказ, и в дневном винограде Анапа.
Тарханкут только встал, подставляя накату бока.
Караван серых скал не спеша отползает на запад,
и светило стоит, как наполненный солнцем бокал.

Хорошо на рассвете глотнуть молодого вина, –
краски утра всё ярче, как будто добавили цвет.
Солнце трётся о борт по-кошачьи, и в море видна
золотая струя, приносящая солнечный свет.

* * *

По белому песку ходила стая птиц,
и он её кормил с руки, как прежде,
и было странным повторенье лиц
у бюстов птиц, приросших к побережью.

Стихия, как распахнутый рояль
всё ропщет, ропщет на свою природу,
и в ДНК вращается спираль,
и пьёт и пьёт одну и ту же воду.

Пока дрожит на воздухе струя
зеркальная, как образ побережья,
моя Любовь разгонится, как я
и полетит, как Вера и Надежда.

И этим птицам с обликами дев
их голоса, созвучные с прибоем,
даны, чтобы пюпитры не задев,
могли взлететь, очнувшись от запоя.

БРИФ МИХАИЛ (США)
ПОЭТ, ПРОЗАИК, ЭССЕИСТ

* * *

Что, душа моя, кочевница,
снова маешься, грустишь?
Море – вот оно! – лечебница,
здесь воспрянешь, воспаришь.
Здесь оттаешь, отогреешься,
и не где-нибудь, а тут,
на безлюдном диком бережке
снова крылья прорастут.
Подивишься счастью позднему
и, освоившись в тепле,
здесь гулять ты будешь по небу,
по морю и по земле.

* * *

Август прячет свой оранжевый парик,
завтра осень опечалит нас до слёз.

Ночь над морем, и душа твоя парит –
наконец-то ей умчаться удалось.
Спит солёная зелёная волна,
злой кручиною себя ты не трави.
За добро добром расплатимся сполна
и отправимся на поиски любви.

* * *

Зачем же замыкаемся
в четырех стенах?
Айда, покувыркаемся
в горбатых волнах!

С тобой, девчонкой вздорною,
урок повторим.
Здесь юг, здесь море Чёрное,
лазоревый Крым.

Грешно на долю сетовать,
не надо, дружок!
Каникулы ведь, лето ведь,
взросленья ожог,
в безумства прыжок.

ВОЗВРАЩЕНИЕ

Старый тополь сутулится.
Лист осенний кружит.
Припортовая улица
огоньками дрожит.

Здесь когда-то мальчишкою
шёл по крышам бродить.
Не заманишь коврижкою
этот путь повторить.

... Вот стою я, неузнанный,
не мальчишка уже,
но счастливая музыка
не сломалась в душе.

* * *

Памяти мамы

Нечаянная радость – прожить близ моря август,
а звезд такая прорва – лукошком собирай,
и то, что одинок ты, совсем сейчас не в тягость,
уютное местечко, прибрежный южный рай.
Хотя душа болеет, но парус-то белеет,
гуляю по аллее, где грейпфруты растут.
Никто не пожалеет, а мама пожалеет,
никто не отзовётся, а мама тут как тут.

* * *

Шеду –
друг крылатый, человекобык.
Еду
в те края, где ты летать привык.

Полночь
затопила, раскроила те края.
Помощь,
слышишь, не нужна ль тебе, моя?

Память
унесла тебя за тридевять земель.
Падать
камнем не хотел ты, не умел.

Знаю,
ты, конечно, безусловно, не Икар.
Злая
нежность иссушила на века.

Тише,
граждане, уймитесь, хоть на миг.
Слышу
над собою шелест крыл твоих.

Шеду – в шумеро-аккадской мифологии крылатый человекобык.

ДОМИК ЧЕХОВА

Свежо как! Совсем не похоже на май!
Мы только что с гор. Нам троллейбус – пожалте!
Давай же нас, Крым, понимай, принимай!
Мы бродим в промокших штормовках по Ялте.

А Ялта – в тумане. Как сквозь целлофан,
глядим на неё через сетчатый дождик.
Неужто весь день целовать, целовать
дождинки я с неба гриппозного должен?

А вдруг на весь год зарядили дожди?
Простудную Ялту встречаю впервые.
Вот к домику Чехова мы подошли,
усталые, мокрые, полуживые.

Стоим с рюкзаками... Нежданная тишь
нахлынула неудержимо и дивно.
И чудится мне, будто Лике в Париж
он пишет письмо о сегодняшнем ливне.

Он пишет, что ливень умножил печаль,
что смотрит в окно и прохожих жалеет,
что в зале стоит потускневший рояль,
играть на котором никто не умеет,

что город затих и заснули дома,
пора под перины, хотя только восемь,

такой нынче зябкий и ветреный май,
скорее похожий на позднюю осень.

... Молчу я, грущу я, в штормовке, небрит.
Прохладные стёкла поглажу ладонью...
Он долго ещё огоньками манит
тот домик, что жив неизбывной любовью.

НА ДЕМЕРДЖИ

В. Пасечнику

Взошли на гребень Демерджи.
Лежим бессильны, глухи, немы.
Покрепче в сердце удержи
отвесный склон, где в связке все мы.

Я век лежал бы, так устал.
К чертям красоты. Видно, скис я.
Валерка Пасечник привстал:
«Ребята, письма»!

И в самом деле: средь камней,
нагромождённых, как попало,
лежали письма. Не ко мне ль
их обездоленность взывала?

Мне всё равно. Я изнемог.
Ничьи в горах не жду приветы.
Валерка протянул листок:
«...Мой милый, где ты?...»

Прочли. Молчим. И что сказать?
Тоска нашла не без причины.
Отворотившись, трут глаза
большие сильные мужчины.

Никто не ждёт нас. Мы лежим.
В далекий берег море бьётся.
Звезда висит над Демерджи –
вот-вот сорвётся...

ЮБК (ЮЖНЫЙ БЕРЕГ КРЫМА)

Горят костры на Южном Берегу,
поют друзья, хоть ветрено и поздно,
а я в душе иное берегу:
высокий май, и женщину, и звёзды.

Она идёт ко мне, во всём права,
чуть различима, в сумраке деревьев.
Вот подойдёт и выплеснет слова –
и умереть мне, в те слова поверив.

Уйдёт она, и упадёт звезда.
Так странно, что не разорвалось сердце.

Её не будет – как мне жить тогда?
Куда мне от любви напрасной деться?..

И пусть прошло с тех пор немало дней,
и женщина давно уж не близка мне,
мои друзья сейчас поют о ней,
и под рукой моей теплеют камни.

* * *

Оторвались на лету крылья.
Были крылья, а теперь – рухлядь.
Ты на белые сады Крыма
из-под самых облаков рухнул.
Если прожил жизнь свою зряшно, -
это больно, не взвидать света.
Только более всего страшно,
что бескрылая душа – смертна.

* * *

Так молодо и так свежо на свете!
Сегодня наш ночлег в горах, в Крыму.
Вольготно здесь. Взасос целует ветер
всех женщин, позавидуешь ему.

Покуда живы – всё живое с нами.
Не отведи восторженных очей.
Жизнь – милостива. Не сказать словами,
как исцеляют лес или ручей.

БУБНОВ АЛЕКСАНДР (Россия)
ЛИТЕРАТОР, БАРД, ФИЛОЛОГ

КРЫМСКИЕ АНАГРАММЫ

* * *

таврида
море
ведра от рима

* * *

бахчисарай
бах
сари
Чай

* * *

пот
соль веса
севастополь

* * *

колоколь
в тебе ниша
коктебель волошина

* * *

кара-дага мера
кара гадамера

* * *

евпатория
лов нот
ветра опия
от волн

* * *

море крыма
мера кормы

* * *

порты крыма
трапы мокры

* * *

карта крыма
карты мрака

* * *

таврида море
ветра до рима

* * *

керчь риму
речь к миру

КРЫМСКИЙ ПАЛИНДРОМ

...но спит на закате всесвета Казантип.
Сон.
Мир. Крим.

БУНИМОВИЧ ЕВГЕНИЙ (Россия)
ПОЭТ, ПЕДАГОГ, ПУБЛИЦИСТ, ОБЩЕСТВЕННЫЙ ДЕЯТЕЛЬ

МЕСТО ПОД СОЛНЦЕМ

1

...место, куда мы летим, называется ЛЕТО
и туда по блату берут билеты,

вот и нам достали, и что отрадно,
мы летим туда, а потом – обратно,

так что теперь, мой мальчик, гляди-ка в оба,
чтоб была нам мама верна до гроба,

чтобы мы летали повсюду вместе,
чтоб о нас сложили в народе песню...

2

... чтоб о нас сложили в народе песню,
лучше быть не шишкой на ровном месте,

а тем самым местом, на котором долго
из еловой шишки прорастает ёлка,

ёлку включает дядя, местами подбитый ватой,
изображая праздник с улыбкою виноватой,

праздник похож на море, да потонуть труднее
в силу того, что утро вечера мудренее...

3

...в силу того, что утро вечера мудренее
и по причине лени – рано вставать не умею,

да и заснешь тут – как же, в траве шебаршится ёжик,
который днём притворяется пепельницей в прихожей,

что ж, такой у нас дом, здесь всюду ежи да белки,
на душе и на куртке заметны следы побелки,

как в Москву вернёмся, вывернем наизнанку
или сдадим в химчистку-американку...

4

...или сдадим в химчистку-американку
всё остальное, включая мамку,

чтоб она нас с тобою кормила получше,
а не то мы обратно её не получим,

ну не плачь, получим, напишем СРОЧНО,
и ещё непременно почистим строчки,

чтобы их читали с тоской во взгляде
эти голые тёти и голые дяди...

5

...эти голые тёти и голые дяди
называются ПЛЯЖ, которого ради

эти голые дяди и голые тёти
прилетели с нами на самолёте,

и теперь чередуют два-рубля-койку
с местом под солнцем, постольку-поскольку

эти голые дяди и голые тёти
обалдели за зиму на работе...

6

...обалдели за зиму на работе
от друзей с ценою на обороте,

от цены покоя и цен на рынке,
от финальных встреч на семейном ринге,

от всего, что мы в жизни едва ли минуем
и поэтому жизнью своей именуем,

и прекрасней чего нам пскажут едва ли
даже киношники на фестивале...

7

...даже киношники на фестивале
столько звёзд сразу не наблюдали,

сколько их на открытых просмотрах ночи,
без которых сутки вдвое короче,

к слову сказать, бессонница – это глаза открывши
увидеть помимо звёзд контур соседней крыши,

голубя на трубе, кошку на черепице,
лёжа под одеялом, чтобы не простудиться...

8

...лёжа под одеялом, чтобы не простудиться,
не просыпаясь – плачешь, что тебе может сниться,

мальчик мой, в час кромешный, сразу поздний и ранний,
горше и безутешней я не слыхал рыданий,

мальчик мой, в час невнятный, сразу летний и зимний,
может, земля уходит, ты вырастаешь, сын мой,

мальчик мой, час ночи, грех пополам с горем,
может, глотая слёзы, ты расстаёшься с морем...

9

...может, глотая слёзы, ты расстаёшься с морем,
скоро мы соль морскую в душе столичном смоем,

съездим к друзьям на дачу, двадцать минут в электричке,
съездим к друзьям, подарим миг ожидания птички,

там на семейном фото, под санаторной пальмой,
где на переднем плане виден газон двуспальный,

всё-таки не хватает хрестоматийных сосен.
Место, куда мы летим, называется ОСЕНЬ...

Алушта, 1983

ИЗ ЦИКЛА «ЛЕБЯЖЬИ ОСТРОВА (СБИВЧИВЫЕ СОНЕТЫ)»

I

От сенной лихорадки, пустой тетрадки и от
петушиных часов, на заре издающих звук,
избавляюсь научно, меняя климат,
номера телефонов, расцветку брюк,

в русле мощных народных движений на юг
находясь, выбираю Лебяжьи... Вынут
непременную в каждом купе и нальют
в дребезжащий стакан с подстаканником. Вывод

полагаю, здесь нужен – но сам не пойму,
как в четырнадцати строчках свести воедино
мужиков, закусивших конфетой "Му-му",

редких птиц, переставших гнездиться в Крыму, –
и вот только теперь, обрамляя картину,
уясняю всё это себе самому.

II

Да важно ли теперь, в каком году –
важнее час, минута – как мы вышли,
как пахло морем в утреннем саду,
незащищённом от ветров, как вишни

губами обрывали на ходу,
какая на земле стояла тишь – ни
транзисторов, ни визга... Поведу
ли речь о чем-то, ты заговоришь ли –

всё правильно, но были же излишни
для нас слова в единственную, ту,
счастливую, немую... Наряду

с минутой первой (о которой выше),
вторая – когда замерли слова,
чтоб не спугнуть Лебяжьи острова.

III

Ни куста, ни деревца... Гнездо под ногами... Степь.
Крымская, правда, но на закате – пустыня.
Птица как занавес МХАТа взлетает – спеть
можно красивое имя её на латыни.

Труп этой птицы необходимо иметь –
знаю – в коллекции фауны Крыма, и не
мне становиться в балетную позу, ведь
стоит напомнить, кто мне напел её имя –

друг мой-охотник-пижон-орнитолог-ковбой
Гринченко Саня, и как говорится
в периодической прессе – с тобой

без промедленья в разведку и в бой...
Гриня, прости, не забуду, как падала птица –
медленно, боком, вниз головой.

IV

Ночь была как раз такая, как совесть тирана –
ни пространства, ни воздуха, ни падающей звезды.
Было поздно для новой попытки уснуть и рано
для попытки прийти в себя посредством морской воды,

к тому же, почти ничего не вытекало из крана...
Что оставалось? На вышку залезть – с высоты
острова скорее похожи не на Лебяжьи, а на
Сары-Булат, как их окрестили потомки Орды –

острова Золотого меча, но всё-таки странно:
находясь от известной эпохи вдали,
не понимаю – как же татары смогли

жизнь свою сверху увидеть, при этом
не отрываясь от средневековой земли?
Определённо, тут не без поэта...

V

Кольцевание птиц! Смесь добра и азарта
с академией птичьей науки... Здесь та
ещё точность расчёта – погода на завтра.
Марафон в тростниках от гнезда до гнезда.

Нос на солнце как зоб краснозобой казарки,
которая, кажется, суперзвезда
книги такого же цвета. Базарно
чайки хохочут – не более ста

птиц окольцовано... Вымскший Костин
(известный учёный) переходит на мат
в беседе с дипломником Гриней и гостем

(неизвестным поэтом). Однако назад
пора возвращаться, и вечером поздним
работать, пока орнитологи спят.

VI

А не пора ли нам отбить схоту
у некоторых <здесь купюра> лиц
ответственных сбираться на охоту
в международный заповедник? Птиц,

я думаю, к двухтысячному году
останется не больше, чем по ходу
стиха упоминаемых здесь <тссс!>
отдельных <вновь купюра> лиц... В угоду

кому – спрошу – директор повелел
сей дом в степи сменить на новодел
в забойном стиле рашн-деревяшн?

Науке дела нет до этих дел,
но орнитолог должен быть бесстрашен,
чтоб птичий заповедник уцелел!

VII

Средь цапель, чаек, караваек, вне
семьи и школы, лежа на спине,
жду орнитологов, разглядывая некий
осколок, черепок, по кривизне

наверно, амфора, наверно, греки
в каком-нибудь античном минус-веке
любили уик-энды по весне
устраивать на этом диком бреге,

не размышляя о добре и зле,
как чистится ножом живая рыба,
о солнце на охотничьем стволе,
о птице на обеденном столе,
и как меня рвало в тот вечер, ибо

мчась по степи в брезентовом козле
"Лесной охраны", упустил из виду
свой малый опыт жизни на земле.

VIII

Жизнь, пройденная минимум на треть
(а говоря о максимуме, страшно
попасть в десятку) – дарит мне смотреть
на птичью россыпь, стоя посередь

Лебяжьих островов, задравши
теряемую голову, и впредь
я не забуду, как умеет петь
многоголосый хор без тени фальши!

Мы возвращались, но поберегу
воспоминанье, как на берегу
исходят кровью полевые маки...

А суть сонетов лишь в желанье жить,
и, может быть, в желанье изложить
то, первое желанье, на бумаге.

IX

Какое медленное лето
на отмелях степного Крыма,
где цапля белая как прима
провинциального балета

капризно и неотразимо
застыла посреди сонета,
пока мы проезжаем мимо
неё, причала, вышки – эта

школярская игра в "Замри!"
небезопасна... раз, два, три –
замри! – застыла в небе стая уток,

застыл в прощании рассудок,
и чуть дрожит в стекле рисунок
из сказки Сент-Экзюпери...

X

Покидаю Лебяжьи... Пора уезжать... Остаюсь
при кольце номерном на мизинце с мольбой СООБЩИТЕ
О СУДЬБЕ ДАННОЙ ЦАПЛИ ПО ДАННОМУ АДРЕСУ плюс
при осколке (сонет № 7), при плакатном призыве к защите

окружающих уток и цапель (добавим – людей)... Что-то пульс
стал сбиваться на строчках последних. Портовое-сити
провожает наш газик клубящимся облаком – пусть
навсегда, но храните меня, талисман-острова, храните

от сенной лихорадки, пустой тетрадки, от
регулярного парка четверостиший, стриженных под
комсомольскую скобку с пробором... Ну а теперь я

прощаюсь с сонетами – я их писал
лебединым пером... Лебединые перья,
пусть скрипят, но при этом близки к небесам.

Крым, Портовое, заповедник "Лебяжьи острова", 1978.

БУРАГО ДМИТРИЙ (Украина)
ПОЭТ, ИЗДАТЕЛЬ, КУЛЬТУРТРЕГЕР

ИЗ ЦИКЛА «ЯНВАРСКИЕ СТИХИ»

4.
Отцу

Январь скребёт в окно костлявой тенью клёна.
Проходит человек, как стыд или испуг.
Распахнут серый свод бетонного разгона.
Тугие купола засасывает звук.

Мы, сами по себе, предметы ритуала.
Продлённое родство, отсрочка до поры.

От гордости тошнит.
Над Крымом покрывало
окутает полёт желтеющей норы.

Твоя болезнь – нора чернобыльского плёса,
чей берег освящён в глубинах лаврских круч.
Сочельник тормозит зубчатые колёса,
протискивая в них, разламывая луч.

Сочельник отстаёт, как праздник полустанка.
Колеса крошат свет, как снежную крупу.
Там с горок детвора слетается на санках,
восторженно скользя на птичию волшбу.

Там на другом витке стеклянного пространства,
сквозь молодой сосняк, морозного числа,
к тебе протянут луч из звездного убранства,
влекущий за собой, как крымская яйла.

2001

ПОЕЗД КИЕВ-СИМФЕРОПОЛЬ

1.

Какой разлукой Вас отговорит,
на время, останавливая вечность,
перрона электрический санскрит,
даль рыжих окон, мнимая беспечность.
Какой судьбой в мою судьбу заманит
трудяга случай, если не обманет,
не обознается, не исключит из правил
твой рыжий поезд, что перрон оставил.

На том конце неловкого движенья,
мелькнувшего в купе, как отраженье.

2.

Подгудок, не гудок, как будто озираясь,
Исподтишка достал, какой-то серый коготь
и полночь царапнул.
                    Дорога
пружинила на юг.
                    У края,

где рыжие огни зеркальных деревень
преломлены в созвездье Скорпиона,
дежурила тоска наполеона,
в бессонницу отбрасывая тень.

Стоял февраль как мавр.
                        Вдоль электрички
носили сны в тяжёлых зимних сумках.
В купе дрожал стеклянный сумрак
в непостижимой, зыбкой перекличке

предметов на оси существованья,
лишённых тени как именованья.

3.

Ты всё уже, конечно, пережил
в потрепанном бессонном переплёте.
Твоя любовь в бумажном самолёте,
как бабочка к полуночи без сил

ложится к свету, и на крыльях воск
трепещет, с замираньем ожидая,
что ты спасёшь...
Но сумрак размежая,
дрожит фитиль, и нервничает Бог.

4.

Любимая! Родная! Нагасаки
не я придумал.
                    В сон аэропланов
не запускал я косточки черешен,
и не ловил сомненья на блесну.

Я только был немного осторожен,
когда Везувий принимал Цунами
в янтарных поцелуях озаренья,
когда сквозь кожу проступала соль,
сжимая сердце в судороге отлива
от боли, от стыда, от совершенства...

Любимая!
         Я сдался!
                    Признаюсь!

5.

Ты заполняешься пустотами,
как перешептываешь шелесты,
пока обида на кого-то
свои выпячивает прелести,

пока предательство тайком
в тебе самой располагается –
ты, не способная раскаяться
себе становишься врагом.

Тогда, изнанкою вперёд,
бесстыдно, словно обречённо,
ты устремляешься вразлёт
всей красотой опустошённой.

6.

Утро здоровое, терпкое, звонкое.
Крылья в равнинах раскинуты Крыма.
Рядом в купе слышу хохот ребенка.
Взгляд привечает летящее мимо.

Редкий кустарник, пустые строения,
длинных овчарен открытые окна,

там за пределами всех откровений
прячется случай, и рвётся, где тонко.

2002

ГОРА

Если гору принять за дырявый камзол,
из кармана цедящий тропинку к утру
           вдоль утёса, –
распахнётся картина,
и в шум рукава
обнажённые брызги
слетятся назад,
и взойдёт водопад
из провала в исток
отдышаться под дымчатый ворот.

На пороге равнины из тени и мха,
бесконечные сосны в лиловом снегу
           замыкают корону –
колпак ледника неподвижной воронкою манит звезду.

И созреет комета,
проснётся ледник
в треске свергнутых сосен.
Из русла огня
стаи каменных птиц
отзовутся на крик.
Оборвется утёс,
поскользнётся гора.

И тропинка повиснет,
короной слепя,
над изнанкой камзола,
дырой колпака,
бледным шарфом горы,
обмотав высоту
над полётом воды
в пустоту.

2003

ВАСИЛЕВСКИЙ АНДРЕЙ (Россия)
ПОЭТ, РЕДАКТОР

IMAGINE

прежде чем крымский татарин пройдёт из мечети к себе на двор
человек из лэнгли посмотрит на монитор
и послушный ему беспилотник сделает круг
но покажет ему не виноградники и сады
а как нечто высунувшись из воды глядит из моря на балаклаву
творец видит каждый волос в его ноздре и дрожание рук
в лучшем из лучших миров премию б дали астрид линдгрен и станиславу

27 декабря 2009

ВИНОГРАДОВ ГЕРМАН (Россия)
ПОЭТ, МИСТЕРИОГРАФ, ХУДОЖНИК, МУЗЫКАНТ, СЦЕНОГРАФ, РЕЖИССЕР

ПЕРВАЯ ВСТРЕЧА

Первая встреча произошла
В маленьком клубе О.Г.И.
Били ногами по голове,
Били ногами
Больно
Меня
Менты.

Встреча вторая случилась в Крыму
В фирменном магазине –
Я покупал коктебельский портвейн,
Ты покупала
То же.

Сразу тебя я конечно узнал –
В О.Г.И. ты спасла меня.
Вместе пошли мы смотреть на закат,
За руки нежно держась.
Глядя, как море меняет свой цвет,
Мы выпили весь портвейн.
Ярко, как звёзды на небе, зажглась
В сердцах наших нежная страсть.
Страсть.

Утром, проснувшись, я вижу как ты
С улыбкой глядишь на меня.
После купания как ты свежа!
А за спиной у тебя параплан.
Параплан.

Вот уже час, как мы кружимся над
Скалою Хамелеон.
Кружимся час,
Но что это там:
– Видишь, точка?
Видишь?
Всё ближе!
Ближе!
Бля! !! Да это же ракета украинских ПВО!!!!!!!!!!!!!!!!!!!!

Прошла мимо!
Да, прошла мимо!
Наверное, у нас слабое тепловое излучение!
Ну, конечно же, у нас слабое тепловое излучение!

Коктебель. Портвейн. Параплан.
Коктебель. Портвейн. Параплан.
Коктебель. Портвейн. Параплан.
Коктебель. Портвейн. Параплан.

Коктебель, 2007

МОПЕДОФИЛИЯ

Я бросил мопед у горы Карадаг
И с сердцем нелёгким побрёл на Фили я.
Кто ждёт меня там – может друг, может враг?
Мопедофилия, мопедофилия.

В степи под Херсоном решил я поесть,
Хотя не так долго ещё пропилил я.
Хозяин степи дал обед в мою честь –
Обедофилия, обедофилия.

Полпреда я встретил под Курском в лесу:
– Дай денег, полпред, помоги, на мели я!
Но в жадности он проявил свою суть –
Полпредофилия, полпредофилия.

Я в Тулу пришёл, здесь мой прадед Левша
Блоху подковал, но её распилил я.
Прадеду мой труд по душе не пришёлся, но – Ша!
Прадедофилия, прадедофилия.

В далёком Крыму зацвели и инжир и миндаль,
Пусть труден был путь, но добрёл на Фили я.
Приятель с Филей подарил мне на память педаль* –
Педалефилия, педалефилия.

2007 год, Коктебель

Гитарная педаль для обработки звука

ВЛАСОВ ГЕРМАН (Россия)
ПОЭТ, ПЕРЕВОДЧИК

***

А. Цветкову

крым или где там песком ступни обжигая
до тошноты биплан трясёт с алой полоской
слабый в тучах просвет словно сабля джедая
в мёрзлом кружке выплывший полуостров

дядя в рейтузах слепец счетовод в панаме
детям вкусившим всю сухомятку поездки
дали кульки последний прижался к маме
но приземлились позывы стали не резки

марлевый невод в лохани суп из креветок
и костерок в узловатых ветвях проворен
бражниц искали и тонких и белых веток
ночи язык душист и по-южному чёрен

флюгер трещал серебристы стебли полыни
пыль остановки жара шелуха под лавкой
если и что оставил я на украине
не мотылька наколотого булавкой

не заграница и речи нет об отчизне
но самолет песок море и покрывало
ветер и свет и привкус солёный жизни
ветер и свет и разве этого мало

2007

СУДАК

Мгновение остановись –
большим расплывчатым,
сожмись и на экран явись
лицом улыбчивым.

Лицом в веснушках, может быть,
ресницах (рыжих ли?).
Мгновение – другая жизнь:
неровно стрижена

причёска, выгнута спина
(о детство голое!),
зеленоглазая волна
обнимет холодом

рук загорелых стебельки,
на шее ракушку,
рассол въедается в буйки
песок и тапочки –

вьетнамки, взмахов кисея
(земля оставлена).
Мгновение – мечта моя
уже ославлена,

всё что сейчас звучит во мне –
шипящей пеною,
коробкой чёрной на ремне,
Восьмою Сменою.

Август 2014

ВОЛОВИК АЛЕКСАНДР (Россия)
ПОЭТ

ДОРОЖНЫЕ СТАНСЫ

Н-да...
С юбилейным номером книжка,
а лезет в неё исключительная мура.
Мне бы Льву Николаевичу
в ножки пойти поклониться низко
и не писать в эту книжечку более ни хера.
Я еду в поезде, где кругом обжимаются.
А на верхних полках целуются прямо-таки взасос...
– До берега до морского мне ещё долго ли маяться? –
ответь, медлительный паровоз (тепловоз)!

Небо, кажется, постепенно, хотя и нехотя, проясняется.
Облака, уплывая, что ли передают моё пожелание другим...
Вот и сельская мечеть появилась, двухбашенная красавица
Видимо, приближается всё-таки Крым.

Сентябрь 2007

О ЧЁМ Я?..

Как яблочко мочёное, румян,
как рыжий кот, пружинист и неистов,
преследуемый стаей фортепьян
без пианистов,
я – то в Симеиз, то в
неНовый Крым, Осовины, Судак,
то в Коктебель – особенно по ветру...
Куда ещё? – Я что-то не айпетрю...
О чём я ностальгирую, (ч)удак!..

ВОРОНИНА ОЛЬГА (Россия)
ПОЭТ, КРИТИК, ЛИТЕРАТУРНЫЙ РЕДАКТОР

АБЕРРАЦИЯ ПАМЯТИ

Аберрация памяти.
Белый песок в горсти.
На коленях соль – только море пустилось вспять.
По-колено-море!
Вдогонку за ним брести:
Покорять глубины, жечь свои якоря.

Спит тяжёлый мир отражённой в воде звездой.
Не случайно, видно, беженцам по пути.
И не знает ослик, полон его возок
Или пуст совсем – всё равно тяжело идти.

Будет утро – новым, будет вода синей...
Остывает ветер, и море стремится ввысь.

Спит в ладонях города мальчик семи морей
И ещё не знает: мы-почти-добрались.

КРЫМ

Пролог

... да разве так загадывали мы? –
Задумывались, морщились, курили,
Держа в уме погрешности зимы,
Про будущее лето говорили.

Лежало море капелькой в глазу,
И скалы запускали корни в воду...
Лети, Халльгрим, –

Мой копьеносец гордый,
Останься, лето, – бабой на возу.

Каурая кобыла, ровный нрав,
Град камешков на горном серпантине...
Умаялась, Маруська, – прокатила...
Текут песчинки –
Вечности в рукав.

Не любо? – Слушай:
Я тебе не вру!
Песчаный замок будет здесь к утру.

МОРЕ ДЕТСТВА

Разливаем в бокалы вины виноградную душу.
В чём тут истина, Боже, –
Спускать языки с поводка?

Рыба-Кит приплывёт,
И освоит бренную сушу,
И научится даже плевать в океан с маяка.

Чёрный мякиш катаем: сегодня не будет крошек –
Рыба-Кит на подходе, а вовсе не Птица Рух.
Впрочем, хватит на всех!
Не жалей, и себе – поплоше:
Говорят, что воздастся.
Наверное, врут...

Врут!

Или нет.
Но какое нам, в сущности... Сбоку-припёка!
На крылечке сидим, разливаем в бокалы...

Итак:

Море видно с обрыва.
И солнце плывёт с востока.
И плавник над водой.
И горит до сих пор маяк.

ЯЛТА
Светлане Лукашиной

Мне восемь лет...

Так вот какое – море!

Оно само – само! – бежит навстречу,
размахивая чёлкой,
и не видно
           нигде
              и никаких
Медуз

(сиреневые очень ядовиты!
а белые – обычное желе)
и Волнореза
(держись подальше!
головы не жалко?!)

А до чего солёная вода!
До горечи...
До слёз горючих.
До щепотки соли,
щетинками усеявшей ладонь:

прозрачное девчоночье пожатье.

Ну, поиграем?

Где твои игрушки? –
        медузы,
        волнорезы,
        кашалоты,

сокровища погибших кораблей...

ГАБРИЭЛЬ АЛЕКСАНДР (США)
ПОЭТ

КРЫМ

Как здорово звучит: Тмутаракань; но след давно простыл Тмутаракани... В лубочную малиновую рань меня не затащить и на аркане. Мне больше это всё не по плечу – одноколейки да нескорый поезд... Но я и в мегаполис не хочу. Глаза бы не видали мегаполис. В деревне буду слишком на виду; везде – от Сахалина и до Бреста... Моей душе не близок Катманду: в его названье слышу непотребство. Жить в Польше? – но меня не любит лях, арабов до хрена в Александрии. На кампучийских рисовых полях всё дуже гарно, кроме малярии. Во Франции — заносчивый халдей, в Израиле кругом одни евреи. А в Эритрее кушают людей, я лучше обойдусь без Эритреи. В Гренландии – неприхотливый быт, на Кубе слово молвить запретили... В Бангкоке наводнения и СПИД, на Амазонке – перебор рептилий. Фекалии легли на вечный Рим; южней его – сплошная «Коза Ностра»... Поэтому мне ближе остров Крым (хоть он, по мнению многих, полуостров).
Здесь не полезет в голову Монтень, не тянет слушать оперу «Эрнани»; здесь торжествует сладостная лень, не тронутая жаждою познаний. Здесь очень хорошо депрессий без, здесь далеки война и мирный атом... Здесь, разбивая лоб о волнорез, летит волна стремительным домкратом на шумный пляж, где тучные тела соседствуют с модельными телами, где радостным знакомствам несть числа (и прочим отношеньям меж полами). В песок зарылись люди, как кроты; им отпуск – и надежда, и отрада... Им просятся в иссушенные рты беременные гроздья винограда; забыт любой континентальный криз, забыты дом, заботы и поступки, пока с ума сводящий легкий бриз летит от Феодосии к Алупке. И здорово средь этой красоты, на этом ослепительном просторе вовсю кидать эвксинские понты, как камни в зеленеющее море.
Писателям здесь тоже ничего, и даже – не поверите! – поэтам. А то, что не бывал здесь Ивлин Во – так он и сам не раз жалел об этом. Качает

шевелюрой кипарис, погодным соответствуя канонам, и вдохновенье, словно главный приз, является к нуждающимся в оном. Поэт в Крыму сверкает, как рубин; фантазиям его открыты двери, и создаёт он всяких черубин; придумает – да сам же в них поверит. И я б хотел сидеть на берегу, как многие Великие сидели, и убеждать себя, что я могу, и этот факт доказывать на деле созданием невероятных строк, что станут для людей небесной манной... А чуть поздней, когда наступит срок, я звучно их прочту своей желанной; и для неё взыграют краски дня от мощи поэтического слова...
Увы, но без стихов она меня не любит. Как Волошин Гумилёва. Но дело в том, что нет меня в Крыму, и горизонт мой слишком редко ясен. И в Бостоне я грустен, как Муму, которую несёт к пруду Герасим. Сижу, на всех и каждого похож. Обжил отменно жердочку насеста... А кто-то всё твердит, что это ложь – считать, что человека красит место, что, дескать, всё как раз наоборот, что человек сильнее обстоятельств... Но лучше б он закрыл на время рот и с глаз исчез долой, по-рачьи пятясь. Мы все, пока свободою горим, о дальних странах сочиняем песни...
Сегодня мне опять приснился Крым. И будет сниться завтра. Хоть ты тресни.

ГАРАНИН ДМИТРИЙ (США)
ПОЭТ, ПРОФЕССОР ФИЗИКИ

КРЫМСКОЕ ПРИМОРЬЕ

Е.К.

Вот, наконец, на земле благодатного Крыма
Мы оказались. Здесь отдых нам будет наградой.
За Кара-Дагом пока что природа хранима –
Можно селиться среди шелковичного сада.

Мгла покрывает вершины Трех Братьев высоких.
Ночь опустилась, от звона цикад задрожала.
Где-то вдали – неудобства, вплетённые в сроки,
Пекло вагонов, мазутом пропахшие шпалы.

С жадностью дикой впивая мгновенья свободы,
Ночью под звуки оркестра взрезаем арбуз на топчане.
Чёрного моря прозрачные тёплые воды
Нашей усталости груз принимают, курчавясь.

Нежность прибоя, медуз безопасных комочки –
Это наш путь, наш вечерний круиз недалёкий.
Наши одежды – как сброшенный груз полномочий,
Как отрешенье, как близких немые упреки.

Запоминай же глубины небесного свода!
Звёзды над нами – как стрелки надёжных приборов.
Где-то Москва хмурит брови нелётной погоды.
Наша морока стоглазым глядит светофором.

Москва, 19 января 1989

ГЕРШМАНОВСКИХ ИЗЯСЛАВ (США)
ПОЭТ, МУЗЫКАНТ, ФИЛОЛОГ

* * *

Здесь, в Крыму, беззвучен ливень звёзд.
И Луны не громок барабан.
Если ты наступишь мне на хвост –
всё равно уйду за океан.

Или здесь же на песке усну
под Кавказа твёрдою пятой,
и увижу длинную страну
и Камчатки хобот золотой.

Родина, ты равнодушный слон,
задом повернувшийся ко мне.
Я же, перелистывая сон,
сам себе противен в этом сне.

Что тебе поверья нганасан?..
И за что мне больно, невдомёк.
Бьётся сердце – наглая Москва,
и подбрюшья теплится жирок.

Здесь, у Мамы Русской*, на песке
я черчу последнее прости.
Мир двоится в медленном зрачке
и песок не держится в горсти.

Я не ныл катюшу с бодуна,
не дудел в державную дуду.
И за это на пороге сна
не гляди мне вслед, когда уйду.

Обними меня, моя страна,
хоботом в прощальной пустоте.
У подножья русского слона
я усну, как мамонт в мерзлоте.

Бухта близ с. Курортное, ночь на 29 августа 1993

* *Мама́ Русская – село на азовском побережье Керченского полуострова, основанное старообрядцами рядом с селом Мама Татарская. В 1948 году переименовано в Курортное.*

Текст предоставлен близкими друзьями автора Игорем Сидом и Алексеем Блажко.

ГИНДЛЕР ВАЛЕНТИНА (США)
ПОЭТ, БАРД

НА ЗАПРАВОЧНОЙ СТАНЦИИ ГЕТТИ

Здесь, на заправочной станции Гетти,
нового света приёмные дети.

Запах бензина здесь у свободы,
много работы в любую погоду.

Хоть на соседней заправке дешевле,
к ним меня тянет верёвкой на шее.

А началось у нас с ним с вопроса,
с глаз зелёных его раскосых.

Отвечал он мне, глядя мимо:
Мы - татары... были... из Крыма.

А теперь он живёт в Аппалачах,
и ничуть по Крыму не плачет.

Он не помнит ни гор, ни Крыма,
только гарь паровозного дыма

да вагон, на полу солому,
но ни моря не помнит, ни дома.

Помнит только горбушку хлеба,
И не помнит крымского неба.

Неба, в которое мы смотрели
отдыхая в своем Коктебеле,

где стихи писали о море
И не знали ни боли, ни горя.

Вот и дети его не знают.
Вот и дети мои не помнят.

ГРИГОРЬЕВ ДМИТРИЙ (Россия)
ПОЭТ, ПРОЗАИК

КРЫМСКИЙ ТРИПТИХ

1

Твой купальник
и мои плавки
переплелись телами
в тесной сумке.

Хорошо ли им вместе,
я не знаю,
солёная вода пропитала их тела,
в чашечках купальника —
словно воспоминания
морской песок.

Когда вещи развесят на верёвке,
песок выдует ветер,
вода высохнет,
даже следов не останется.

2

Моя одноразовая бритва
с ещё острыми лезвиями
ползает по столу
скребется тихо:

у моей бритвы
лезвия защищены пластмассовой крышкой,
чтобы случайно не порезать
твою расчёску,

которая спит, вытянув длинную ножку
на столике в комнате
для двоих.

3

Мой компьютер через модуль блютуф
ловит доступные устройства,
и твой телефон
вполне доступен,

только никак не устанавливается
новое соединение:
требуется код авторизации
одинаковый на телефоне и нетбуке,
и ты набираешь: раз два три,
и я повторяю: раз два три!
Словно на счёт три мы вместе прыгаем с волнореза
сливаясь с морем.

Сентябрь 2009

ГРОМОВА ПОЛИНА (Россия)
ПОЭТ

И С ЧЕРНЫМ МОРЕМ ПЕРВЫЕ СВИДАНЬЯ
(фрагменты венка сонетов)

III

Стихи и проза. Мамины глаза
Светились ожиданьем вдохновенья.
Мне взгляд её о многом рассказал.
Общенье с Музой – светлые мгновенья.

У Музы голос чистый, как родник,
Она Пегаса верная подруга,
Ей Рифма – благодарная прислуга,
А Ритм – её поклонник-озорник.

Я нарисую Музу, как могу –
Стоит среди цветов на берегу.
Ей белая одежда подошла бы.

Я представляю, что на Музе шаль,
Прозрачная кисейная вуаль
И вязаная новенькая шляпа.

VI

Сады, фонтаны, маленькие зданья.
На клумбах ароматные цветы,
Пансионатов стройных очертанья
И строгой церкви светлые кресты...

Полощется туман в морской купели,
Кричат, как плачут, чайки над водой,
И лунный свет над каменной грядой
Волна качает, словно в колыбели...

Закат костром на небе догорает,
Дневные краски темнота стирает,
Ночь обретает таинство своё,

Пропитан воздух ароматом сладким...
И мы скорей идём к своей палатке.
Палатка - наша скромное жильё.

VII

И с Чёрным морем первые свиданья,
И красота отвесных берегов,
И сонного прибоя бормотанье,
И странное мерцанье светляков –

Всё для меня загадочно и ново,
От каждой встречи я открытий жду.
Вопросы зреют, как плоды в саду,
И я с утра до вечера готова

Смотреть, от моря глаз не отрывая,
Как водная поверхность, оживая,
Вдруг набухает, и ползёт волна.

А под волною – водные глубины.
Там рыбы, крабы, мидии, дельфины...
Подводный мир – как продолженье сна.

IX

Подводный мир – как продолженье сна.
Я надеваю ласты, трубку, маску...
Безмолвием чарует глубина.
Я попадаю в призрачную сказку.

Волшебная подводная страна
Показывает мне свои красоты:
Таинственные каменные гроты,
Где водорослей зыбкая стена

Колышется, как будто бы танцует,
Где меж камней морской конёк гарцует.
Где солнцем освещён кусочек дна.

Песчинки бриллиантами сверкают,
А там, куда лучи не проникают,
Открылась мне морская глубина.

X

Открылась мне морская глубина.
Не каждому, наверно, открывает
Свои секреты вольная волна.
Я поняла: мне море доверяет.

В подводный мир окно отворено,
И замирает дух от изумленья:
Нептун дарует мне свои творенья,
Морское дно богатствами полно.

Чтобы достать сокровища со дна,
Не только смелость для пловца важна -
Нужны и тренировка, и смекалка.

Я повторяла заданный урок,
Старалась - и пошла наука впрок,
И я на дно ныряла, как русалка.

XI

И я на дно ныряла, как русалка.
Со мною рядом плавала кефаль,
Дразнила, приглашала на рыбалку
И уплывала в водяную даль.

Медузы раскрывали парашюты –
Ни дать-ни взять, медузовый десант...
Для жителей морских я – экскурсант,
У них свои заботы и маршруты...

Резвятся две собачки – две подружки,
А рядом суетятся зеленушки
(У них бежа с нарядною каймой).

Теперь я лобана узнать могла бы,
А пойманного мной большого краба
Я часто буду вспоминать зимой.

XII

Я часто буду вспоминать зимой
Картины, что душа запечатлила.
Поможет мне дневник заветный мой
Не позабыть того, что летом было.

Пусть за окном мороз и снегопад,
И ветер дует, непогоде вторя –
Я нарисую тёплый берег моря,
Фонтаны, клумбу и плодовый сад,

Раскрашу разноцветными цветами
И покажу всё обезьяне Зяме –
Ей доверяю, как себе самой.

Она моя игрушка и подружка,
И я шептала Зямочке на ушко,
Как не хотелось ехать мне домой.

XIV

Мне с морем расставаться было жалко.
Оно приморским воздухом пьянит.
Врастает в душу, словно в дёрн фиалка
И в сердце тонкой стрункою звенит.

И тёплая волна воспоминаний
Купает мысли, освежает их
И превращает в пятистопный стих
О городе сиреневых мечтаний,

О городе-кудеснике, который
К морскому необъятному простору
Меня незримой нитью привязал…

Когда мы уезжали, мне казалось,
Что море, погрустнев, со мной прощалось…
Запомнилась дорога и вокзал…

(От моря – к морю …)

Венок сонетов, фрагменты из которого представлены в подборке, написаны ею в двенадцатилетнем возрасте и, примерно, столько же лет тому назад.

ГУТКОВСКИЙ ВЛАДИМИР (Украина)
ПОЭТ, ПРОЗАИК, КРИТИК

НА КРОМКЕ КРЫМА
ИЗ ЦИКЛА «ЮЖНЫЙ БЕРЕГ»

1.

Не так уж много нынче на кону.
За прошлое тепло себе воздам.
Настолько хороша весна в Крыму,
что стоит притерпеться к холодам.

И эта гроздь, что все-таки цветёт,
готова разделить со мной весну.
Я знаю, как зовут тебя экзот.
Но имя всуе – не упомяну.

Хотя оно, конечно, не секрет.
Так пряно обозначив вечера,
сейчас цветёт, потом сойдёт на нет,
когда подступит летняя жара.

2.

Сегодня пасмурный день.
Самое время на

плетень набрасывать тень,
чтоб выветрилась она.

Маршрут плодотворно хмур.
Роняет под ноги слова
испытанный терренкур,
бредущий под номером два.

Но вечер, нежданно чист,
развеял марева муть.
Как будто бы новый лист
надеется перевернуть.

Закат, как всегда, спасёт.
Ему, за то, что он есть,
прощаешь избыток красот
и первобытную спесь.

Он будет опять и опять
в угоду прядям седым
воздух испепелять,
переводить в дым.

Сладкий холодный огонь
щедро омоет и рот.
Может, добрый кагор
разом тоску уймёт.

А горизонт – как плач.
Кровь его так горька,
словно вытер палач
лезвие об облака.

7.

Свет над миром летит без подстраховки лонж,
не изгибая свой путь даже на вираже.
И ему все равно – ты менеджер или бомж.
В каждом из них жужжит лживая буква «ж».

Эти постные дни лунной пылью приперчь.
Горы и город до основания срыв,
накуражившись всласть, в море уходит смерч,
и в тылу у него ветер держит отлив.

На мелководье души мусорный кавардак.
Водоросли вороша, камешек лучший заначь.
Он перевесит всё – любого крушения знак:
разбитые сундуки, щепки, обломки мачт.

Голову запрокинь к блеску синей слюды.
Вдруг пробьётся к тебе сквозь морок и в губы «цем»
нежнейшим прикосновением лучик первой звезды.
Просто поверь в него и помирись с Отцом.

Станет неважно тогда, что шепотом ты орал,
голос пустой сорвав, молодость отхрипев.
В полом куполе ночи звучит небесный хорал
и повторяет вновь свой надмирный напев.

8.

Это почти блаженство –
нега ночных арий.
Благодушно прожектор
в небе лучом шарит.

Дальних сполохов споры –
то щедро, то скупо.
Эхо огней. Город –
весь – уступ за уступом.

Вязь горной дороги –
давнему страху плата.
За скалистым отрогом
зад свой Медведь спрятал.

Моря чуть слышный лепет.
Жизни восторг поздний.
Небо уже светлеет.
И всё равно – звёзды!

ИЗ ЦИКЛА КОКТЕБЕЛЬСКИЕ СЕЗОНЫ

ВЕСНА

Преходящий апрель, видно, всему виной.
Есть и другие причины, только хуже видны.
Что притих, Коктебель? Поговори со мной.
Этой поздней весной – так далеко до весны.

Вместе с тобою суть probуем уяснить,
новый Чумацкий шлях между звёзд указать.
Если оборвалась с виду прочная нить,
то и пытаться не стоит снова её связать.

Но начинается день, и прерывается сон,
успевший перелистнуть все странички подряд.
Приоткрывает глаза дремлющий Хамелеон,
чтобы примерить к лету новый брачный наряд.

Ну, а я не хочу знать, что там впереди.
Мелочишкой бренчу на потеху судьбе.
Уходящий апрель, больше меня не жди.
Может, я и вернусь. Но уже не к тебе.

ОСЕНЬ

В созвездье впечатлительных гостей
руины поэтических страстей
воздать согласны каждому по вере.
Естественное сопряженье скал
собою представляет пьедестал,
где профиль будет не один примерян.

Пролог, переходящий в эпилог,
Возвышенно высокопарный слог,
Созвучия, богатые фонемы.
И сквознячок уносит лёгкий пар,
Отходы снов, подкорки вялый жар
Оскомины навязчивые темы.

Вещать посредством чистого листа,
смежив глаза, не разомкнув уста,
лишь изредка душою – чаще чревом.
А в промежутках оседлав кровать,
перебиваться, как перебивать,
и знать – тебе всегда внимает Ева.

Но все-таки тащиться по следам,
что оставлял стреноженный Адам,
и загребать веслом по сонной глади,
попутно занося себе в актив
недопрочтенной жизни детектив,
и так и не решив – чего же ради.

Да, многолики здешние места,
куда я возвращаюсь неспроста
по прихоти души. Но, в самом деле,
их снова обходя за пядью пядь,
не понимаю – что могу понять
в истоптанном словами Коктебеле.

КОКТЕБЕЛЬСКИЙ МОТИВ

За мысом Меганом, замыкающим Судакскую бухту
по античным представлениям начиналось Царство Мертвых...

Нет, не зря в окрестностях здешних мест
незаметно пристроился вход в Аид.
Ты еще по привычке бубнишь про инцест,
а в ответ доносится – суицид...

И оно все одно – что по лбу, что в лоб.
Отдохнуть пора и ногам, и мозгам.
И хотя продолжается Хронотоп,
да, похоже, подходит к концу Полигам.

Но пускай уже прохудился чёлн,
и на вечных часах почти без пяти –
этот, может, самый последний шторм,
убоявшись, – не упусти.

Море ходит ходором, ходуном,
ну, а ты, поднапрягшись, реинкарнись.
Проскочи с размаха мыс Меганом,
и начни с начала другую жизнь.

* * *

Я уже помню нетвердо, что означает рондо.
Такой ли формы следы оставляет время на коже.

Тут ко мне прибилась какая-то горная панда.
Кажется падла, но тоже создание божье.

Небо с утра в прорехах тщедушных крон бледно-грязно.
День по привычке начнется и кончится карусельно.
Говорят, что он всегда с тобой как Париж этот праздник.
Может быть. Может не быть. Но почему-то равно похмельно.

Обратиться вежливо, и объяснит подробно любой гуру
как оно все, и на какие буквы бывает.
Но пока вода моря приемлет температуру,
по Архимеду тела погружает и омывает.

Какой я все же растяпа на самом деле!
Память за столько лет не ослабела вроде,
но забыл на этот раз взять план Коктебеля,
и – «Где Волошинский Дом?» – приходится спрашивать у народа.

Все трудней фокусировать глаз, придавать осмысленность взгляду.
Равнодушна судьбина – уж лучше была бы злая.
Но, слава Богу, жизнь опять снисходительно бросит – «Рядом!».
И дальше посеменишь, путаясь в поводке и хвостом виляя.

ДАВЫДОВ ДАНИЛА (Россия)
ПОЭТ, ПРОЗАИК, КРИТИК

СОНЕТ С КОДОЙ

Андрею Полонскому

как странен всё-таки прибой
цикл менструальный океана
вообще, на свете этом странно
буквально всё что пред тобой

проходит бесконечный строй
существ веществ и феноменов
и всякий поздно или рано
растождествляется с собой

вот пред тобой была алупка
глядь – из-под вод глядит залупка
а ты растерян как мудак
или вдали манит судак
внезапно превращаясь в рыбу
такую, что сказать спасибо
её увидевши – никак

Лето 2013

* * *

хозяин дома вышел закурил
теперь в его дому чужие люди

он где-то здесь и навсегда здесь будет
шестнадцатиголов двадцатикрыл

однако я вчера с ним говорил
мне сообщает памятник напротив
он шёл первоначально не заметив
меня, но позже взгляд остановил

да-да подхватывает крыльцо
его присутствие тут налицо
а вы тут понаехали придурки

и в сущности ответить мне слабо
повсюду море, небо голубо
и отблески бегут от штукатурки

Лето 2013

* * *

конгениален, конгруэнтен
со всеми странно совмещён
бесплодный дух наполнен энтим
берёт товарища в полон

и что же – для того-то он
и предназначен, так приятен
что мы не изменяя тем
прицельно вглядываемся в фон

скажи-ка брат кому другому
зачем употребляя сому
когда есть личный эндорфин?

он не ничего не отвечает
лишь из неведомых глубин
нас милый ктулху поучает

Лето 2013

* * *

под знаком стереоскопии
по бухте судно проплыло
летают облаки скупые
как на картинах утрилло

однако же нам повезло
мы не поддалися стихии
не говорю природной – мы и
нечеловеческой назло

здесь существуем вросши в скалы
которые не пропускали
но позже пропустили всё ж

здесь быть бы а не пребывать но
пора однако же обратно
не поддаваясь на мухлёж

ФИНАЛЬНЫЙ СОНЕТ С КОДОЙ

среди неведомых зверушек
в сползающих на нас горах
немало разных всяких нах
но в них мы не палим из пушек

спускаясь к уровню игрушек
с ног отрясая милый прах
танцуем танго на гробах
и прославляем нежных шлюшек

горит недобрый индивид
порой в извивах бытия
и весело друзья хохочут

прекрасен их помятый вид
они неведомого хочут
но нет желанного питья

опять сюда приеду я

Лето 2013

ДОЛИНА ВЕРОНИКА (Россия)
ПОЭТ, БАРД

* * *

Не заметив, что дети предпочли бы тату или пирсинг,
Не заметив, что люди все уехали на Кот-д'Азюр,
Самый твёрдый на свете пушистый задумчивый персик
Я возьму, надкушу и присяду на пыльный бордюр.

Не заметив, что жизнь оказалась чудным извращенцем,
Не умеющим помнить, не знающим сладких границ,
Я укроюсь китайским прекрасным как сон полотенцем,
И цветы там, и фрукты, и перья невиданных птиц.

Дайте жить, дайте петь, отнимите судьбу как проблему,
Опустите как в трюм, отпустите меня как в тюрьму.
Я хотела успеть написать не роман, так поэму...
Но для этого надо очутиться хотя бы в Крыму.

Хорошо бы, чтоб память сказалась конфетной коробкой,
Полной ласковых писем, таких, что вовек не прочтут.
Хорошо бы флакон закрывался фигурною пробкой.
Всё потеряно, всё. А хрустальная пробочка – тут.

* * *

Отпусти меня, пожалуйста, на море.
Отпусти меня, хотя бы раз в году.
Я там камушков зелёненьких намою
Или ракушек целёхоньких найду...

Что-то камушков морских у нас негусто,
На Тверской среди зимы их не найти.
А отпустишь – я и песенок негрустных
Постараюсь со дна моря принести.

Отпусти меня, пожалуйста, на море!
В январе пообещай мне наперёд.
А иначе кто же камушков намоет
Или песенок негромких подберёт?

Извини мои оборванные строки,
Я поранилась сама не знаю где.
А поэты — это же единороги,
Иногда они спускаются к воде.

Трудно зверю посреди страны запретов.
Кроме Крыма, больше моря не найти.
Только море ещё любит нас, поэтов.
А поэтов вообще-то нет почти.

Нет, достаточно румяных, шустрых, шумных,
Где-то там косая сажень, бровь дугой.
Но нет моих печальных полоумных,
Тех, что камушки катают за щекой.

* * *

Не помню, в каком году,
Не помню, в каком чаду,
Не помню, в каком дыму –
Я с вами была в Крыму.

Привет тебе, виноград!
Вокруг терраски лоза.
Прощай, Москва, Ленинград,
Неласковые глаза.

Там вечная мерзлота.
Пустынная всюду сушь.
Тут вечная простота,
Соцветие наших душ.

Прости-прощай, самолёт,
Растаявший вдалеке.
Тут планер, как мотылёк,
Лежит на божьей руке.

Сидим в тени шелковиц,
В плечо упёршись плечом.
А после падаем ниц
Под золотистым лучом.

И жгучий сок алычи,
И нежный сок помидор.
И дорогие ключи
От наших тесных камор.

ДРАГИЛЁВ ДМИТРИЙ (Германия)
ПОЭТ, ЖУРНАЛИСТ, МУЗЫКАНТ

* * *

Говоришь, нужно меньше страдать и мокнуть,
    но жонглировать суммами подобающих случаю обаяний?
В ямах воздушных прячутся – как ожог –
    меч Дамокла и, может быть, Зульфикар
Господин Синяя Борода, вы по радио дуете в почтовый рожок,
    играете на баяне
А баян похож на радиатор грузовика

Ну-с, откроем сумку, сарай или бахчисарайский клуб,
    (чаши весов отданы соответственно Марии или Зареме)
Полевые опыты поливальных машин размазаны по тарелке
Попробуй просто на слух, по тиканью настенных часов
    определить текущее время
На которое показывает минутная стрелка

Филин, отлитый в металле, робот, стирающий пыль веков
Ходиков хрупкие лезвия – ножницы – боимся повредить ненароком
Иногда полезна технология изготовления двойников
По лекалам мосфильмовским эпохи сталинского барокко

Для запросов растущих по части ударов в лоб не хватает грабель
Повесть временных лет, где-то волжская льдина зовется чка
Жидкость лить на жилет западло, а чувихе важнее играть без правил
То ли дело завести хомячка

Купить колготки на вырост, насобачиться, не держать отчёт
По поводу джайв вырабатывающего торшера
Милая, хочешь, заведу медлячок
За окном погода похорошела

2012

ДРОБОТ ВАСИЛИЙ (Украина)
ПОЭТ

КИЕВ – ФЕОДОСИЯ

Какая сила так ещё умеет
Наматывать пространство на колёса
И долгий путь с запретным ускореньем
Протаскивать сквозь утлое сознанье?

И проходить, не ведая преграды,
Сквозь чью-то жизнь, уклад, заборы, стены,

И не зависеть ни от притяженья,
Ни от порядка и его запоров?

Вагонами проколотые веси
Стараются закрыть своё пространство,
И нить дождя, терзаемая ветром,
Звенит, одолевая натяженье,

И силится припасть к оконной раме
Судьбы, распятой меж двумя мирами.

* * *

Кара-Даг вдали, Кара-Даг:
Высь – в каменьях,
а дол – в садах.

Паранджа-вуаль ох, к лицу,
Вьётся розами по крыльцу

Невозможная красота:
Осенённым глазам – уста.

Хоть и мал уголок, да свой.
Глину синюю пенит соль,

Звёзды смотрят со дна в глаза,
На откос забралась коза...

Полыхавший костер богов,
Он стоит и поныне гол,

Он стоит и доныне цел,
И глядит в зенит, как в прицел.

Кара-Даг вдали, Кара-Даг,
Весь в следах стоит,
как в слезах.

ПОНТ ЭВКСИНСКИЙ

Наверно, больше не увижу
Ни хлёстких волн,
ни южных звёзд,
Что за неделю стали ближе,
Вернее, встали в полный рост.

Бушует ласковое море,
Шумит невидимой волной...
Строка ложится, будто вторя,
И вмиг становится шальной.

Ей тоже хочется прихлынуть,
Волной хлестнуть поверх голов
И отступить назад, в пучину,
Играя камешками слов.

* * *

За узким пляжем море затаилось
В блаженнейшем неведенье своём:
Последняя ли послана мне милость
Прорваться за привычный окоём?

Увижу ли ещё такие горы,
Такое небо синее, без дна?
Берёт крутой разбег мой поезд скорый,
Мне только зелень в окна и видна.

А впрочем, вот гора заходит сбоку,
Отодвигая заросли плечом...
Какое счастье подчиниться року
И, уходя, не думать ни о чём!

Я всё приму и выполню до края
Пути, пока не выключили свет...
Ползёт гора, встаёт рассвет, сгорая,
Плывёт по небу облако вослед.

ШТОРМ В САКАХ

Колотило море в берег
Набегающей волной,
Будто с гор бросался Терек
В клочьях пены ледяной.
Ни обмана в нём, ни фальши:
Разбивался вал с угла,
И волна скользила дальше,
Убегая, как могла.
Как умела, убегая,
Напитав собой песок...
И на смену ей другая
Подставляла свой висок
Под удар шального ветра
О бесчувственный гранит.
И летели брызги щедро,
И не ведали границ,
Распадаясь в бойне этой
И теряя все следы...
И смотрели семь поэтов
На бессмертие воды.

КОКТЕБЕЛЬ

Внутриутробный переулок
Меня протиснул сквозь дворы.
Так узок он и так он гулок,
Что сон летит в тартарары.
Идёшь впритык, как кровь по венам,
Собой охватывая срез,
И два плеча одновременно

Двух стен касаются... Как в лес,
Точней, – сквозь чащу,
так, что окна
Друг в друга целятся в упор.
Сажень квадратная, не охнув,
Собой исчерпывает двор.
И люди трутся друг об друга,
Когда окажутся вдвоём...
Но за стеной простор упруго
Включает вечность в окоём.

НАБЕРЕЖНАЯ

Наверное, ночью торгуют
не менее рьяно,
И даже успешней,
пока не мешают лучи
Уснувшего солнца,
и небо, как чёрная рана,
Открыто, как в бездну:
«Бессмертие? Вот, получи.

Во что завернуть? Не пугайся,
ну что здесь такого?
Раскладка обычная
прямо у пляжа... Бери!
Уже оплатил всею жизнью
своей бестолковой
Бездонную пропасть и ниже –
полоску зари.

Бери, не стесняйся,
пока еще звёзды над нами,
Пока вместо них не взошёл
небосвод голубой...»
Впервые звезду не в оконной
увидевший раме, –
Уедешь и вечное небо
прихватишь с собой.

ПРЕЕМСТВЕННОСТЬ

*Волошинский фестиваль
русской поэзии*

Вновь – стихи на осколках культуры,
Сохранённых живыми людьми.
Да, привычка – вторая натура:
После драки не хлопнуть дверьми.

Даже первая: помнить о драке,
Но хранить и связать из кусков
То, что тихо тонуло во мраке
Меж обломками павших веков.

Мы – другие, и наша культура –
Не наследница этих томов,

Но читается в них партитура
На мелодию древних холмов,

И вулканов, и скал, что над морем,
И оскалов коварной судьбы...
И не им ли уверенно вторим:
«Не рабы...не рабы...не рабы»?

КОКТЕБЕЛЬ

Нет, не поеду я туда...
Мария Петровых

И я там был. И в кабинет
Я заходил с экскурсоводом.
Полыни, сини – точно нет,
Но так же луч бежит по водам.
И так же чайка пред волной
Ныряет в воду за добычей..
Синеют звезды надо мной
А люди? Здесь такой обычай –
Ходить и чваниться... Они
Не проявляют интереса...
Летят потерянные дни,
Не достаёт до сердца пресса.
Всё – нараспашку: жизнь и смерть,
Как будто с кем-то, а не с нами.
И только дивный синий цвет
Над морем светится, как знамя,
И раньше солнышка встаёт,
И вдруг строкой бежит по коже,
Но легкой жизни не даёт
И смерти – тоже.

ЕВСА ИРИНА (Украина)
ПОЭТ

НОВЫЙ СВЕТ

В Парадизе – жара. Асфальт пристаёт к штиблетам.
Жирный овод жужжит на лаковом мёртвом крабе.
Спутник мой удручён. Он мыслит себя поэтом,
но расчётлив душой, как бюргер в английском пабе,

что и в пьяной гульбе размерен, а не рассеян.
Он боится волны и горных тропинок – тех, что
по-над морем текут, спускаются в глубь расселин.
Но не мне заполнять лакуны чужого текста.

Пёс по склону бежит, с пожухлой травой сливаясь.
Экскурсанты торговца крабами взяли в клещи.
Егерь чистит кефаль, лоснящийся, как ливанец.
Спутник мой раздражён. Он трезво глядит на вещи:

Крым – татарам и украинцам. Москальским сворам –
фига в виде инжира, но на брегах Кавказа.

Монологу не внемлет резвый дельфиний кворум.
Словно чайка, над головой зависает фраза.

Мы лежим. На его предплечье рыжеет россыпь
непрочтённых созвездий – то ли Весы, то ль Дева.
Лень татар обсуждать, вступаться за наглых россов.
«Посмотрите направо, – гид говорит, – налево.

Вот Шаляпинский грот, вот Царская бухта. Выше –
можжевеловый лес, стоянка, обмен валюты».
Над раскиданной горстью солнцем нагретых вишен
вьются алчные осы, в мякоть вгрызаясь люто.

В Парадизе неделя тянется, как зевота,
аква витой дрожа в зелёной гортани рая.
Но уже и над ней бесстрастно склонилась Клото,
между старческих дёсен нитку перетирая.

* * *

Море – в зыби. Небо – в сини. В растревоженной осоке
изумрудные вкрапленья лягушачьего семейства.
И на всё про всё с тобою нам даны такие сроки,
что бессмысленны попрёки, а надежда неуместна.

Мы немотствуем, взирая на ландшафт. Гора в разломе
чуть потрескивает щебнем, чуть посверкивает кварцем.
В этой местности опасно дрейфовать в полдневной дрёме:
ты заснёшь юнцом цветущим, а проснуться можешь – старцем,

что читает с отвращеньем чёрный мыс, изгиб скалистый
в пыльных каперсах, в подтёках помутневшего светила.
... Семилетие скрывала волоокая Калипсо
у себя чужого мужа, но, опомнясь, отпустила.

День – за год, и ты свободен. Можешь странствовать повсюду.
Сдам хозяину посуду, пол протру, замкну ворота.
Ты меня ещё припомнишь. Я тебя ещё забуду.
Я впишу в пейзаж другого, чтоб сидел вполоборота

к полусонному посёлку, не стремясь в морские дали,
а степенно б чистил рыбу и высвистывал Равеля.
Чтоб белели высоленья на ремнях его сандалий
и присохшие чешуйки на запястье розовели.

А меня бы лай собачий или вопль кота Куцона
всякий раз будил. И в кухне курево впотьмах нашарив,
я следила б, как всплывает солнца зрелая канцона
и дымящимся кармином заливает Енишары.

* * *

Море. Облако. Белый парус.
Плоскодонки. – Пейзаж Марке.
По дороге пылит «Икарус»,
исчезающий на витке.

Меж холмов голубеют жилы
варикозно разбухших рек.
И светило стреляет жиром,
словно жареный чебурек.

Бродит ослик по кличке Павел,
как тоскующий инфернал.
Разговор наш – игра без правил.
Мне не светит полуфинал.

Не копайся в татарском супе –
всё горячее можно есть.
Лучше жизнь принимать, как суфий:
мол, такая, какая есть.

Слушать резкий фальцет солиста,
но не вдумываясь в слова…
Мир промыт и горит слоисто,
как медовая пахлава.

Обводи меня. Жизнь такая,
как задумал творец игры,
в молоко облаков макая
зачерствевший ломоть горы.

* * *

То солнце, как напалм, сжигает все подряд,
то сильный шквал напал и треплет виноград.

С тоской на поводке идёшь, куда зовут,
и дремлешь в кабаке с названьем «Голливуд».

Есть пиво и кефаль. И этого вполне
достаточно, но жаль фелюгу на волне.

В ней давится слезой похмельною матрос,
который за сезон, как Маугли, зарос.

День в день – надир, зенит, а между ними тот,
кто на бегу звонит и дальнобойно врет.

И чтоб, глотая ложь, не плавать в нелюбви,
ты говоришь: «Ну что ж…» – седому визави.

Вылавливая лук в жиру кюфтэ-бозбаш,
ты приглушаешь звук, ты шепчешь: «Баш на баш».

Беззвучно: «Зуб за зуб, за око –око…» И
не видишь, как ползут по ложке муравьи.

* * *

Воскурения ладаном, смирной и манной
в этой области года, жемчужной, туманной.
Влажный пурпур клубится и капает медь.
Облетает всё то, что должно облететь.

Здесь примятая временем шляпка из фетра
акварельно всплывает у синих бараков:
в комментариях Фрейда приморская Федра
ковыляет с ведёрком коралловых раков.

Где твой пасынок? – Спит под холодным мангалом
или, травкой балуясь, торчит в «Камелоте»,
корешам присягая потухшим фингалом,
что уйдёт в монастырь, но не сгинет на флоте?

Воскурения маковым семенем. Волны
сквозь дымок желтоватый слоятся, как оникс.
Всё притихло, как будто, веселия полный,
по дворам не прошествовал буйный Дионис.

Невзирая на сонную морось, хоть раз ты,
но шмыгнёшь к бакалее, забрызганный глиной,
где на клумбе горят воспалённые астры
и дрожащий эфир заражают ангиной.

И повсюду струятся столбы воскурений:
у болгар уже прибрано, дымно у греков.
Только парк припорошен листвою осенней,
словно сгинул хозяин, внезапно уехав.

О бессмертные Гестия и Мнемозина,
плодовитая Гея, бесстрастная Лета,
это вам председатель, бухой вдребезину,
от усердия сжёг инвентарь поссовета.

В зябкий сумрак, где всё безымянно, размыто,
уплывает фонарик с понурой лошадкой...
О, когда бы ты, Федра, нашла Ипполита, –
не лежал бы он с финкой под левой лопаткой

на бесшумном пароме, присыпанный манной,
в этой области света, жемчужной, туманной,
рядом с глухо ворчащим срамным стариком,
что обол не сыскал под его языком.

* * *

Тёплые дни истаяли. Их так мало
в сумме, что представляется жизнь короткой.
Чёрную гору срезал лоскут тумана.
Вытянем жребий: кто в гастроном – за водкой.

Стук топора, визгливой пилы сопрано.
Море морщинит злая тоска по зною.
Но виноград в низине горит, как рана,
и по краям дымится голубизною.

Со стороны Отуз наползает сумрак
вкрадчиво, как десант, обложивший контру.
Дряблая влага с веток смывает сурик,
дерево на глазах превращая в контур.

Всё превращая в контуры наши тени,
стол на веранде, влажную синь букета;
в тонких стаканах сброженный сок растений
переливая в плоской полоске света.

Сколько ни пей, но время, что дует в спину,
наши хребты выветривает, как всё, что
уровня моря выше; холмы в долину
пересыпая. И никакого кошта

нам на остаток жизни не хватит. Даже
если мы купим в складчину этот ветхий
дом, чугунок в шершавых намывах сажи,
блик на перилах, шорох скворца на ветке...

* * *

Напиши мне письмо и лучшую строчку вырежь.
Ты вкушаешь лангустов, дуешь коньяк, слоня-
-ешься в шляпе по Квинсу или по Гринвич-Виллидж.
Но какое мне дело, ежели нет меня

в той стране, где волна колеблется перламутром,
на взъерошенных вязах вздрагивают листы;
где не рыщут бомжи по мусоркам ранним утром,
на отлов человеков ночью не мчат менты.

Хорошо, что ты – там, задира, кустарь-филолог,
несгибаемый логос, вечное два в уме,
сквозь чужие таможни длинную цепь уловок
неизменно влекущий... Помнишь, как на холме

мы сидели – спина к спине, – озирая мутный
тёмно-серый залив с корягами на плаву.
На покатые сопки сыпал с небес кунжутный
мелкий сетчатый дождик – и выпрямлял траву.

Никуда не срываясь, медленными глотками
мы цедили по-братски местное каберне.
Я следила, как жук вразвалку ползёт под камень,
растопырив надкрыльев лопасти... Как бы мне

ни хотелось тебя погладить, – рука чертила
в запотевшем пространстве эллипсы и круги.
И трёхдневной, колючей медью твоя щетина
пламенела, но не хотела моей руки.

Мы сидели, как два китайца, настолько древних,
переживших и потепления и снега,
что неважно уже: коряга качнулась в дрейфе
или мимо проплыл взлелеянный труп врага.

... Ты в широтах, где всяк уместен – и, слава Богу!
но такие, как я, нелепы – и пусть. Не то б
слабоумной старухой к тихому эпилогу
доплыла бы, сложившись в англоязычный гроб

в чём-то розово-белом. Как бы ты иронично
поглядел — ни озноб в лопатках, ни в горле ком.
И тогда бы Господь послал меня жить вторично
в синеватую морось, на киммерийский холм.

* * *

Дули пассаты, мучая грядки
с пышным паслёном.
Только и вспомню: плыли лошадки
прямо по склонам

гор киммерийских. Глянец каурой,
облачко серой.
И на каурой — всадник понурый
в красном сомбреро.

То возникали эти лошадки,
то исчезали.
Бас в сериале приторно-сладкий
дона чезаре

взоры туманил вдовам и девам,
местным каллисто,
приумножая словом и делом
вздор сценариста.

Прячась в поселке греко-болгарском
в брызгах левкоя
(где почитают главным богатством
семьдесят коек,

летним сезоном дыры латая
в зимней кудели),
все, что имели, мы промотали
и протрендели.

Сыты по горло играми в прятки,
ложью во благо, —
только и вспомним: плыли лошадки,
билась бумага

старой афиши с фильмом Феллини,
что поражало.
Муха над картой авиалиний
жирно жужжала.

И под белесым облаком шатким,
прямо по скату
глиняной горки плыли лошадки.
Дули пассаты.

* * *

В перспективе — ободранный сейнер с причалом у борта.
На запястье не шрамы, а чёткий рубец от перчатки.

Эка невидаль: сердце разбито. Осталась работа,
где уже не простится тебе ни одной опечатки.

Пьяный крымский народ протоптал произвольно тропинки
к обнищавшему рынку, к тоскующим братьям по крови.
Хоть бы оттепель, что ли... В голодном зрачке – ни травинки,
только росчерки хвои на перистом снежном покрове.

В перспективе – уедешь, сменяв этот сейнер на лайнер,
распродав по дешёвке старьё, что копилось годами.
И – во Франкфурт-на-Одере или, что лучше, -на-Майне.
А заклинит на море, сойдёшь с багажом в Амстердаме.

Это – словно подбросить монетку и вытащить решку,
потому что орёл, нарезая круги по спирали,
сдал тебя до начала игры, как ладью или пешку,
сберегая ферзя, и победу запил саперави.

В перспективе – ты купишь толковый словарик туриста,
прорастая из дамы с собачкой в кого-то с акцентом.
И, слегка раздышавшись, найдёшь для общенья слависта,
что голландское пиво мешает с французским абсентом.

И поэтому, ежели в слёзы, то здесь и немедля,
оттого, что – зима и замёрзло айвовое древо
перед узкой калиткой; и этот, двуликий, на меди,
как его ни крути, а косит только вправо и влево.

ЕРМАКОВА ИРИНА (Россия)
ПОЭТ, ПЕРЕВОДЧИК

* * *

Всё прошла.
Всё прошло.
Это юг. Это крымские горы.
Это ясное солнце сквозь поры.
Я теперь – как стекло.
Облетела пыльца.
Собирается небо над Керчью
и прямой называется речью –
я дошла до крыльца.
И учу наизусть
винноцветные волны на воле,
и ни вечности, Бог мой, ни боли
я уже не стыжусь.

1994

* * *

Кто говорит на языке
а кто – обходится иначе
не держится в земной строке
прошёл за оболочку ночи
и покатился налегке

не опасаясь темноты
чуждаясь явных объяснений
не затевая отношений
сквозь безымянные кусты
чтоб вылетая на дорогу –
шлагбаум степь ночная Керчь –
послушать как любезна Богу
цикадная прямая речь

1994

* * *

Шальная минутка, весёлая водка,
Темнеет, поедем кататься, красотка,
Купаться поедем, накупим черешни,
Машина свободна. А время? Конечно!
Поедем. Пора возвращаться к себе.
Маяк подмигнёт фонарём на столбе,
И море заплещется в памяти сводной:
Сегодня мы все, как нарочно, свободны.
Вот счётчик ретивый взыграл и забился,
Вот бабушка Соня на керченском пирсе.
Знакомые детские звёзды взошли,
Рассыпался воздух, не видно земли.
Отлив оставлял полосу на заборе.
Ты помнишь о море? Я помню о море.
Прилив растравляет – намоет и солит.
Ты помнишь о море? Я помню о нас,
Я помню блестящий лазоревый таз,
Где бабушка крупные рыжие солит
Икринки, на солнце – пролётные брызги, –
Подробности происхождения жизни.
Чабрец, подорожник, бессмертник, крапива.
Нам – глубже, южнее, до горла пролива,
Где чёрные волны касаются тверди,
Ты помнишь? Ещё бы, я помню о море.
Я помню, мы живы, а значит – возможны,
Свободны, невидимы и бездорожны,
С пером под лопаткой, при полном разоре.
Я помню, за нами – открытое море.

1994

КЕРЧЬ

1

Ни девочек для игр ни кукол
я помню сети вдоль стены
и маревом размытый купол
и гальки визг из-под волны
Секущие кусты кизила
и винтовую тропку вниз
и как сгущаются чернила
воздушные вздувая бриз

И август в сумерки густеет
скоропалительно быстрее
чем я бегу ещё быстрей
над огненным кизилом зреет
живая тьма без фонарей
Я помню – весело и поздно
я помню – страшно и нельзя
за шиворот катились звёзды
по позвоночнику скользя
Глядит в упор высокопарный
горячий близорукий свод
и я расту – побег кустарный
и чёрный гул морской растёт
Когда сквозь сон меня обратно
домой уносят на руках
я помню холодок отвратный
с ожогами на позвонках

2

Месяц трёхдневный бел. Ещё не вечер.
Море молчит рядом – за краем речи.
На сковородке вьются морские черти.
Сеть на стене сохнет. Кличут вечерять.
Бриз раздувает смех. Все мальчишки – звери.
Я каталась на А и на Б – посмотреть, кто скорее,
докатилась до Я. Путалась второпях,
хвасталась, что умру лучше всех и – никто не верил.
Двор в чешуе, ржавой гальке, рыбьих кишках.
Под крылечком барака скромно живет страх.
Я ношу ему хлебные крошки и молоко:
Ты не прячься, Василий, живи себе широко,
все мальчишки – трусы, просто трусы и жадины,
все воспитаны при дворе – за один страх –
отобьют крошки, задразнят ужа гадиной,
но уже – в трёх шагах – море.
Море бухает в трёх шагах от вечерних драк.
Я люблю уплывать от всех, я люблю страх,
как рыбачий ужин контрабандную любит икру,
как нас любит жизнь-пиранья, летучая рыбка:
Кто скорее, ну?
Тяжелея во сне, море тянется ко двору,
и по маслу, по лунному чёрная ходит зыбка.

2001

ЗАМЯТИН ДМИТРИЙ (Россия)
ПОЭТ, КУЛЬТУРОЛОГ, ЭССЕИСТ, ГЕОГРАФ

ЧУФУТ-КАЛЕ

киммерийских сумерек стекло
стекло

на руинах высокой бедности
творимо-говоримый римом миром ль
чуфут-кале

ты был в органике земного чуда где
гудели инсталляций нити
божественных пространственных немых ничьих

когда тело растворено в теле мира
тонкие линии удерживают
положение точки тяжёлой горизонта
переживая алый звук трубы

2014

ЗВЯГИНЦЕВ НИКОЛАЙ (Россия)
ПОЭТ

* * *

Привет из Крыма! Я нашел окружность,
Внутри которой тонет поплавок.
Ты там стоял, как Цезарь безоружный,
В лесу стихов и бывших островов.

То мир блядей, богатых лесорубов,
В мышиной тьме табачный огонёк,
Быстрей тебя летящая подруга
Над школьным, а не шахматным, конём.

Когда же из московских подворотен
Придут к тебе с гвоздикой на груди,
Ты скажешь: это Дарница напротив,
Но нам с тобой лететь до середи...

2000

* * *

Давний табачник с родины Грина,
Богатый жилистый караим!
У стольких женщин имя Ирина,
Назвал папиросы только твоим.

Кому-то стихов, серебряных ложек,
Взгляда в окошко в спину Христу,
А ты теперь дым, пацаны с подножек,
Два миллиона за двадцать штук.

Выверни крылья, только едва ли
Будет из искр прощальный салют.
Но чтобы услышать, как тебя звали,
Плавал же Крым вослед кораблю.

2000

* * *

Уснули в Харькове перед югом
Моя лиса, её проводник,

Возня мышиная нижних юбок,
Коробка прозы и болтовни.

На лике Таврики след солёный.
Возможно встать на пустой мешок,
Ловить тепло для мышей – полевок
В забытый севером капюшон.

Имея светлый участок кожи,
Октавой выше цепочку вод,
Для всех попутчиков и прохожих
Топила в городе поплавок.

Хотела плавиться, просыпаться,
Питаться выстрелами весла,
Как белый бант на фаланге пальца,
Как вишня с косточкой пополам.

1994

* * *

Митридат поймал лемура, сел на кончике хвоста.
Вышла дивная фигура, но немотствуют уста.
Всё ракушечник, песчаник, ожидание Керчи,
Звуки частых обещаний, руки греческих пловчих.

Было пешему герою погружение весла.
В эту будущую Трою Фрунзе конницу послал.
Мир таращился на звёзды, на бельгийский пулемёт,
На последний перекрёсток расходящихся племён.

Вся страна хотела Крыма, чьи душа и поводок
Словно пойманная рыба, воздух путали с водой.
Как Овидию в неволе снился парусник босой,
Через горло часовое пересыпался песок.

2001

АНДРЕЮ ПОЛЯКОВУ

Глядя в августе на скомканный парус,
Бывший град и полуциркульный Рим,
Будет весело от снега на пару
С вашим домом у зелёной горы.

Все купальщики на мокром железе,
Пешеходы на скамье запасных,
Капитаны из ближайшего леса
И всё то, чего не будет без них,

Пара лавочек, футбольное поле,
Муравейники с балтийских высот,
Сентября береговая опора,
Закопавшаяся в летний песок.

1997

ФЕОДОСИЯ

Рука уехавшего в белом ремешке,
С другого берега пустая кобура,
Когда на греческом равнинном языке
Расскажут мальчику про дерево в горах.

Ты любишь парусники, что я привожу,
Луну на набережной с дёгтем пополам,
В той сказке девочка бежала по ножу,
Ходила к морю петроградская игла.

Писались вирши для какой-нибудь одной,
Стучали улицы и дёргался кадык.
А где-то рельсы между мною и луной,
Впервые город выше уровня воды.

1998

* * *

Все летние цвета её почтового вагона,
Зелёные крыла и треугольные ключи
Заводят, как пластинку, южнорусскую погоду,
Где ходят пароходы мимо города Керчи.

Уплывшие деревья из папируса и стали,
Под нами горожане поспешают на базар
В сезон её охоты за свободными местами,
Как радиоволна или на пальце стрекоза.

Все люди разбегаются на сложных и несложных,
Бегущие к воде и заходящие с туза.
Смотри – моя жена, она лишается обложки,
Как розочки в петлице Николаевский вокзал.

1996

* * *

Если опушка, держать росу
Можно, как мяч, на хвосте игры.
Здесь, надо думать, живёт барсук,
Снится ему полуостров Крым.

Выдох на литеру, что «Блават...»,
Правда о том, как свести с ума.
Та же придуманная трава,
Бронза и сталь на манер письма.

Мир не бросает своих коней.
Это ты сам загоняешь в дом
Почерк Оксаны, на рейде с ней
То, что считалось сухой водой.

Она тебя вычислит и простит,

Скажет, что это первый порыв.
Разве что четверо из пяти
Или другие из кобуры.

1999

* * *

Суета стрекозки, глоток малаги.
Так бывает зябко при ловле моли
В городах с распахнутыми полами,
Где полоска ткани на месте моря.

Мы уже расходимся по приделам.
Позади ракушечник и простуда,
Чешуя осеннего поведенья
До того робевшего вхолостую.

На пути от острова до Джанкоя,
Где плывут без компаса и журнала,
Полагаешь пробочку и осколок
С одному известными стременами,

Голоса слогов на клочке картона,
Где кричат стекольщики, а за ними
Бесконечный парусник в левом доме,
Голова Германика за двойными.

1994

ТАТЕ ПУЧКОВОЙ

А ты другая Киммерия.
И где мы встанем у стены,
Там пиво меньше пяти гривен,
Ни часовых, ни выводных.

Какая долгая беседа,
Когда стончается рука,
Висит, как дождик над посевом,
Ведёт очкастого стрелка.

Ему бы выбраться из круга,
Где сны хватают за карман,
Куда-то падает подруга,
Впервые плавает сама.

1995

ИГОРЮ СИДУ

Рыбица Крым в кошкиных лапах,
Много ли видно через бумагу.
Мне говорят о листе салата,
Я возражаю – зёрнышко мака.

Можно признаться в любви к моркови,
Искать по дому взбитую глину,
Лишать одуванчики упаковок,
Которые барышня повалила

Цвета серого винограда,
Цвета зелёного палисада,
Цвета формулы Гей-Люссака,
Цвета площади под часами.

1993

ИВАНЧЕНКО ИРИНА (Украина)
ПОЭТ

КОКТЕБЕЛЬ: ТВОРЕНИЕ

Отгородить кусочек моря
карминным каменным хребтом
и гальку крупного помола
сушить на блюде золотом,
ловить серебряную рыбу
весёлым утренним зрачком,
пока сторожевая глыба
не станет первым маяком,

и, не заботясь о ночлеге,
по камешку скалистый кряж
наращивать,
скреплять побегом
лозы, пока желтеет небо
и волн татарские набеги
берут измором дикий пляж.

Ещё ни рая нет, ни ада,
ещё рыбак и виноградарь
ворота бухт не отворил,
но бьёт волна, и нет с ней сладу.
Чем выше горная ограда,
тем громче море говорит.

2012

ЧОКУРЧА

1

Что было здесь: алтарь? ночлег?
Охотник, семьянин, художник —
здесь жил разумный человек,
и только это непреложно.

Стояла ночь с грозой в руке.
Чтоб свет не позабыли дети,
на чёрном в блёстках потолке

он контур солнечный наметил.
Ещё не время говорить.
В дубовой люльке гулит вечность.
Но можно солнце сохранить
в настенных, точечных насечках.

2

Теперь ты знаешь, Чокурча,
что известняк слабей бумаги.
Где прежде теплился очаг,
годами жгут костры бродяги.

Тускнеют жаркие лучи.
Сюда не хаживать туристам,
и круг родства неразличим
под спудом замершим, землистым.

О, равнодушье — солончак.
Не прирастает берегами.
Мой век — пещера Чокурча —
придушен копотью и гарью.

Ещё скрипит Чумацкий Боз,
переправляя души к Богу,
но мы почти не видим звёзд
под ледниковой толщей смога.

Высотки золотом горят,
и горьким мёдом плачут соты.
И я опять иду в наряд
по опрокинутым высотам.

Так звери к высохшей реке
идут привычными местами.
Весна висит на волоске
от затяжного ледостава.

Трахея — узкий дымоход —
извне тепло не пропускает.
Лишь сердце бьётся в небосвод
и солнце в небе высекает.

2013

Чокурча, пещера в скале на левом берегу реки Малый Салгир, — одно из древнейших жилищ человека на территории Европы. «Первооткрывателем» Чокурчи был крымский археолог С. И. Забнин, в 1928 году представивший Таврическому обществу истории, археологии и этнографии сенсационный доклад о палеолитической стоянке у Симферополя. Тот же Забнин впервые обратил внимание на изображения, нанесённые на стены пещеры: «Внутри она полукруглой формы, глубиной и шириной в 6 метров... В конце потолка высечены тамги»... В известняковой скале выдолблены полуметровые изображения солнца с лучами, мамонта и рыбы. Возраст чокурчинских «рисунков» — петроглифов — некоторые исследователи определяют в 40–45 тыс. лет.
При раскопках в Чокурче были найдены и останки первобытных людей, и кости древнейших животных, и кремниевые остроконечники, скрёбла, костяные орудия. Почти все находки погибли во время войны. Остались стены и рисунки.
Впрочем, остались ли...

Несколько последних десятилетий Чокурча — археологический памятник мирового значения — служит пристанищем для местных бомжей. Жители близлежащих улиц годами вывозили мусор в окрестности пещеры. Под копотью от современных костров уже не видны ни солнечный диск, ни мамонт, ни большая рыба...

В пещере — следы недавних пиршеств «неандертальцев», зола, пустые сигаретные пачки, битые бутылки. На одной из стен — там, где по описанию Забнина должны быть древнейшие рисунки, — белое на чёрном граффити: «Миша».

КОКТЕБЕЛЬ: ВЕРНУТЬСЯ

> *И море, и Гомер — всё движется любовью...*
> Осип Мандельштам

Не подготовишься к волне,
с лихвой воды хлебнёшь,
но сдвинешь камешки на дне
и соли наберёшь,

и понесёшь её в горсти
за волнорезы, волнари –
скорее – зимы угостить,
приправить январи,

присыпать скользкую тропу,
шаги считая вслух,
укутать сонную траву
в просоленный кожух.

Зиме пожертвуешь вдвойне:
и соль, и боль отдашь скорее.
И, словно Илион к войне,
не подготовишься к весне
и захлебнёшься ею.

Но разве привыкать тебе
держаться на плаву?
Откроешь ранний Коктебель,
как первую главу,

и в древнем списке корабли
прочтёшь в один заход.
Вот так, отвыкший от любви,
ты пьёшь её взахлёб.

ПЕРЕЛЁТНЫЙ ПОСЁЛОК

Из недоставленных писем, посылок
выпорхнет адрес и выправит азимут:
Крым, Коктебель, перелётный посёлок,
птицам вослед улетающий на зиму.

1

Друг мой сердечный, оставим обиды
и, приглядевшись к дороге неблизкой,

вспомним, что смерть — только выдача вида
на небожительство, смена прописки.

Прежде чем плакать в жилетку блокнота,
вспомним: без грусти о прожитом лете
ласточки стаятся перед отлётом
и поджидают попутный ветер.

Знаешь, в Восточном Крыму невесёлая
осень уже распугала курортников,
и в ожиданье отлёта посёлок
лёг под горой, как под грудью родинка.

Перед дорогой в домах и квартирах
дело кипит за прикрытыми ставнями —
серые горы постелей отстирывать,
море посуды отмыть и расставить.

Женщины жмутся к заборам, тревожно
перекликаясь с соседками.
Продыху
нет до отлёта. И лунной дорожкой
ходит октябрь по воде аки посуху.

Где в сентябре завлекали самсою,
море чужим на разлив предлагали,
пара воробышков роется в гальке.
Словно на отдыхе, осень босая
бродит ещё неостывшими пляжами,
пьёт из колодцев и чёрных скважин.

2

Простыни высохли, сложены в ящики.
Гребни холмов зеленеют, как ящерки, —
море расчёсывать этими гребнями.
Прошлого не было. Есть настоящее
между холмами и морем серебряным.

В тихую ночь небеса открываются
(волны — и те ненадолго замолкли).
Весь Коктебель от земли отрывается
и отправляется к месту зимовки.

Вслед за шалманами, винными лавками,
рынком, садами и тёмными крышами
серые чайки с пунцовыми лапками
ринулись к небу и тянутся выше.

Где-то в Восточном Эдеме отмечено
место посадки на карте вселенской.
Море волнуется, и полумесяцем
выгнулся берег и ждёт поселенцев.

Там, на Востоке Эдема, такая же
бухта, холмы с разноцветной обивкой,
тёплая галька. И те, кто раскаялся,
смогут приехать сюда на побывку.

3

И приземлится на взморье пустом
странник давнишний, неправильный дом.
Лесенки белые стены обвили —
дом-небылица из памятной были.

Он резонирует всеми пазами
с морем — ещё неуютный, бескровный.
Из-за холмов благодушный хозяин
к дому придёт и ворота откроет.

Скоро из хмурого города Лима
к дому-чернильнице, дому-скворечне
гости прибудут, и снова Марина
камень в подарок получит сердечный.

4

– Как долетели?
– Прекрасно. И слава
Богу,
в дороге ведь всяко бывает...

За день обжились, и улочка справа
улочку слева на плов зазывает.

Говор татарский и говор узбекский
пересекаются с русскою речью.
Море воркует, и бьётся с разбега
в стенку волны обманувшийся кречет.

Здесь, в Коктебеле, совсем по-земному
щурится солнце, и нежит, и ластится.
Людно, и к каждому пришлому дому
вмиг прибиваются местные ласточки.

Перезимуем, согреем купальщиков.
Души потешим закатом сиреневым.
Прошлого не было. Есть настоящее
Между холмами и морем серебряным.

5

Друг мой заветный, печали не стоит
вечно удерживать в гавани сердца.
Вновь от начала весна пролистает
светлую книгу пасхальной седмицы.

Друг, за плечами потери надежда
тихо стоит в неприметной одежде.
Тяжко, но сёстры — память и нежность
нас навещают зимою бесснежной.

День многолюден, набит под завязку
хлопотным и суетливым занятием.
Главное — ночью отслеживать связку,
не разомкнуть ненароком объятия.

Крепче прижми, как озябшую птицу,
родинки грея губами, при этом
не выпуская меня за границу
между земным и надземным светом.

2012

ИСАЕВА ЕЛЕНА (Россия)
ПОЭТ, ДРАМАТУРГ

КОКТЕБЕЛЬ

Здесь – самолёты в небе, как стрекозы,
Здесь – моря обжигающий прибой,
А под окном так расцветают розы,
Что наконец довольна ты собой.
А этот дворик – как предвестник рая,
Куда возьмут тех, кто не делал зла.
Но есть ли шанс исправиться? До края
Стола пчела тихонько доползла
И не упала, видишь, а взлетела –
И крупной точкой застит самолёт.
Здесь слишком явно чувствуется тело
И всё, что с ним потом произойдёт.
Единство мира нарушать не смея,
Сидишь у всей вселенной на виду,
Мечтая мудрой сделаться, как змеи,
Шуршащие в сентябрьском саду.

ИЗ ЦИКЛА «МОРСКИЕ ПЕСЕНКИ»

Море с небом обнялись! –
Эх, и горизонтики!
Балаклава, Симеиз –
Южная экзотика!
Своенравно, страстно, шибко
Море любит удальцов –
Белозубую улыбку,
Загорелое лицо!
И тебе оно по нраву,
Раз неведом сердцу страх!
Крымский берег тает справа –
Привкус соли на губах!
Планку тронешь на баяне,
Усмехнёшься неспроста!
Сразу насмерть душу ранит
Озорная красота!
Мне на счастье или горе –
Десять бед – один ответ –
Выбрал ты в подруги море
На ближайшие сто лет!
Не стесню твоей свободы,
В тон тебе смеюсь-шучу,
Я у моря жду погоды,

А замены не хочу.
Не кляну судьбу, не каюсь,
Каждой встречей дорожу
И, сквозь слёзы улыбаясь,
Отпускаю – не держу!
Ведь тебя держать-неволить –
Словно вихрь держать в руках!
Только долго привкус соли
Будет на моих губах.
А пока – живи – не сетуй!
Выбирай сложнее путь!
А пока броди по свету –
Воротись когда-нибудь.
Для тебя – простор и высь!
Эх, и горизонтики!
Балаклава, Симеиз –
Южная экзотика!

1990

* * *

"Семь колодезей". Южная ночь.
Здесь нас поезд оставил московский
И уехал, как водится, прочь
С промелькнувшей в окне папироской.
«Семь колодезей». Тихо вокруг.
Парапеты окрашены белым.
Это детство. И море. И юг.
Пахнет чем-то душистым и спелым.
Папа занял в вокзале места.
До утра нам сидеть на вокзале.
Папа ягод надёргал с куста,
Положил рядом с мамой – мы спали.
И цикады. И южная мгла.
Мне до той себя – не докричаться.
Жизнь прекрасна, нежна и тепла.
Тишина. Ожидание счастья.

Крым, Каменское, 1998

* * *

Сыну Юрочке

Заходятся цикады,
Мигают светляки.
И гроздья винограда
Касаются щеки.
И тихий крымский дворик,
И удочка с веслом,
И шутка в разговоре,
И лампа над столом.
Жизнь в этом очертанье
Прекрасна и легка,

Как шторка при касанье
Ночного ветерка.

Крым, поселок Каменское, август 1999 года

* * *

11 августа 1999 года
по предсказанию Нострадамуса
должен был наступить
конец света.
Мы с мужем и сыном были на море в Крыму,
И на столе, покрытом клеёнкой в синюю клетку,
Лежал огромный арбуз.
И в предвкушении лакомства
Жужжали вокруг осы.
И солнце падало нам на лица
Сквозь листву виноградника.
– Сегодня конец света.
Что же теперь делать? –
Спросила я растерянно.
Сын протянул нам нож для арбуза
И уверенно сказал:
– Пировать!

Крым, поселок Каменское, 11 августа 1999 года

КАБАНОВ АЛЕКСАНДР (Украина)
ПОЭТ, РЕДАКТОР

* * *

И чужая скучна правота, и своя не тревожит, как прежде,
и внутри у неё провода в разноцветной и старой одежде:
жёлтый провод – к песчаной косе,
                серебристый – к звезде над дорогой,
не жалей, перекусывай всё, лишь –
                сиреневый провод не трогай.
Ты не трогай его потому, что поэзия – странное дело:
всё, что надо – рассеяло тьму
                и на воздух от счастья взлетело,
то, что раньше болело у всех, –
                превратилось в сплошную щекотку,
эвкалиптовый падает снег, заметая навеки слободку.
Здравствуй, рваный, фуфаечный Крым,
                потерявший империю злую,
над сиреневым телом твоим я склонюсь и в висок поцелую.
Липнут клавиши, стынут слова,
                вот и музыка просит повтора:
Times New Roman, ребенок ua,
                серый волк за окном монитора.

2005

* * *

Этот гоблинский, туберкулёзный
свет меняя – на звук:
фиолетовый, сладкий, бесслёзный –
будто ялтинский лук.

В телеящике, в телемогиле,
на других берегах:
пушкин с гоголем Крым захватили,
а шевченко – в бегах.

И подземная сотня вторая
не покинет кают,
и в тюрьме, возле Бахчисарая –
макароны дают.

Звук, двоясь – проникает подкожно:
чернослив-курага,
хорошо, что меня невозможно
отличить от врага.

2014

* * *

Мухаммед-бей раскуривал кальян
и, выдыхая, бормотал кому-то:
«Ни Господа, ни инопланетян –
повсюду одиночество и смута...»
А вдалеке, на самой кромке дня,
который пахнет перезревшей сливой,
вытаскивал Каштанку из огня
один поэт и повар молчаливый.
И я пролил за родину кагор,
лаская твоё ветреное тело,
читал кардиограмму Крымских гор,
прощал врагов, и сердце не болело.
Под небом из богемского стекла,
вот так и жили мы на самом деле,
лишь иногда – земля из глаз текла,
и волны под ковчегом шелестели.

2007

БЕЛЯЕВ

Вспоминая Крым – я укрылся на дне холма
и внутри меня приключилась одна работа:
покидая мускатный кокон - взошла долма
над внебрачным сыном кефали и звездочета.

Я клевал, пытаясь уснуть, и сходил с ума –
как с крючка срывался, надеясь еще на что-то:
утоляя голод, сияла моя долма –
над внебрачным сыном кефали и звездочета.

Жил да был планшет – разделочная доска,
а когда пришел маяк из Кызыл-Аула:
через прорезь белую поисковика -
сквозняком зазубренным потянуло,

ядовитым мёдом из самых червивых сот
расползлась история, веря – отхожей яме:
этот Крым теперь назовут (через лет пятьсот)
пионерскими лагерями.

Я укрылся на дне холма, и почуял звук:
это время – ко мне прибило тоску почета,
Ихтиандр Беляев – был тот еще сукин внук
и внебрачный сын кефали и звездочета.

2014

* * *

Чем отличается парикмахер от херувима?
У херувима – хер спереди, у парикмахера – сзади:
бородатая хохма. Помню, мы возвращались из Крыма –
Лёха Остудин, я и какие-то бляди.
Скинулись на такси до Симферополя, и всю дорогу
молчали под радио, подпрыгивали на ухабах,
бляди сидели грустные, будто молились Богу,
ну а мы – о стихах, о бизнесе и о бабах.
Так и молчали под Шуфутинского и Носкова,
похмелялись пивом, прислушивались к здоровью,
за окном – ничего особенного, ничего такого –
крымское утро, похожее на отбивную с кровью.
Почему-то вспомнилось детство, маленькая руина
прошлой жизни, кафель, рыжие длинные пряди...
Чем отличается парикмахер от херувима?
У херувима – хер спереди, у парикмахера – сзади.
Щёлкают ножницы, хищно перерезая рифмы,
падают волосы, скручиваясь на лету и седея...
снова очнёшься – на заднем сиденье нимфы
и Лёха Остудин с профилем Одиссея.
Воспоминания не прижечь глаголами:
одеколон троянский, попутный фён, озорные брызги,
Лёха мечтает: вот бы все бабы ходили голыми,
ну что ж, поддерживаю, понимаю, что путь не близкий.

2009

* * *

Непокорные космы дождя, заплетённые как
растаманские дреды, и сорвана крышка с бульвара,
ты прозрачна, ты вся, будто римская сучка, в сосках,
на промокшей футболке грустит о тебе Че Гевара.

Не грусти, команданте, еще Алигьери в дыму,
круг за кругом спускается на карусельных оленях,
я тебя обниму, потому что ее обниму,
и похожа любовь на протертые джинсы в коленях.

Вспоминается Крым, сухпайковый, припрятанный страх,
собирали кизил и всё время молчали о чем-то,
голышом загорали на пляже в песочных часах,
окружённые морем и птичьим стеклом горизонта.

И под нами песок шевелился, и вниз уходя,
устилал бытие на другой стороне мирозданья:
там скрипит карусель, и пылают часы из дождя,
я служу в Луна-парке твоим комиссаром катанья.

2008

* * *

Мише Гоффайзену

Четвёртый Крым, кизиловый на слух,
привыкший отвоёвывать прохладу,
проснёшься в полдень и покличешь слуг:
«Подайте яду мне, подайте яду...»
И вот уже несут обедать на двоих,
коньяк копытом бьёт в стеклянной фляге.
«Зело отравлен?» – спрашиваешь их.
«Проверено», – ответствуют бедняги.
Припомнишь, как вчера, татарке молодой
целуя абрикосовую спину,
шептал: «Ты вся – моя.
Крым тоже нынче – мой,
и даже Гоголь – мой наполовину...»
Седой поэт, семитские черты,
винтажный «мерс», тревожная работа,
шептал: «Я счастлив, дурочка, а ты –
мне о любви рассказываешь что-то...»

2009

ИЗ ПЕРЕХВАЧЕННОГО ПИСЬМА

Крымские твои сумерки, узник пансионата –
в красных и фиолетовых буковках от муската.
У Партенитской пристани – ветрено и скалисто,
некому переписывать книгу о Монте-Кристо.
Море чихает в сумерках контрабандистской лодкой,
и Аю-Даг с похмелья цепью гремит короткой.
Скрылась луна в серебряном шлеме мотоциклиста:
некому переписывать книгу о Монте-Кристо.
Знаешь, не все мы умерли или умом поехали –
нас заманили в сумерки дудочкою ореховой,
мы опускались в адские, брошенные котельные,
и совершали подвиги маленькие, постельные.
Местные долгожители нас называли крысами,
и полегли от ящура в небо под кипарисами.
Пишем тебе, последнему брату, однополчанину:
«Не перепутай в сумерках – золото и молчание,
обороняй вселенную в светлой своей нелепости,

у Партенитской пристани,
возле Кастельской крепости...»

2004

* * *

Корицей – укоризненно, лавровым
листом – высокопарно, чесноком,
лукавым луком, редкостным уловом,
из Партенита – птичьим молоком:
так пахнет август, королевский ужин,
в мечтах коньячных – кофе на плите,
и старый Крым, чей краешек надкушен –
любовью, ясен перец, в темноте.
Пусть Аю-Даг во сне идёт к пророку,
а ветер – гонит волны в марш-броске,
читает Грина, сочиняет хокку
и переводит стрелки на песке.

2004

АППАНСИОНАТА

Море хрустит леденцой за щеками,
режется в покер, и похер ему –
похолодание в Старом Крыму:
вечером море топили щенками –
не дочитали в детстве «Му-му».
Вот санаторий писателей в море,
старых какателей пансионат:
чайки и чай, симпатичный юннат
(катер заправлен в штаны), и Оноре,
даже Бальзак, уже не виноват,
даже бальзам, привезённый из Риги,
не окупает любовной интриги –
кончился калия перманганат.
Вечером – время воды и травы,
вечером – время гниёт с головы,
мёртвый хирург продолжает лечить,
можно услышать – нельзя различить,
хрупая снегом, вгрызаясь в хурму –
море, которое в Старом Крыму.

1992

* * *

Мой милый друг! Такая ночь в Крыму,
что я – не сторож сердцу своему.
Рай переполнен. Небеса провисли,
ночую в перевёрнутой арбе,
и если перед сном приходят мысли,
то как заснуть при мысли о тебе?
Такая ночь токайского разлива,
сквозь щели в потолке, неторопливо

струится и густеет, августев.
Так нежно пахнут звёздные глубины
подмышками твоими голубыми;
уже, наполовину опустев,
к речной воде, на корточках, с откосов –
сползает сад – шершав и абрикосов!
В консервной банке – плавает звезда.
О, женщина – сожжённое огниво:
так тяжело, так страшно, так счастливо!
И жить всегда – так мало, как всегда.

1991

КАНЕВСКИЙ ГЕННАДИЙ (Россия)
ПОЭТ

* * *

Начинай. Мне уже не осилить четвертой октавы.
Мне и так эта дудочка жизнь сократила на треть.
Как узоры на глине, на склоне белеют отары.
Я бы умер давно, да они не дают умереть.

Каждый день, просыпаясь, не мог восхищённого вздоха
Удержать, замерев – и доныне, увы, не могу...
А всего-то, всего-то, казалось бы – сепия, охра
Да зелёный листок на недолгом январском снегу.

Сядь на старый диван, продырявленный пулями моли,
Нацеди мне чайку, да вчерашнюю почту проверь...
Чёрта с два напишу потрясённое бурное море –
Так и буду скупою слезой разбавлять акварель.

В жёлтых пальцах сжимая осколок забытого Крыма,
Чепуху, сувенир, безделушку десятых годов,
Так и буду валяться на старом буфете – открыткой,
Обедневший потомок былых генуэзских родов,

Что, тетрадь открывая, фиксирует ветер, погоду,
И валютные курсы, и всё, что ещё предстоит
У Эвксинского Понта, где волосы слиплись от пота
Возле старого порта – дремотного входа в Аид.

Феодосия, 2003.

СТИХИ ИЗ ФЕОДОСИИ

I.

черноморы-мои-азовы, голубой налёт винограда.
мне – билет до четвёртой зоны, дальше – пёхом до эльдорадо.
дальше трещины и мозоли – что расхвастался? – всем даются,
черноморы-мои-азовы, шелуха цветных революций.

золотая пыль на ладони. две крупицы на три прихлопа.
поклонюсь вину молодому – и вітаю тебе, європо,

ибо греческому обломку не к лицу ни плач, ни чернила.
князь потёмкин – тебе котомка от потомков: верёвка, мыло.

я устал, выполняя норму – наступленья да отступленья.
пересадочная платформа – пересадка органов зренья.
погляжу глазами катрана – я ведь тоже хазар по крови.
из херсона шепчет кабанов на кипчакско-татарской мове.

я из умани, но водою окрестили меня насильно.
я в солёную тьму зарою голос с привкусом керосина,
и пойду ходить плавниками, вторя возгласам "тю, скаженний",
с полупьяными рыбаками соревнуясь в стихосложеньи.

II.

То море не давало спать, то лунный луч бродил по саду,
то тень ложилась на кровать, напоминая мне Кассандру,
то звонко капала под дых, вилась, судачила, шумела
вся свора бабочек ночных, живая клинопись Шумера.

И, засыпая, я проник меж трав сухих, вдоль ночи длинной,
и мой хитиновый двойник взлетел над бухтой Карантинной,
где, опустив сравнений ряд, расталкивая мух гумозных,
детальным зреньем небогат, я видел только воздух, воздух.

Так, наступающей зиме не придававшие значенья,
мы оставались на земле – членистоногие кочевья,
личинки новых холодов, кропатели стихов и прозы
и пролагатели ходов в пластах старинной целлюлозы.

А там – лови, сажай в эфир, перечисляй латынью праздной,
ботаник, мальчик, новый мир, светловолосый сын неясный –
ты тоже ночью не заснёшь, взлетев над тем же волноломом,
пройдя, как чёрный узкий нож, горячим воздухом знакомым.

Феодосия, 2005.

КАПОВИЧ КАТЯ (США)
ПОЭТ, ПРОЗАИК, РЕДАКТОР

* * *

Взять Толстого, взять томик Басё,
всё равно ж невозможно взять всё,
и названия нету ещё,
только «холодно» и «горячо».

Да и детям пора оставлять,
мы ещё говорили «детЯм».
А ещё мы шампанское пили под стать,
и текло по губам.

Над Одессой задёргался дождь,
а над Планерским вышло из туч,
рассиялось до звёздных подошв,
и хозяюшка вынесла ключ.

Это взять? Да и груз невелик.
Эту грусть в приложение к радости.
Ах, не может привыкнуть язык
к сахариновой сладости!

2014

КАЦОВ ГЕННАДИЙ (США)
ПОЭТ, ПИСАТЕЛЬ, ЖУРНАЛИСТ, ЭССЕИСТ

ВОЗВРАЩАЯ ВОСПОМИНАНИЕ

Нарисуешь на гальке Судак или Планер-
ское, бухту подковой и море июня,
Одинокую пару на заднем плане
Безоглядно бредущих, влюблённых, юных,
Так картинно открытой холмистой местно-
сти, похожей на чей-то пейзаж (Каналетто?),
Симметричную вязь, но без центра – вместо
Перспективы и ракурсов всюду лето.

И шипение пены, её белила-
ми прописанных хлопьев, и безусловно,
Словно в комиксах, всё, что тогда говорила,
Только вспомнить бы всё, до последнего слова.
А иначе нельзя: слова невосстановлен-
ного, даже потерянной паузы хватит,
Чтоб распалось, как пазл, наше прошлое, снова
Погрузившись в безмолвье надмирной ваты.

РОЖДЁННОМУ В КРЫМУ

Февральским днем евпаторийский пляж
Избит тяжелой ледяной волною
И чайка неподвижно, как муляж,
Стоит среди песка, протяжно ноя.

Направо вход в распахнутый Курзал,
Трамвай отходит в полдень на Мойнаки,
О чем тебе еще не рассказал
Татарин, продававший козинаки.

На Набережной духовой оркестр
Играет что-то вроде венских вальсов,
И незаполнено одно из мест,
В котором будет летом бочка с квасом.

А дальше – не заполнено Гнездо
Летящей ласточки, и зимний Ливадийский
Дворец пустует, как забытый дом,
Что брошен, не прощаясь, по-английски.

Дорога заросла на Симеиз,
Визирь не бросит, уходя, монетки
В волну, чтобы вернуться; вечный бриз
Не тронул море, лески, лодки, ветки.

Ещё пустует Крым, коль не рожден
Пока ты в нём, и всё ещё от груза
Бессрочной памяти освобожден,
От всех реалий роковых Союза.

Пройдет еще лет двадцать и на льду
Потерпим поражение от чехов,
И будет плакать в городском саду
В далёкой Ялте безутешный Чехов.

ВЕЧНЫЙ ДИАЛОГ

Море. На каком языке оно говорит с тобой?
На языке вечных душ: они плещутся у берега,
Оставляют на песке странные свои имена
И если ты их видишь, ты уже говоришь с ними,
И если ты видишь море, не значит ли это,
Что ты сразу говоришь о нём с самим собой?
Раз оно не сообщает о том, чего уже нет,
Но только и навсегда о том, что было.

МОРЯ В ОКЕАНЕ

Моё море, как дом с очертанием точным границ,
С окружающей родственной рыбой, кочующим крабом,
Где медуза парит, распуская свои сто ресниц,
Под рыбацкою лодкой со всем ее мыслимым скарбом.

Где прогулочный катер с названьем, как сон, «Лабрадор»,
Каждый час от причала сходит, с волнами не споря,
Словно верит: на кратком пути он найдёт коридор,
Что проложен от Чёрного до Средиземного моря.

Океан – он иной. И солёный, и горький на вкус,
Хула-хупом вращает от впадины призрачный берег,
Совпадая с тобой по шестому, похоже, из чувств,
То есть, всей шириной – от Европы до пары Америк.

Он растёт в высоту и на дне, у далёкой звезды,
По сравненью с морской вызывающей чувство повтора,
Возникает прибой и, само по себе, без воды
В нём из пены рождается море – его, «Лабрадора».

О РАЗЛУКЕ

Чем дольше врозь, тем больше перемен,
Тем толще пыль, прямее кипарисы,
И масса зин (ничуть не меньше, лен)
Толкутся ныне в прошлом, да и присно.

Скорей всего, не вспомнит на бегу
Волна и вместе с нею берег пенный
Ни мальчика, который в курагу
Влюблялся, словно жертва Мельпомены,

Ни юношу в далёком Судаке,
Плывущего серебряной дорожкой
Под мраморной и вечно вдалеке
Разбросанной по верху мелкой крошкой.

Ни пары, что снимала в гараже
Под Ялтой ровно три квадратных метра –
И это было раем, и уже
Изгнанием их, судя по приметам.

Теперь иначе. Даже имена:
«Игла» – ПЗРК, и комплекс «Тополь»,
«Шмель» - огнемет, и «Хризантемы» на
Всех трассах, что ведут на Севастополь.

И ты другой. Будь шведский ротозей,
Кондитер из Парижа, римский пастор,
Ты б, вероятно, здесь нашел друзей,
В дальнейшем возвращаясь, но не часто.

А так, что скажешь? Лучше потерять,
Чем приближаться к этой зоне риска,
Где БэТээРы выстроились в ряд,
И униформа цвета кипариса.

ПРОЩАЛЬНОЕ ПУТЕШЕСТВИЕ В ТАВРИДУ

Прозрачное солнце, хрустальные волны, полуденный пляж.
«Абрау Дюрсо» серебрится в бокале и тает во рту.
«Налить вам ещё?» – «Почему бы и нет.» – Обступивший пейзаж
В пузатом стекле отразился по сторону эту и ту.

«Как часто в Крыму?» – «Да, не часто.» На стенке гора Аю Даг
Со спящим в шампанском Медведем и с горным, в ухабах, шоссе
От Ялты, считай, до Алушты – и скверная эта езда
Зависит всегда от того, кто в дороге с тобою сосед.

Боками бокала рисуется весь Воронцовский дворец,
Штрихами – подвалы Массандры и плачущий Бахчисарай
С гнездом над обрывом, где ласточку ждёт желторотый птенец.
Где счастливо прожито детство в Раю. Где кончается Рай.

По контурам бухту узнаешь легко: Коктебель, Карадаг.
Завис параплан в облаках над палатками в жаркий июнь
И сверху ему очевидней маршруты, что знают суда,
Идущие на Евпаторию, то есть на запад и юг…

«Какими судьбами?» – «Поверьте, случайно. Бокал пригубить.»
Со дна пузырьки поднимаются и в перспективе глотка
Прощального всё исчезает, на все отраженья забить
Теперь остаётся. «Вам доброй дороги!» – «Спасибо. Пока.»

КАЦЮБА ЕЛЕНА (Россия)
ПОЭТ

ТУМАН

Утренний череп залива глазницами донными движет
пухнет зонтом водяным на серебряных спицах
На каменных лыжах спускается соли напиться
лыжница в платье из ломкого газа
задраенные глазницы

Уселись, разделённые столом из цельного куска света
каждый другому – зеркальная карта
невидимой гранью спектра игральной кости
повёрнут хозяин к гостье

Гостья его вся из овала и влаги
и тело её влачится по скалам лавиной
перепиленный солнечный кубок
летает Сатурном в расплющенной шляпе
ещё не разъятый

Там смутного гейзера лопнувший конус
растекается размагниченный компас
расходятся губы в прощальное у-у-у-у-у-у
поцелуя гудка парохода

Симеиз – Алупка, 1977.
(С Алексеем Парщиковым и Ольгой Свибловой отправились из Симеиза в Алупку во дворец Воронцова и на полдня застряли в тумане.)

ГРОЗА

Оборотень света и тени
Обморок водяного тела
Обретение потерянного времени
Обращённого к тупому концу стрелки
звенящей серебряным стременем
Медлительной стрелкой бегущего часа качается мачта
мечтая
с навстречу бегущим своим отражением слиться
С лица
циферблата смываются цифры
и циркуль слепящий
уже очертил из чернеющей тучи границу
Гребень за гребень волна зацепила
поволокла потащила
красный клубок в лабиринте волн
на запад
где завтра
в водовороте потоков обратных
утонувшей волны неживая прозрачность
свернувшись улиткою водяной
бездыханно уходит на дно

Коктебель, июль 1977.

ВОСХОД В ЗЕРКАЛЕ ЗАКАТА. АРТУР И АНТОН
(палиндром)

ЗАКАТ

Я – ига мира замок.
Ах, это имя не там, осени куб – закон, Евы тон –
алоэ, цена тени он,
ход в ворох адониса.
От
Артура шла темнота,
короля нем меч
и туп –
лев луны в чаду у дурмана.
Я сличу ладов зов:
себе ни разу,
ему – воля и сад.
Я – ром боли,
а не полет.
А муза разума – мрака кот, сова.

ВОСХОД
(обратный текст)

Кома зари – магия.
Но ты – венок азбуки, несома тенями от эха,
но и не танец Эола,
а синода хоров вдох.
То
Атон метал шар утра,
чем менял, о рок,
пути,
а нам руду удач вынул. Вел
воз вод, а лучился
у зари небес.
«Да» сияло в уме
и лоб моря,
тело – пена.
А Востока карма – муза разума!

Коктебель, 1991.
(Текст возник, наверное, потому, что скала с профилем Волошина напоминает ещё и сфинкса. И куда ни пойдёшь, всё время то уходишь от него, то к нему возвращаешься. А сам Волошин – такой же мистический и трагический рыцарь, как король Артур.)

КЕДРОВ КОНСТАНТИН (Россия)
ПОЭТ, ФИЛОСОФ, ЛИТЕРАТУРНЫЙ КРИТИК

БАХЧИСАРАЙ
Мелодия для зурны

> *Увидев её, хан воскликнул:*
> *«О дюляра бикич!» –*
> *что значит «прекрасная».*

О Дюляра, о бикич! –
лара де бю и чек бюль

Полон тьмой тонколистной и зноем
резанул закапала кровь
полон крови фонтан весь высох
хрястнул саблей резанул –
закапал фонтан кровавый
арабской вязью струясь.
О Дюляра! А Дюляра! У Дюляра! Ы Дюляра!
АОУЫ Дюляра...
Душистый прах в садах и праха колесо
в котором вертится воздушное лицо
там ворох лепестков их имена похожи
на груди женские наполненные негой
направленных сосцами на восток
наполненный дворцами
всё это густо орошает крозью
безжалостный но и не злой садовник
в садах уснули розы
как рыбы золотые спят в садках
Бьют в ладони друг в друга сады
аплодирует семенем прах И сказал:
– Разгневан Аллах
и прах Аллах превращает в прах
но милостию Аллаха мы все из праха!
Птица Рух снесла яйцо голубое и улетела
даже птица Рух стала прах и – порх
Кто семя своё уронил на каменное лоно
опавших роз лепестками тот знает –
даже камни дети Аллаха.

Не плачьте жены Востока
личики ваши рисует зурна
над пепелищем дворца
Дай и ай и мне и ты
звени-звени щебечет грудь
а в устах кровь густа млеет лал-ла
клюет виноградную печень
розы о розы – звенит муэдзин
отрывая от капли каплю
содрогается грудки сгрудил
восторг исторг сладок Восток
колыхнулся затих рассыпал зурну
дай и ай и мне и ты

1975, Алушта – Бахчисарай

МОРЕ

Нету у моря края
Бездны кроя
лезет в небо лестница водяная
Море край мира – мир края
Переполнен трезубцами горизонт
Моря взлёт
Миг и взлёт лазури
воды излом – россыпь грёз
громоздящих гроздья шипов из роз

Велосипедное море колес
море велосипедных колес

1979, Ялта, Дом творчества

КРЕСТ

В окруженье умеренно вянущих роз
обмирает в рыданиях лето
Гаснет радужный крест стрекозы где Христос
пригвождается бликами света

Поднимается радужный крест из стрекоз
пригвождается к Господу взор
распинается радужно-светлый Христос
на скрещении моря и гор

Крест из моря-горы Крест из моря-небес
Солнце-лунный мерцающий крест
Крест из ночи и дня
Сквозь тебя и меня
Двух друг в друга врастающих чресл

1976, Коктебель, Дом творчества писателей

ЛЕДИ ЛЬДА

однажды мы вышли к зимнему морю в Ялте
где в лучах луны нежился
обледенелый весь стеклянный парусник корабль
переполненный млеющими матросами
от мачты до якорей гроздьями свисали матросы
и сыпались на берег прозрачные как виноград
звенела Ялта ударяясь льдом о лёд
звенел корабль ледяными снастями и парусами
звенели волны облизывая ласковый лёд
Ялта леденела приобретая призрачность и прозрачность
луна леденела в волнах земля леденела в лунах
и ты стояла на ледяном причале – прозрачная леди льда

Ялта, Дом творчества «Актер», Новый год 1991-1992

НИШ О ЛОВ ВОЛОШИН

Не знаю сам – во мне в тебе ли
Волошин шёл по Коктебелю
Не так давно всё было это
прибой смывал следы поэта
Но отпечатался скулою
поэта профиль над скалою
где моря Черного хитон
идущему поэту в тон
Он пел земле и небесам:
– Масон но сам, масон но сам –
Он пел прибою в унисон:

– Но сам масон, но сам масон –
В моей поэзии во мне ли
иль в акварели в Коктебеле
вдруг дунул ветер и взъерошен
волнами в мир вошёл Волошин

Коктебель, 2008

ПРИБОЙ В КАЗАТИПЕ

Отсюда в мир приходит тишина
Которую выбрасывают волны
Где вечность вечностью предрешена
И есть на всё твоя святая воля
И не моя моя моя вина
Когда на берег набежит волна
Но чувствую себя самим собой
Вот почему мне нравится прибой
Откуда ты, уверенность, берёшься
Что ты уйдёшь волной – волной вернёшься

Казантипп, 2012

КЛИМОВА ГАЛИНА (Россия)
ПОЭТ, ПЕРЕВОДЧИК, РЕДАКТОР

* * *

Как антология поэзии,
открытой солнцем ещё с геологических времён,
завидное собрание имён
ещё живых и высохших морей,
немереных глубин и мелководий,
последний шторм погибших кораблей,
обрывки водорослей и мелодий
средь многоточия песчинок,
тех драгоценных россыпей сомнений…
И расписание затмений,
и вал, и радужка слепой пучины,
и вся тоска без видимой причины
по неземной, по ненаглядной суше…

Под трепетными створками ракушек
автограф волн
запечатлён
в строках
на всех поствавилонских языках.

Севастополь, 1997

* * *

Это вино с северного склона куэсты,
совсем не из Инкермана,

где бабочки – коллекционные невесты –
любят с первого взгляда и ловятся на слово,
так заманчиво и ласково,
не исключая невинного самообмана.

Тогда солнце встанет поздно,
а луна приляжет рано,
как думочка круглая в углу дивана,
где жёсткие скрипки цикад.

Вот и вспомнится о вине
с южного склона той же куэсты,
где мы бродили наедине,
каждый в себе, друг в друге и вместе,
похоже, зрелые вполне.
И с нами бродить был рад
завитой молодой виноград...
С тех пор по весне зеленеет лоза
в просторных твоих и моих глазах...

Говорят,
на ремонте железнодорожный вокзал.
Нет сообщения.
Прерваны все сердечные вести.
Когда-то услышу о тебе вновь?

Но как же будоражит кровь
инкерманское красное с южного склона куэсты.

Инкерман, 2001

* * *

Вдоль берега сна мелькнул летающей рыбой,
которая не умирала.
И я
вдоль другого берега
мелко жила.

Кем я была?
— Охотничья чайка?
Промысловая камбала,
что по божьему промыслу себя проспала?

Холодней рыбьей крови на рыбьем меху шубы.
Перегорели глаза электроскатов и черепах.
Два берега тянут в улыбке сухие губы,
меж ними небо – в голубых черепках.

2009

ФЛОРА КРЫМСКАЯ

Владимиру Салимону

В праздничном сари из детской простынки,
в правом ухе серёжка,

сама – босоножка,–
кручусь перед ней
с хрипотцой патефонной пластинки,
стараюсь донельзя:
               страна родная Индонезия...

Глаза – солёной воды алмазы,
циновка в прихожей – малая сцена.
– *Здрасьте, тётя Флора,
богиня Флора с картины Пуссена,
я не сфальшивила ни разу!*

Гжельской вазочкой для варенья
до краёв наполнила мой день рожденья
и горло проверила сразу:
тётя Флора – серьёзный врач.

О сыне, о сыне вила свою речь
всю в лианах –
не общие фразы.

Хотелось ей дочку родить по весне,
ей, Флоре Крымской,
укоренившейся не вполне
в коммуналке,
в резко континентальном сне
с авоськой худого московского лета.

И в сыне своём она угадала поэта.

2012

В ПЛАНЕРСКОМ

Когда ты полетишь на параплане
играть в Икара, мифы раздувать,
последней щепкой в море-океане
найду тебя, чтоб вместе бедовать,
воздушные выстраивать парады,
но выше солнца не срывать награды.

А публика и дети, и природа,
играя жизнь, потворствуя игре,
вскричали: *что за чудо на дворе?*
Как будто чудо – это время года:
растаял воск на крыльях в декабре.

А ты себе летишь на параплане,
меняя ветры, скорости, финал.
И я к тебе в двукрылом сарафане
спешу, спешу –
               и ты меня узнал.

Коктебель, 2005

КОКТЕБЕЛЬ

С утра –
варёный рапан в сметане,
мидии с овощами
и даже бычок с верхней рваной губой –
играет с тобой, как гобой,
старыми джазовыми вещами.

Это прибой,
когда жизнь не коло- и не круговорот,
а море чубатых барашков,
на солнце чубарых,
коньков вопросительной глубины,
ночи сгоняющих в табуны,
дни – в отары.

Нет сухопутного выхода за кордон
от Карадага до мыса Хамелеон,
ни маяка, ни голоса,
сам себя правь,
брассом разбрасываясь, идя на спине,
лишь бы явь переплыть и явиться вплавь
там, где Волошин бороду полощет в волне.

Коктебель

* * *

От разлуки до встречи –
вся азбука берега.
Между сердцем и сердцем
так саднит
запятая волны.

Коктебель, 2002

* * *

Волны, волны – эти жидкие волосы моря
средь песчаных и галечных кос –
с линией берега споря,
с линией жизни моей –
                    под откос.

Коктебель, 2002

ИЗ ЦИКЛА «МЕЖДУ АНГЕЛОМ И АПОСТОЛОМ»

* * *

Моим болгарским друзьям –
Ангелу Ангелову и Апостолу Димитрову

Моля*, мой Ангеле, моля,
между нами Чёрное море

волн табуном, всё ходуном,
а морской конёк – скакуном.

А дальше украдкой на красном быке,
Европой до нитки, но в азиатском платье
всё ворковала б на воровском языке
про любовь и разлуку, –
 водой не разлить их объятье.

Быка за рога – и дальше по трассе
на аквабайке смертельной красы,
на ревущей скорости, переходящей в страсти
в самой гуще сардин и хамсы.
По горлу Варненского залива,
по рукавам великих мне рек,
как сухопутный, приду человек,
тише воды боязливой.
– *Ты здесь, мой берег?*
– *А я – твой брег.*

Коктебель, 2001

Моля (болг.) – «простите», «прошу вас».

КОВАЛЬДЖИ КИРИЛЛ (Россия)
ПОЭТ, ПРОЗАИК, КРИТИК, ПЕРЕВОДЧИК

МАКС ВОЛОШИН

Не ради почести и денег,
а потому, что был – поэт
и всех собратьев современник
в той области, где тленья нет,
на берегу, на точке крайней
старел, писал и рисовал,
был в буднях будничным, но втайне
бок о бок с вечностью стоял.
И женщине, и государству
заполучить его сполна
не удалось из-за пространства,
в котором солнце и луна.
Придавлен временем, как тучей,
он потому и был поэт,
что мог он рыбою летучей
пересекать границу сред.

1980

БОРИСУ ЧИЧИБАБИНУ

...Есть в Крыму Коктебель,
там была наша жизнь хороша –
Сном развеялся Крым с Коктебелем.
          Б. Чичибабин. Кириллу Ковальджи

Говорить по душам всё трудней в наши душные дни.
Доверяю стихам, но приходят к поэтам они

С каждым годом всё реже и реже.
Пусть ползёт полосой за волной серой гальки накат,
Как подаренный грош, за щекой – сердолик и агат
Всё ещё бережёт побережье.

Я охотно отдам за хохлацкий купон по рублю,
Лишь бы встретиться нам – вдалеке я молюсь и молю
О всевышне дарованном часе,
Долгожданном, когда кипарис заволнуется весь,
Тиражируя весть, что Борис Алексеевич здесь,
С Лилей он на заветной террасе.

Те же розы, кусты тамариска и россыпи звёзд...
Море, знаешь ли ты, что Россия – за тысячу вёрст,
Что твой берег – уже зарубежье?
Думал ли Коктебель, дом Волошина и Карадаг,
Что граница, кромсая страну так и сяк,
Побережье на ломти нарежет?

Катастрофа, державный склероз, но не верится мне.
Как и Вы, я прирос к этой вечно несчастной стране.
Не согласен я с горем, хоть режьте.
И пока я живу и дышу – наяву и во сне
Неустанно ищу у расколотой чаши на дне
Я последнюю каплю надежды.

Как нам быть, дорогой, с разделённой и горькой страной?
У неё на большой глубине есть запас золотой,
С оскуденьем нельзя примириться.
А во мгле у поэтов есть свой нерушимый союз,
Потому на земле никаких я границ не боюсь,
Как велят нам бессмертные птицы.

1992

О САМОМ КРАСИВОМ

Расскажу о зелёном и синем,
о вершинах в лиловом дыму,
но сначала –
                о самом красивом,
о самом красивом
                    в Крыму.
Брызги летели весёлым жемчугом,
прозрачной была глубина.
Видел я
      молодую женщину,
с морем играла она.
Я женщину эту знал в комнате,
                                  в городе,
и думал, что знаю её до конца,
знаю счастье
           в движениях, в голосе,
в отрешённом сиянье лица.
Но такого счастливого смеха

я не слышал ещё никогда,
ибо искры поющего света
ей зелёная дарит вода.
Отдыхая, легла на спину, –
тело зыблет живой малахит, –
в небо смотрит,
                            руки раскинув,
чайка, крылья раскинув,
                            парит...
Море чует влюблённую душу,
что природной свободой полна.
Ей пора выходить на сушу,
но обратно тянет волна...
Ты была ли моей?
                  Ты была ли замужем?
Ты девчонкой плывёшь,
                    ничьей,
ты, как ласковый радужный камушек, –
он горяч от лучей.
Ты, как радужный камушек
                            ласковый,
в нём неведомо скрыты огни, –
заиграет он всему красками,
только в море его
                 окуни!

1958

ДОРОЖНАЯ КАРТИНКА

С автобуса, словно в обморок,
В пропасти падал взгляд.
Дорога –
чуть ли не штопором
В толще гранитных громад.
Автобус застопорил.
Кубарем
Был покатиться готов,
Рванулся – ущелье откупорил,
Наполненное до краёв.
Оно голубело, синело,
В нём небо шло полосой,
А ниже – сгущённое небо:
Море, как неба настой.
То слева, то справа мелькая,
Оно моталось туда-сюда,
Покачивалась хмельная
Горная эта гряда.
Пересыхает горло...
Пьёт солнце, прохлады ища,
Синий коктейль из бокала горного
Соломинкою луча.
Приведут нас дорожные петли
На лунную гору Ай-Петри.
Приведут не они,
А шофёр-водитель
Заносчивых гор повелитель.

Он выше собратьев по рангу,
Он главное здесь лицо,
И крутит лихо баранку –
Нашей судьбы колесо.
Бесспорно - его работа
Сложней мастерства пилота,
Полёты проще намного,
А тут, что ни шаг – поворот...
На наших степных дорогах
Крымский шофёр уснёт.

1958

КАРАДАГ

Вот завет Карадага:
Карандаш и бумага.
Будет всё, если есть Карадаг,
Есть бумага, и есть карандаш.
Карадаг, под тобой Коктебель
Катит гальки своей карамель.
В городах – карусель, кавардак,
Ты умён, не бывал в городах,
Карадаг.
Водишь по морю тень каравелл,
Карадаг,
Дай мне только покой и сухой каравай,
Карадаг,
Пусть проходит замедлено туч караван,
Карадаг,
Разряжая над морем громов карабин,
Карадаг,
Алый парус отыщут твои корабли,
Карадаг,
Я счастливее стал отставных королей,
Карадаг,
Мне пришёлся по сердцу морской карантин,
Карадаг,
Собирая камней твой клад в коробок,
Карадаг,
Основав из себя и тебя городок,
Карадаг,
Я бы старость с тобой скоротал,
Карадаг.

1970

КОКТЕБЕЛЬ

1

Продают у моря безделушки -
камешки в оправе и ракушки.
Девушка по волнам налегке
ходит.(Серфинг. Парус на доске).
От Волошинской до Карадага

стрекозой стрекочет дельтаплан.
У кафе гитарная ватага,-
для рублей распахнут чемодан.

2

Панорама Коктебеля -
    сине-розовые дали,
а киоски, мерседесы -
    в возрастающем числе;
дым шашлычный, танцплощадка -
    всюду лишние детали,
как нашлёпки на шедевре
    и наклейки на стекле...

КОРЕННАЯ ВАЛЕРИЯ (США)
ПОЭТ, БАРД, АКТРИСА, ТЕЛЕ- и РАДИОВЕДУЩАЯ

КАЧЕЛИ МОЕГО ДВОРА

Мне детство голубем почтовым
Ложится в руки по ночам,
И ветер судном трехмачтовым
Играет в луже, хохоча,

Где этот двор, зима, сочельник,
Кто – лицедей, а кто – злодей,
Беседка, домино, качели,
Тепло подъездных батарей

Где та, зеленая скамейка,
Озноб и первое «люблю»,
В заборе узкая лазейка,
Сосед, что вечно во хмелю,

Где эта школа, третий – лишний,
Фонарь, несмелый поцелуй
И щеки – цвета спелой вишни,
И папы оклик: «Не балуй!»

Где этот класс, десятый «А»,
Учитель – старше лет на восемь,
И школьный вечер до утра,
И далеко, как будто, осень,

Где этот маленький ручей,
Шум поездов и запах елей,
Гитара в мареве ночей,
И не кончается веселье.

Мороз, и снега намело,
Испуг, измятые постели,
Но так надежно и тепло
В сорокаградусной метели,

Где это логово Морфея,
И чья вина, что нет вина?

Гурзуфа пьяные аллеи,
И снова, снова не до сна,

Где эти звезды летней Ялты,
И горы, словно этажи,
И клёш хорош, как фрака фалды,
И кажется: начнётся жизнь.

Где это море Коктебеля,
Палатки – цирком шапито,
Когда и яхты, и отели
Пред этим праздником – ничто,

Где этот сквер, ночной трамвай,
С подножки прыгающий друг,
Когда никак не разорвать
Бегущих, словно рельсы, рук...

... Вот – эта сцена, рампы свет,
Цветы, интриги, сплетен проседь
И одиночества билет
В одну из пьес с названьем «Осень».

Вот – этой карты города,
И неизменен тот маршрут,
Хоть эти рельсы никуда
И никого не приведут.

Вот – это утро, дверь с замком,
Прощанье, слёзы, возвращенье,
Обман любви и в горле – ком
От невозможности прощенья.

Вот – это легкое «прощай»,
И самолет – в другую плоскость,
Письмо «любви не обещай»,
Нью-Йорка жалкие подмостки.

Вот – этот дом, я в нём жилец.
Всё повторяется точь-в-точь,
И жизнь спокойна, наконец,
И улыбается мне дочь.

Вот – этот час, и вот – беда,
И папа строго «не балуй!»
Не крикнет больше никогда,
Прервав тот, первый, поцелуй.

Вот – эти старые грехи,
Как раны, оживают вновь.
Незавершённые стихи
И несвершённая любовь.

Вот – эта осень за окном,
И не предвидится весны,
И снова – врозь, а не вдвоем,
И руки мёртво холодны.

Вот снова – двор. Скамейка. Вёсны.
Класс. Школа. Ночь. Фонарь. Ручей.
По-Блоковски мигают звёзды,
Греховен сказочный Морфей.

И снова – море. Утро. Сцена.
Моя прощальная гастроль.
И снова – той весны измена,
И нескончаема та роль,

Где боли странное соседство,
И нет гитары до утра...
И дальше улетают в детство
Качели моего двора.

КРИВУЛИН ВИКТОР (Россия)
ПОЭТ, ПРОЗАИК, ЭССЕИСТ
1944 – 2001

* * *

Восточный Крым, где по ночам не спят,
ворочаются, кашляют, вздыхают
переселившиеся двадцать лет назад
рязанские и псковские крестьяне.
Вот папиросы красный огонёк
посередине душной влажной ночи
шуршанье гравия и шелест босых ног,
и кашель северный, сухой, чернорабочий.
Вот на ступеньку рядышком присев,
по темноте, отяжелевшей рядом,
по хриплому дыханию с надсадом,
по запаху густого никотина
у красной точки, разгорающейся криво, –
я понимаю: будет разговор
об этой жизни. Ветер дышит с гор,
горячий, смуглый ветер – и дрожат
пришпиленные сахарные звёзды
на мусульманском небе,
в юго-восточном бархатном Крыму.
Я спрашиваю первый: «Почему
так поздно вы не спите?»

1979

НАД ЯЛТОЙ

учись у изувеченной природы
терпенью побеждённому терпеньем
Орлом искусственным и бронзовым Оленем
украшены картинные высоты

где Скульптор, подражатель твари?
сошёл под землю так же некрасиво
как пожирал туман на перевале
оленье туловище, тучную поживу

где узнаватель живности железной
горняк из Криворожья и учитель
из киева? – постойте, помолчите...

Они действительно исчезли

1979

ЖИВОТНАЯ КНИГА НА ЧАТЫРДАГЕ

слоновьими складками Книги Животной
морщинами плавными, их шевеленьем
гонимый и движимый бесповоротно
о путник земли с неземным населеньем
ты чувствуешь ли опущенья и взлеты?
и среди островков красноствольной щетины
мелькает ли солнце – желток лошадиный?

вниманье и дрожь и дрожание света
я чувствую кожей – и я беззащитен
и всадник преследует неуследимый
скользящую почву воздушные нити
ты всадник? – я только водитель машины
ты – всадник из дюрерова офорта!

да что я, на мёртвой настоен природе
на превращеньи в пейзаж натюрморта
пейзажа – в портрет освящённый любовью!
но – платье, но – складки, они достоверней
лица и руки треугольной
руки под затылком горы в изголовьи...
мне ближе всего отдалённые склоны
и два огонька на шоссе неподвижном

1979

ОТКРЫТКА ИЗ ВОСТОЧНОГО КРЫМА

снова горы и воды и горы как воды и воды
воздвигаются в перистый путь
возвышаются вдаль, удаляются кверху, под своды
что замкнуты – не разомкнуть –
за чертой восприятья за чёрной границей природы

снова чертишь почти бессознательно петли Омеги
наброшенный на пустоту
где кустарник тоньшает на склонах, теряясь во снеге
где нить водопада застыв на лету
обрывается где-то в затылке и в сердце и о человеке

ничего не известно: письмо сплетено из воды
а по залитой небом открытке
ползёт оставляя следы

черепаха

1979

ПОД КАРАДАГОМ

в полуодетых деревьях туман стихотворный
утро ещё за горами но скоро
мы перейдем на веранду пройдя коридор разговора
о вероятности общеземной катастрофы
есть и в истории ангельские перспективы
в полуодетых деревьях простор стихотворный
мы перейдём на веранду откуда виднеются горы
обезрыбачивший правильный отступ залива
рыба играет спускаются овцы по склону
гаснет костёр у невидимой дымной кошары
и в полуодетых деревьях – воздух прозрачно-зелёный

1979

СЕВАСТОПОЛЬ НАКАНУНЕ КРЫМСКОЙ КАМПАНИИ

стена уходящая в море
башня с огромным флагом
дым вылезает из пушки –
атласный облик

о мир материи, свет ниспадающей ткани
задрапированы люди животные птицы
парусники на рейде салютуют
и флаги стоят неподвижны
в трубчатых складках
стена удаляется в море
превращается в башню
у подножья которой
нездешняя плесень

о волны материи вечно-зелёной золотистой солнечной лунной
покрывают окутывают бинтуют уносят
голое тело смерти болезни любви и рожденья
тело мысли прекрасной в оранжевых жилках
в трубчатых складках

стена в сиреневой дымке
башня размыта в тумане
флаг невидим но слышно
хлопанье ткани

о свет запелёнутый светлым подобием света
гром орудий заглушённый ударом волны
о широкую лестницу чьи соскользнули ступени
под воду – и усеяли рваные цифры
яркую кожу морскую

1979

ДИКИЕ МАСЛИНЫ ВОКРУГ РАСКОПА

вид образованный выходом силы подземной
над виноградником воздух шатается пьяный

дикой маслины серебряный облак
на холмах одичалой эллады

этот поверхностный юг – это лишь эпителий
смуглая кожа одевшая кости массива
горного – дух серебристой оливы
словно дыхание в зеркале обозначает бессмертье

невероятно – и всё-таки живы!

лоно культуры, унылое чрево, могильник
где пресмыкается северный червь-археолог
на глубине в основаньи деревьев миндальных
глубоко под корнями айвы и сливы

лежат холодильные склады
заизвесткованные пустоты
умершие чьё дыханье
застывает облаком дикой маслины

из-под земли вырываясь

1979

ЦАРИЦА ТАИАХ В ФЕОДОСИИЦ

вкрапленье камней благородных
в пустую породу стихов
и толпы священных животных
и окрики их пастухов

виссоны и люрексы льются...
волошинская Таиах
оглохшая от многолюдства
от гула в торговых рядах

доставленная на пароходе
(копия – не оригинал)
с египетской тяжестью сходит
на феодосийский причал

ей нравится воздух смертельный
и в греческой лавке еврей
торгующий горстью поддельной
стеклярусных ярких камней

над горсткой портовых рабочих
разметанные листки –
там пышное что-то пророчат
эсеры или большевики

ей нравится это искусство
подделывать завтрашний свет
где голые стены где пусто
и только за стенкой сосед

кашляет и вздыхает
вздыхает и в кашле зайдясь

то кухонный кран открывает
то с миром последнюю связь

щелчком, поворотным движеньем
оборвёт – и лежит

1989

Тексты предоставлены супругой автора Ольгой Кушлиной

КРОФТС НАТАЛЬЯ (Австралия)
ПОЭТ

ТАВРИИ, ЗЕМЛЕ ХЕРСОНА И ХЕРСОНЕСА

Черноморские дали.
Дикий храп кобылиц.
Звон отточенной стали.
Кровь.
Я падаю ниц.
И на тунике белой –
тёмно-липкий узор.
Принимай моё тело,
Херсонесский простор.
Белокаменный град мой,
смесь народов и вер,
я вернусь. Я обратно
обязательно вер...

Полонянок уводят
босиком по стерне
на чужбину, в неволю.
Крики.
Топот коней.
Уж и ноги ослабли,
не шагнуть мне, хоть вой.
Янычарские сабли –
над моей головой.
Я крещусь троекратно.
Добивай, изувер...
Я вернусь. Я обратно
обязательно вер...

Вот и всё. Докурили.
Чай допили. Пора.
Расставания, мили...
Может, это – игра?
Полсудьбы – на перроне.
Путь верёвочкой свит.
И – без всяких ироний:
«Приезжай». – «Доживи».
О измученный град мой,
смесь народов и вер,
я вернусь. Я обратно
обязательно в-е-р...

2009

***

Мы тихонечко сходим с ума.
Мы – всё дальше от света и неба.
В подворотни уходят дома.
Наша быль превращается в небыль.
Вьюга хлещет – озлобленно, остро.
Коктебель. Уже кажется – остров.
И на нём робинзонствует Макс.
Мы тихонечко сходим с ума.

Озверевший, удушливый мат.
Или пат. Патология мести.
Открутите назад циферблат.
Год тринадцатый. Мы ещё вместе.
Так смешны и беззубы доктрины.
Жив Серёжа, смеётся Марина
и антично божественен Макс.
Бухта. Сочная южная тьма.
Коктебель. Не сойти бы с ума.

Мы забудем. Умрём и воскреснем –
через век, чтобы утром воскресным
вдруг увидеть знакомый маяк,
и узнать свой покинутый остов.
Сингапур. Полусказочный остров.
И на нём робинзонствую я.

2014

КРУГЛОВ СЕРГЕЙ (Россия)
ПОЭТ, СВЯЩЕННОСЛУЖИТЕЛЬ

СЕРАФИМОПОЛЬ ЗИМОЙ

Андрею Полякову, в ответ (представляя бессмертные очи таврических богов, неподвижно глядящих в глухую бесчеловеческую ночь и отказывающихся постигать)

2012 на часах
зимы.
Евксинский Понт стеклянной гладью стал,
и впору
учинить соревнованье в беге
до самой Каппадокии, - но нет
на улочках твоих ни одного
точильщика, чтоб наточить коньки,
Серафимополь! зимняя столица,
приют умерших шестипалых конькобежцев.

Да и размер конькового ботинка,
увенчанного ржавою снегуркой,
давно не тот,
хромой Гефест, паралимпиец-бог.

Минусинск, 22.03.2010

КУБЛАНОВСКИЙ ЮРИЙ (Россия)
ПОЭТ, ЭССЕИСТ, КРИТИК, ИСКУССТВОВЕД

БЕГ

С феодосийского пляжа

1

Моря Черного йод – жжёт.
Шелестящая галька спит.
Словно кто-то меня зовёт,
не пойму чего говорит.

Юность в праздности и гульбе.
А теперь летаргия, сон.
И когда подойдут к тебе
пограничники – ты шпион.

Поднимись не спеша. Бей
одного между глаз. Другой
побежит собирать людей.
Константинополь твой.

2

Карадаг пересох, истлел,
стал рассыпчат, что чёрствый торт.
Улетает, покуда цел,
в феодосийский порт

белый ветер – летучий спрут.
Слышишь крики и вой вдали?
То садится осипший люд
на последние корабли.

...Как не вырезали кусок,
непонятно, у нас в кино,
где Высоцкий палит в висок
и со свистом летит на дно?

3

Ия, прежде его жена,
рвёт жабо и кричит на всех –
умоляет поднять со дна,
поднимает мужчин на смех.

Но корабль раздирает рёв,
начинают стучать винты.
Только чайка, почуя клёв,
с высоты

сталью падает и опять
машет крыльями... Правда жаль?
Да и будет кого клевать
из бегущих от красных вдаль.

4

Войско белое как сырец.
Врангель звал, да солдат устал.
«...Знаешь, мама, твоих колец
как на солнце горит металл!

Я любил твои руки. Где...»
У Совдепа надёжный сыск.
В черноморской густой воде,
если вынырнуть, столько искр!

Так и слышится сходен скрип
и приказ: оставляйте скарб.
Ниже
алчные игры рыб
и похожий на орден краб.

5

Что хрипишь, вороной скакун?
Понимаю, красна вода.
Есть немало в Крыму лагун,
хочешь жить, так скачи туда

сквозь тенёта, иудин цвет
и молочные облака.
Потому как лежит корнет
в солнцепёк на дворе Чека.

Если прежде и снился сон:
тьма в саду... за роялем мать...
— то теперь оборвался он.
Разве можно так долго спать?

6

Где давился честной народ,
покидая отчизну-мать,
потому как двадцатый год,
человеку пора дичать,

там теперь тишина. День
начинается в шесть утра.
А в одиннадцать надо в тень.
Оседая, шуршит гора.

Всё же высится как Сион.
И локатор-венец – чу!
Потому как погранзаслон.
Как стемнеет, бежать хочу.

1977

* * *

Некогда в Ла-Рошели ветер, проснувшись рано,
законопатил щели запахом океана.

Лучше любой закуски, памятной в самом деле,
тамошние моллюски; около цитадели

что-то, казалось, сильно серебряное вначале
чайки не поделили у буйков на причале.

Слышался в их синклите визг сладострастный или –
«Гадину раздавите!» . Взяли и раздавили.

Вот и стоит пустою церковь, светла, стерильна,
перед грядущим сбоем мира, считай, бессильна.

О глухомань Вандеи! Жирная ежевика!
Как ни крупна малина – ей не равновелика.

...Крепкий старик мослястый жил через дом от нашей
хижины дачной, часто виделись мы с папашей.

Что-то в его оснастке, выправке – не отсюда:
словно, страшась огласки, исподволь ищет чуда.

Ярость ли стала кротче, кротость ли разъярилась,
жизнь ли на просьбе «Отче...» как-то остановилась?

Ёжик седой на тощем черепе загорелом;
иль под одеждой мощи в русском исподнем белом?

Нёс он лангуста в сетке крупного и гордился.
Жаль, что перед отъездом только разговорился

с ним, за столом покатым выпив вина, вестимо,
сумрачным тем солдатом, врангелевцем из Крыма.

1996

У ЭВКСИНСКОГО ПОНТА

> *Тут и Феодосия-голубка*
> *гулит соль из прибережных чаш,*
> *и на ощупь твёрдая Алупка,*
> *и предатель родины Сиваш.*

I

Весь воспаряющий над Черноморьем Крым
в заплатах дымчато-лиловых:
и дамы смуглые, берущие калым
с любовников бритоголовых,
и честно пашущий кораблик вдалеке,
уподоблённый блесткой точке,
где мака дикого на черепе-скале
оранжевые лоскуточки,
и камни пегие, подобно тушкам птиц,
и пляж с пьянчугой-красноярцем,
и пышный сосен мех длиннее игл и спиц –
над белой осыпью и кварцем.

Здесь снова испытать улыбчивый испуг
на циклопической ступени
тропой сыпучею – стопа в стопу
придут однажды наши тени.

II

Испарения ирисов, роз
и мираж аюдагского мыса.
Ливадийский бочоночный воск
опечатал врата парадиза.

И от йодистой знойной воды
манит тенью татарская арка.
Как обветрились у бороды
и в подглазьях морщины монарха.

Заломил, задробил соловей,
заглушая зазывное: «Ники!» –
относимое ветром левей
всей социалистической клики.

...Не задаром дарует Господь:
и на кортике крабью чеканку,
и лозу, и любезную плоть,
и у белого мола стоянку,
и грузинской дороги пенал,
и казачью Украйну воловью,
и Тобольск, и свинцовый Урал
с голубою емелькиной кровью.

III

В цепких объятьях глициний
спит Ливадийский дворец.
Особи лавров и пиний
возле татарских крылец
словно забыли с владельцем
свой погребальный союз.
Лишь студенистые тельца
прямо на гальку медуз
Понта Эвксинского качка
бросила в йодистый зной.

Это темна, как болячка
на локотке у родной,
роза в скорлупчатой чаще,
стриженной по окоём...
И августейшее – слаще
в смертном обличье своём.

IV

Пенистый малахит
в скальной оправе Понта
больно глаза слепит
вспышками горизонта.
Перебегая в тень,

стала от зноя слаще
вянущая сирень
в дикой приморской чаще,
что от татарских дуг
сонных манила новью
и – обернулась вдруг
белогвардейской кровью.

Конские черепа
скал высоки, отвесны.
В осыпь ведёт тропа
прямо по краю бездны.
Грубый хитон, хитрец,
было надел Волошин,
сей любодей-истец
гладких морских горошин.
Но всё равно слыхать
бойню чрезвычайки.
И перестав скучать,
падали алчут чайки.

V

*В новосветской хибарке, дотоль
нежилой ещё в этом сезоне,
под дождём, барабанящим в толь,
с паучком-паникёром в ладони...*

Сосен пушистых стая
сгрудилась над отвесной –
свечи в ветвях качая –
тайно манящей бездной.

Что если, прыгнув с ходу,
плавно на камни ляжешь,
перемогнув природу...
Что мне на это скажешь

ты, заслонясь враждою
к Новому Свету – раю?
Что за моей спиною
мне припасли, не знаю:

пайку ли на затравку
с проволкой на заборе,
или в ночи удавку,
или иное море...

Жертвенное нетленно.
Вещее многогласно.
Гибельное мгновенно,
ласково, безопасно.

VI

*Милая по руке
хлоп! – как когда б отравлено.
За полдень в погребке
много чего оставлено.*

Большому кургану сродни Митридат.
Коптится и вялится Керчь.
Товарок её контрабандный наряд
и ныне способен зажечь.
А там – за проливом – невестится в рань,
вечор золотисто-грязна
над тускло-бутылочной гладью Тамань,
притон, арсенал и казна.
А Кафа бела на зелёной горе,
где тёмен изменчивый Понт
иль дымно-прозрачен, когда на заре
зазывно открыт горизонт.

Не думай, что это бесплотный мираж
забрезжил сквозь ветхую ткань:
из волн поднимается после пропаж
державная Тмутаракань!

1980

КУДРЯВИЦКИЙ АНАТОЛИЙ (Ирландия)
ПОЭТ, ПИСАТЕЛЬ, ПЕРЕВОДЧИК, РЕДАКТОР

ЗЛОКЛЮЧЕНИЯ ОДИССЕЯ В КРЫМУ

Одиссей привычно торопился. Сойдя с триремы, он вступил в длинный туннель. Где-то вдали смутно серел киммерийский свет. «А ты должен быть уже там», – сказал Одиссею Голос Голосов. Одиссей изловчился – и оказался в конце туннеля, у подножия лестницы.
«А ты должен быть уже наверху», – объявил Голос Голосов. Одиссей ответил, что он уже наверху, потому что действительно был уже наверху.
После этого ему сообщили, что он должен был уже пролезть в игольное ушко, и оказалось, что он уже пролез. Но он все равно опоздал в свою жизнь, и потому его жизнь, вместо него, живет кто-то еще.

ОТКРЫТАЯ КНИГА

Если из будущего приходят тайные
киммерийские послания
эта картинка – одно из них

букинистический магазин
под крошащимся коктебельским небом
в продаже не книги –
авторы
говорящие куклы

один цицеронит свежую версию
романа из истории Крыма
(газета, кто ныне у власти?)
другой выбулькивает три брошюрки
полуволошинских стихов

в окне пляска свечей
Золушка танцует с деревянной
Марией Корелли
три дочери успеха беззвучно звенят
об их фарфоровом браке
с г-ном Щелкунчиком

Мое чернильное изображение
втекает на полку

его раскупят –
мое лицо сегодня
источает интеллект

КУРБАТОВ АЛЕКСАНДР (Россия)
ПОЭТ

ПРИМОРСКИЙ

Пока ехал домой, в поезде 236 Феодосия-Москва, попытался описать одно из самых главных впечатлений Приморского, описать стихотворным образом. Но стихотворение не получилось.
В последнее время, года два-три уже, почти всегда так – попытки написать стихотворение приводят к чему-то другому, не к стихотворению.
Я особенно не расстраивался – затраченные усилия, хоть и недостаточны для стихотворения, но всё равно ведь не впустую уходят, всё равно что-то этакое получается. Даже целую книжку таких вещей собрал, называется «Стихотворение не получилось».
Стихотворение про Приморский – первое, которое делалось уже после составления книжки. Так что тут было немножко по-другому. Не то, чтобы сознательно писал «не получившееся стихотворение», но непроизвольная расслабленность была – в смысле, если не получится стихотворение, то ничего страшного, получится «не получившееся стихотворение».

В Приморском полюбил ходить на рынок.
Вообще-то не люблю и не умею
ни покупать, ни выбирать, ни торговаться.
Там так же не любил и не умел.
Но как-то, на пятый или на шестой поход
в попытке срезать по диагонали
зашёл в прекраснейшее место.
Не срезал, сквозного прохода там не было,
но все следующие разы уже заходил специально,
удлиняя маршрут, но не мог удержаться.

Место такое:
примерно, двор.
Даже не двор, а общее пространство
за несколькими двухэтажными домами.
Перед домами где-то огороды,
где-то так просто всякая трава, деревья и кусты.
В подъездах двери все пооткрываты,
оттуда пахнет лестничная сырость.
Дорожки с исчезающим асфальтом
вливаются в срединный пустырь.
Туда же с противоположной стороны

дверьми выходят то ли гаражи, то ли сараи.
В каких-то собственно дверей и нет,
а есть проём, завешенный куском материи,
или обрамлённый вьющимися растениями.

На пустыре обычно никого.
Солнечно, заброшено и пусто.
Из лужи пьёт беременная кошка,
и на верёвке сушится бельё,
немногочисленное, только два предмета:
старушечий купальник и пододеяльник,
одни и те же каждый раз.

Если пройти по дорожкам вдоль самых домов,
то обнаружится жизнь, и весьма интенсивная.
Много котов, возле каждого дома по три, по четыре.
Меньше, но тоже немало, собак,
бесконфликтно живущих с кошками и котами.
В зарослях возле домов сеть хаотичных тропинок,
где-то скамеечки, бабушки, мамы, коляски.
Дети в колясках бесшумны, наверное, спят.

Девочка лет девяти из подъезда выходит на роликах.
Мама откуда-то ей говорит:
Ну где ты щас будешь кататься?! Лужи ж везде!
Но девочка что-то своё отвечает
в том смысле, что есть где кататься,
и топает роликами по земле между луж.

На дальнем от рынка краю пустыря,
там, где заросли гуще,
в этих зарослях наблюдается пиршество малых архитектурных форм.
Постамент неизвестного памятника,
изгороди, живые и неживые,
несколько садовых скульптур,
самая замечательная из которых – лебеди.
Два белых лебедя в натуральную величину,
в довольно естественных позах,
как будто плывущие рядом.
Основой для лебедей служат
два отслуживших своё унитаза.

Видимо, это реликтовый
маленький сохранившийся фрагмент
некурортного Приморского,
такого, каким он был когда-то, –
посёлка рабочих судостроительного завода «Море»,
выпускавшего морские суда на подводных крыльях,
морские суда на воздушной подушке,
выпускавшего экранопланы
и другие диковины
из журналов «Техника – молодёжи» и «Наука и жизнь».

Здесь не висят объявленья «Сдаётся жильё».
Здесь оно не сдаётся, умирает, но не сдаётся.
Как пенсионер,
продолжающий каждый рабочий день приходить на работу,

потому что других-то почти не осталось, работающих,
больше некому приходить.

17 июля 2010

КУТЕНКОВ БОРИС (Россия)
ПОЭТ, ЛИТЕРАТУРНЫЙ КРИТИК

ПЕСЕНКА О ЛЬНЯНОМ ЧЕЛОВЕЧКЕ

Здесь когда-то ты жил: вёл дневник и ходил на завод,
в юбилеи грустил, поджигал беспонтовое море,
а однажды вспорол свой непрочный живот,
а однажды вспорол золочёный живот
и вогнал тишину в поднебесье своё, лукоморье;
и теперь у тебя за надёжной стеной
заражён тишиной человечек льняной,
где поёт – начинается горе.

Он поёт на весь мир – отвечает ему тишина,
подпевают мобильные тени, могильные грядки;
человечек-убийца, дитя подожжённого льна,
но тебе хорошо, ты беспечно кричишь: всё в порядке!
Я гляжу на тобою покинутый дом;
скоро всё разберём, прочитаем с трудом
все архивы твои, все тетрадки.

Ты познал волшебство раздвигать музыкальный туман,
проступая из тьмы звуковой, словно сор из-под века.
Я смотрю на тебя: безнадёжен, и счастлив, и пьян;
лает пёс, величав караван, приближается Мекка.
Ни на что не сменяешь прекрасный обман...
Человечек льняной, что мне Крым, что Майдан,
если рушится жизнь человека?..

* * *

Так песок о погибших шуршит в домотканых часах,
вот они от обстрела спешат в несмолкаемый свет,
укрывая рукой инстаграмы – прозрачные раны,
отражаясь в фейсбуках, как микросмертях,
сотнях твиттеров – жизней, сходящих на нет,
побросав на бегу чемоданы.

Так целует младенца Господь в окровавленный лоб,
надевает на голову венчик из роз,
поднимает его высоко над ночным Краматорском,
и смертельное облако заревом, вспышкой, пятном
остаётся бродить и в отместку летать –
невеществленным, диким, багровым.

Так забывшие люди приходят легко в полусон,
будто смерти и нету, как будто она не всерьёз,
между тем, безымянным, танцуя, и этим, безвольным;
будто завтра советские песни ворвутся в окно,

а не свист мессершмидтов – и вновь не темно, не темно,
и не больно, не больно, не больно.

КУШНЕР АЛЕКСАНДР (Россия)
ПОЭТ

ТАВРИЧЕСКИЙ САД

Тем и нравится сад, что к Тавриде склоняется он,
Через тысячи верст до отрогов её доставая.
Тем и нравится сад, что долинам ее посвящен,
Среди северных зим – берегам позлащенного края,
И когда от Потёмкинской сквозь его дебри домой
Выбегаю к Таврической, кажется мне, за оградой
Ждет меня тонкорунное с жёлтой, как шерсть, бахромой,
И клубится во мгле, и, лазурное, грезит Элладой.
Тем и нравится сад, что Россия под снегом лежит,
Разметавшись, и если виски её лижут метели,
То у ног – мушмула и, смотри, зеленеет самшит,
И приезжий смельчак лезет, съёжившись, в море в апреле!
Не горюй. Мы еще перепишем судьбу, замело
Длиннорогие ветви сырой грубошерстною пряжей,
И живое какое-то, скрытое, мнится, тепло
Есть в любви, языке – потому и в поэзии нашей!

* * *

Когда бы град Петров стоял на Чёрном море,
Когда бы царь в слезах прорвался на Босфор,
Мы б жили без тоски и холода во взоре,
По милости судьбы и к ней попав в фавор.

В каналах бы тогда плескались нереиды,
Не так, как эта тварь в снегу и синяках,
Не снились бы нам сны, не мучили обиды,
И был бы здравый смысл в героях и богах.

Когда бы град Петров с горы, как виноградник,
Шпалерами сбегал к уступчатым волнам,
Не идол бы взлетал над бездной, Медный Всадник
Не мчался б, приземлясь, по трупам, по телам.

Тогда б ни топора под мышкой, ни шинели,
Венеция б в веках подругой нам была,
Лазурные бы сны под веками пестрели,
Геракловы столпы, икаровы крыла.

* * *

Я рай представляю себе, как подъезд к Судаку,
Когда виноградник сползает с горы на боку
И воткнуты сотни подпорок, куда ни взгляни,
Татарское кладбище напоминают они.

Лоза виноградная кажется каменной, так
Тверда, перекручена, кое-где сжата в кулак,
Распята и, крылья полураспахнув, как орёл,
Вином обернувшись, взлетает с размаха на стол.

Не жалуйся, о, не мрачней, ни о чем не грусти!
Претензии жизнь принимает от двух до пяти,
Когда, разморенная послеобеденным сном,
Она вам внимает, мерцая морским ободком.

ДИКИЙ ГОЛУБЬ

В Крыму дикий голубь кричит на три такта,
Он выбрал размер для себя – амфибрахий –
И нам веселее от этого факта,
Хотя он в унынье как будто и страхе.

Его что-то мучает, что-то печалит,
У греков какая-то драма в Тавриде
Случилась; на самой заре и в начале
Уже о несчастьях шла речь и обиде.

И южное солнце её не смягчало,
И синее море её не гасило,
И горлинка грустное это начало
Запомнила, крохотна и легкокрыла.

Такая субтильная, нервная птичка,
Кофейно-молочного, светлого цвета,
И длится с Эсхилом её перекличка,
А мы отошли и забыли про это.

* * *

> *Где волны кроткие Тавриду омывают...*
> К. Батюшков

Конечно, русский Крым, с прибоем под скалою,
С простором голубым и маленькой горою,
Лежащей, как медведь, под берегом крутым.
Конечно, русский Крым, со строчкой стиховою,
И парус на волне, и пароходный дым.

Конечно, русский Крым: Михайлов и Праскухин,
Кого из них убьют в смертельной заварухе?
Но прежде чем упасть, — вся жизнь пройдет пред ним,
Любовь его и долг не выплаченный, — глухи
И немы, кто убит. Конечно, русский Крым.

И в ялтинском саду скучающая дама
С собачкой. Подойти? Нехорошо так прямо.
Собачку поманить, а дальше поглядим...
Случайная скамья, морская панорама,
Истошный крик цикад. Конечно, русский Крым.

Конечно, Мандельштам, полынь и асфодели.
И мы с тобой не раз бывали в Коктебеле,

И помнит Карадаг, как нами он любим
На зное золотом. Неужто охладели
Мы, выбились из сил? Конечно, русский Крым.

ЛАВРИН АЛЕКСАНДР (Россия)
ПОЭТ, ПИСАТЕЛЬ, ДРАМАТУРГ, ФОТОГРАФ

КРЫМИНАЛ

* * *

Какие были ночи
В Крыму, у волнореза!
Была любовь короче
Бандитского обреза.

Была любовь прощальней
Гудка локомотива.
У рощицы миндальной
Томился шум прилива.

В камнях шипела пена,
Как в скорлупе бокала,
И по ножу измена
В сырой песок стекала.

ДЕНЬ РОЖДЕНИЯ

*Куда ты завёл нас?
Не видно ни зги*

Дети мира, уходим в море.
День за днем в ресторане "Якорь"
Чай – не водка, беда – не горе, –
Плачет пьяный, как вечер, Яков.

Яша, Яша, скажи, откуда
Наша тьма – оправданье света?..
Ах, как млечно горит посуда
Из-под бархата винегрета.

Жизнь пропета или пропита?
Гривны спрячь, доставай пиастры!
Сизой розою общепита
Дым колышется в пальцах люстры.

Крикнешь: «Бляди!» – и в тесном зале
Вилки смолкли, глаза утихли.
Дни - как беженцы на вокзале.
Эй, полиция, вам не их ли?

Обрывайте, как флаг рассветов,
Провожайте с концами в ночь их –
Звёзды кормчих и сны поэтов,
Згу матросов, тоску рабочих...

* * *

Ночь рассекает нашу речь
На две неравных половины,
Чтобы безумие извлечь
Из поражённой сердцевины, –

Чтобы замёрзнуть, как вода,
И ослеплять холодным блеском,
Чтобы лучом скользить всегда
По вывескам и занавескам, –

Чтобы не плакать о былом
В подводных сумерках вокзала,
Чтобы цыганка за углом
Тебе неправду рассказала:

Злой и красивый, ты умрёшь
За десять строчек до рассвета –
И это будет блажь и ложь
Для незалежного поэта.

ПОЕЗД

«Киев – Алушта». На стыках дрожь,
Словно над сердцем трясут плащом.
Ночью проснёшься и вдруг поймёшь:
Ты ещё жив.
Жив.
Ещё.

Стынет стоянка парой минут.
Вывеска «Хлiб» стучит на ветру.
Стянута память, как будто жгут.
Я никогда
Здесь
Не умру.

За дебаркадером вальс звучит:
«Раз-два-три,
раз-два-три», –
Жизнь кроя.
В этот трехтактный колесный быт
Не умещается смерть моя.

СОН

Я римским профилем не горд –
Монетой с цезарем в кармане.
Мой первый порт – последний порт,
Исчез в разрезанном тумане.

Я стану призраком дождя,
В любом предгрозье обнаружась,
И чайка вскрикнет, как дитя,
Во сне увидевшее ужас,

И сон не кончится добром –
Когда уляжется волненье,
Я стану жить уже в другом,
Неизмеримом измеренье,

Где режет бок волна волне,
Где мёртвый город принят морем,
Где ты не вспомнишь обо мне,
Где я тебя забуду, – спорим?

ПОПУТЧИК

Любовь моя, ты спишь издалека,
Как реки, опрокинутые в небо.
Твоя рука легла на облака –
Все слеплено из мрамора, все слепо.

Чужие сны – твоё прет-а-порте,
Жизнь манекена, девушки-зверушки,
Оставшейся в ловушке фуэте –
Хрустальной, перевёрнутой игрушке,

А сквозь витрину тёмная душа
Проступит тенью сторожа немого.
Он сторожит небрежно, не спеша,
Он ожидает взлома или слова,

Но никого на сто столетий нет.
Моря ослепли. Розы в колыбели.
Попутчик славы, маленький поэт,
И тот забыт, как книга, в Коктебеле,

Где облака, сплошные облака,
Белеют, как обмылки Афродиты.
Я засыпаю насмерть, на века,
А ты проснулась – и глаза сердиты.

Отправь по почте, если недосуг,
Засушенных любовников в конверте,
Погладь сорочку, выключи утюг –
Тогда и думай о любви и смерти,

О том, что волны глухо отошли
От берега.
Пески осиротели.
И только край белеющей земли –
Как угол незастеленной постели.

ПРОЩАНИЕ

Видишь, Алупка, а, может, Пхукет,
Видишь, ракета, а может быть, тополь...
Видишь, по морю плывет Симферополь,
А на причале – забытый букет.

Красное платье тебе не к лицу –
В красном гуляет чужая надежда-

Солнечным бликом скользни по кольцу –
Пеной морской распадётся одежда.

Встань – и тоску, словно капли, стряхни,
Глянь на закат близоруко и слепо,
Или, как зеркало, переверни
Млечного моря зелёное небо.

Разве ты знаешь, как ночь хороша
Клевером звездным небесных лужаек,
Где на закате исходит душа
Криками ветра, порывами чаек?

Плачь, моя чайка! Стеклянная тень,
Вдрызг рассыпаясь, ударится в берег,
Где затихает, как вымерший день,
Дикая пляска прибойных истерик.

Солнце за морем ветвится, как куст,
Гаснет, как марка на синем конверте.
Раненых раковин розовый хруст
Пуст
и мерцает в запасе у смерти.

ЛАЙТ ГАРИ (США)
ПОЭТ

КОКТЕБЕЛЬ

Генриху Сапгиру

Есть в шуршании отката волны,
вздох и возглас великой стихии,
в тамариске есть линии лилий,
в горном профиле столько мольбы:

Провиденье, не ставь Коктебель
в ряд из прочих обломков империй,
в этом воздухе древней Киммерии
уготована музам постель.
Не стеснялись своей наготы,
поклонились пристанищу Юнге,
день вчерашний для них нибелунги,
как вольготно им здесь у воды.

По канве горизонта – гряда,
силуэт одинокой оливы,
и пока современники живы
все здесь будет почти как тогда...
Но наверное что-то не так,
если лестница Дома поэта
не послужит поводырем света
и останется только в стихах.

Вечным якорем стал Карадаг,
где бродили Марина и Мастер,

где познал акварельное счастье
вечно юный поэт и чудак.
Потому не иссякнет опал,
этих вод коктебелевой чаши,
на холстах отражаясь гуашью,
а в стихах – вечным зеркалом скал.

КУЧУК – ЛАМБАТ

Г. Кацову

Только морем сюда,
даже если открыты иные пути,
только морем, а после пешком,
и до каменных выступов Плаки.
Это памяти ранней слюда,
в ней надёжно застыл архетип,
Здесь Гагариных замочный дом,
Карасан, кипарисы и маки.
Вне таблиц умноженья
нехитрые рифмы слились,
и возник из кустов
непородистый серый котёнок,
вот и все достиженья,
по-гречески названный мыс
стал основой основ,
возникающей словно спросонок.
Аю-Даг как канва,
его можно коснуться рукой,
Птичьих скал силуэт –
мама все объяснит и расскажет...
Облекаясь в слова,
проникая морскою водой,
по прошествии лет
все идиллией кажется даже.
А могла по-иному
и вовсе сложиться судьба –
Александр Сергеевич
был бы здесь счастлив с Марией,
только всё невесомо
решается на небесах
нерешительность девичья
их разлучила Сибирью.
А поклон и наклон,
сослагателен он или нет,
и каким будет флаг,
как когда-то, и скоро в семнадцатом,
быть бы магии волн,
без орудий и скверных примет...
Как канва Аю-Даг...
Только морем сюда добираться

Осень 14-ого

ЛАПТЕВ МИХАИЛ (Россия)
ПОЭТ
1960-1994

* * *

Западающей клавишей "Эрики" тянутся эти утра,
и солёное слово "Москва" нас соединит на мгновенье.
И я вспоминаю грядущее — это наверно:
когда нас овеют печальной Тавриды ветра.
Каменистого Крыма сквозь ресницы усталый взгляд
в себя углублен в киммерийской тоске низкорослой,
и тихо-тихо скрипят в уключинах вёсла —
византийской свободы и парчи золотистый детсад.
О парчовая Керчь — на рассвете замерший крик!
Пыль твоих лопухов устремляется в жёлтое небо.
Обожжённый кирпич не находит пристанища, где бы
он устроился на ночь, как с царевнами Греции — Крит.
Наклонив бычью шею, роет землю копытом Крым.
В замутнённой слюде — словно след гургасаров Эрана.
Словно ложе Элама, от солнца плавится рама
голубого окна, и не быть мне уже молодым.
О, не быть никогда. Но я не жалею о том.
За успех твой я водки хлебну этим утром тягучим.
Нет, я буду с тобою той осенью в Крыме летучем!
            И не знаю, что будет потом.

18-19 сентября 1992 г.

* * *

Коктебель, Коктебель! В сиреневом тёплом дыму –
караимы, татары, грузины.
И пространство гудит, уводя в одиссееву тьму,
в эту звонкую тьму парусины.

И, раскатываясь долгим эхом, звук влажно-тяжёл,
и, как солнце, лазоревым светится боком Эллада,
и мальчишки во двориках тихо играют в футбол
посреди листопада.

4 февраля 1991 – 11 июня 1993

**Тексты предоставлены племянницей автора Елизаветой Гиппиус.
Отдельная благодарность хранителю архива М.Лаптева Андрею Урицкому.**

ЛЕВИТ-БРОУН БОРИС (Италия)
ПОЭТ, ПРОЗАИК, РЕЛИГИОЗНЫЙ ФИЛОСОФ, ХУДОЖНИК-ГРАФИК

ЯЛТА

0.

Прелюдия

К морю, к дальнему морю хочу
поглядеть на последнюю воду.
Своему нетерпенью в угоду
непростительно долго молчу.
А ведь надо не так, человек!
Если всё накипело до чёрта,
надо просто под зонтиком век
посидеть у крахмального порта.

1.

Горсть пены – это счастье на минуту,
а результат – лишь мокрая ладонь...
Перед тобою вечная гармонь,
её меха инерцией надуты.

Сиди на лавочке и нажимай
на клавиши посредственной погоды:
сухие пирсы – мшистые уроды,
оно их обтекает невзначай.

И галькой шевелит на берегу,
и путается с мелочью пузатой,
совсем не замечая на бегу
трагические радости заката.

2.

Горизонт, не разевая пасти,
молча пожирает кораби.
Как они бездвижно уплывают...

3.

Вечер

Небьющийся хрусталь волны
и гниловатый запах пляжа...
У зеленеющего кряжа
карманы ветра слёз полны.

Опомнись на краю строки
и наблюдай дельфиньи спины –
Ты уже знаешь, что стихи
всплывают редко, как дельфины.

Чтобы дождаться, надо ждать.
Пусть чайка прокричит, как кочет!
Жизнь этого от нас и хочет -
смолчать, перетерпеть и спать.

4.

Пусть будет всё на свете так, как есть.
Пусть этот катер навсегда уходит.
Пусть бродит сердце, а луна восходит,
не намекая на благую весть.

5.

Я только и знаю о море,
              что оно – без конца.
Устаревшая схема лица
не соответствует горизонту.
Линия фронта видима и горда
тем, что нам не вступить никогда
 в ожидаемый бой.
Этой кривой
              не отвечают
ни серпы заточенных чаек,
ни бумеранги гагар,
ни альбы натянутых тросов...
Скоротечный загар
и водоросли вопросов
допускают купание без вреда
у берегов, где ракообразное «да»
под раскрашенным зонтом
тихо ссыхается в «никогда»,
обрезающее кругозор горизонтом.

6.

Штиль, мальчики, стеклянные шары,
вечерний полудиск и всё такое...
Бред тихой пристани – условие простое
незаинтересованной игры.
Как будто ничего... но меньше слов
на том же месте, где их было много.
А истина – она всегда уБога,
а вечер в Ялте... он всегда не нов.

7.

Сумерки

синеет узится молчит
как по команде кипарисы
фонарь вчера ещё разбит
под ним коты а может крысы
мычит маяк как мастодонт
струятся плавники рептилий
и совершенно без усилий
ночь отменяет горизонт

8.

Полнолуние

Белый мяч заброшен в зенит,
отфутболен пятой побережья.
Обречённая на безночлежье
Ялта высится, или спит...

или молится на Луну,
или ждёт от неё прилива,
или, пирсы поджав брезгливо,
уступает пространство дну.

9.

Ахейский час над Геллеспонтом,
рискованный и староцветный.
Не сладишь с ветхим горизонтом,
и этот миф, едва заметный,
останется чужим навеки.
Буксирами снуют триеры,
и словно испытанье веры
реальность порта давит веки.

10.

Опять опальная Луна
взвела поломанные брови
паломницы, обречена
пить вечно воду вместо крови.

Солёный луг, танталов пир,
блестит бесцельная дорожка,
приморский вечер понемножку
в могилу опускает мир.

11.

Расставание

Шершавый Понт пасёт свои стада,
отмахиваясь как от мух, от чаек,
а я сегодня-завтра уезжаю,
и так обидно – будто навсегда.

Уже идти, а что-то не иду,
и плакать не могу (спасибо ветру!),
ещё дышу последним полуметром
у подступившей соли на виду.

ЛЕВЧИН РАФАЭЛЬ (США)
ПОЭТ, ДРАМАТУРГ, ПРОЗАИК, ПЕРЕВОДЧИК, ЭССЕИСТ,
1946 – 2013

ЮГ
непоэма

1. Музей

Герб мой присоленный, твёрдый сплав – Тавроготика,
крымская степь, красная матерь-владычица!
Рыба, ошалевая, в известняки тычется,
словно полуденный памятник моей зачумлённой гордости!

Рядом с огромным материком, бронеколёсной глыбою
маленький Крым-велосипед, полупрозрачный, чванится.

Каменеют рога вперемешку с двойными рыбами.
В горном котле крепчайшее время варится.

В нём красновато распались стыд и любовь, которыми
пористый чуткий пляж инкрустирован наскоро...
Колыбель костяная, нагретый прибор истории,
каплю лилового сока отдай мне, ласковый!

2

Душа не может телу повторить,
чего ей, грешной, хочется от тела.
И тело пить пытается,
курить,
играет в секс...
Как будто в этом дело!

Тела
сбегают в грецкий монастырь,
поклоны бьют,
лбы расшибают сдуру...

Клуб чёрных душ –
огромный нетопырь –
парит.
И ветер дует с Юга.
Дует.

3. Музей, сектор настенных надписей

«Дружно ударим нашей чистой любовью
по ихнему грязному порнобизнесу!»
«Жду тебя со вчера...»
«Машина –
лучшее занятие
для мальчиков!»
«Пей до дна, ты не одна!»
«Куклу
любят все
девочки!»
«В ногах правды нет,
                 но счастья нет и выше!»
«Жаль мне тебя, стена,
    каждый дурак на тебе пишет!»
«Сам дурак...»
«Кто там в кадре, кто за кадром –
ничего уж не понять.
Наш главреж такая падла,
раз-два-три-четыре-пять!»
«...пять кило помидоров, три кило салатного перца,
полкило красного кусучего перца и триста граммов чесноку...»
«...в 62-й аудитории в 16.30 обсуждение проекта реконструкции
Вавилонской телебашни...»
«Чтобы создать реальность,
добивайтесь немыслимого!»
«Приходи ко мне на пляж,
расстреляв патроны,
и со мною рядом ляжь
невооружённый!..»

4. Музей, сектор настенных надписей (продолжение осмотра)

Ещё надпись сбоку,
вроде хокку:
«Убей,
потом попробуй оживить.
И, оживив, посмей
         опять убить!
Любимая,
в день встречи невзначай
день смерти для меня
    не назначай!».

Рядом с ней
автопортрет.
Тела нет.
Только точка... запятая...
в общем, рожица кривая.
Через висок – гвоздиком наискосок:

«ПЕСНЬ ПЕСНЕЙ.
Любимая моя,
как ты прекрасна!
Особенно,
      когда,
            наперевес
дензнаки взяв,
       на нас идёт опасность,
и скалится ухмылкой
          Венский лес.
И есть барьер.
Я точно ощущаю.
Привык.
О нём спокойно говорю.
За то, что ничего не обещаешь,
особенно тебя благодарю.
Любимая моя,
я волком вою
и погружаюсь в ненависть без дна,
когда ты не одна,
когда вас двое...
Всегда ты не одна...
Ты не одна...
Любимая моя...
как ты прекрасна...
Любимая...
моя...»

5

Весь из ножей,
из юных женщин
и нежных жён,
был белым фосфором увенчан
Гурзуф
и заживо сожжён...

(Гурзуф – условно.
Это фон.)

6. Музей, сектор памяти, время нерабочее

Младшая научная сотрудница Неонила
                                                        Раушняк,
вспоминая происшедшее, говорила
                                   так:
«Облака Луну куда-то несли.
Он, конечно, сигареты посеял.
– О, – говорит, – заодно и курить бросим!..

Потом мы широкую лодку нашли.
Брюхом в песок.
Без вёсел.
Он, конечно, давай разливаться:
мол, отдадимся на волю стихии
                                     морской,
пусть нас несёт
мимо Турции, Греции,
                              сквозь Гибралтар,
 к Новому Свету...
А я ему:
– Ишь, хитрый какой!
Да уберите руки!
Здесь вам ничего не светит!..

Он, конечно, в лучших чувствах своих обнесён
и в серьёзных намерениях не обеспечен.
Но ведь нельзя же так жить, будто всё это – дивный сон!
Когда-нибудь да проснёшься – а ты уже изувечен!..

7. Музей, сектор болевых точек.

дай-юань – 15-17
и-щи – 26-27
шу-чу – 13-16

Замшевый воздух кожи пустой, как блюдца.
Не могу уснуть, не хочу проснуться.

Так и брожу – о боже, как долго, долго! –
между водой и жизнью, между бедой и домом.

Так и брожу, постоянно уснуть рискуя.
Так и дышу – то в одну ноздрю, то в другую.

Так и дышу – верблюд без ушка иголки.
Замшевый воздух кожи меня приглашает в гости.

Замшевый воздух кожи меня принимает в долю
между бедой и жизнью, между водой и домом...

8

– О чём ты всё время думаешь?
– У меня привычка такая – всё время думать.
– Не может быть, чтобы это были только мысли. Я же вижу, тебя что-то мучает. Что?
Или это нельзя сказать?
– Можно.
– Скажи.

– Потом.
– Сейчас...

9

...Несколько шагов, и кончики её грудей
ритмично подрагивают под белой тканью.
Как пёрышки самописца...

10. Письмо без адреса и начала,
здесь оно совершенно случайно

...а крик живёт в лесу
и ногтем метит девушек
простуженных.
Вот я проснулся.
Вот меня несут
топить в спирту,
как чёрную жемчужину.
Кормился
раем
и сырками плавлеными.
Да всё приел.
Как в голубом кино.
Лишь света невесомое руно
от головы,
красивой и неправильной.
Дорога
изначально нелегка.
Вот этот дом
зелёной мордой клоуна
похож на театральную столовую.
Три брата в нём живут и мясника.
Вот в этом доме женщина живёт,
копыта вместо пальцев ног имеющая.
Но, впрочем, говорит, что это мелочи,
и цокает подковкой
круглый год.
Вот здесь в тот раз стояли отдохнуть.
Хозяин вышел и послал их к матери.
И с той минуты –
слушайте внимательно! –
он вместе с нами продолжает путь.
Девчушка
вышла флагом помахать.
Похожа на тебя.
Такой же
локоть...
Товарищ с Востока
ликует жестоко.
Есть, значит, на что ликовать.
Кто умрёт – уже не воскреснет.
Надо глядеть в глаза.
Флаг – у неё,
у этих вот – песня.
И все скользят...
скользят...

Мне потому ещё здесь так тяжко
в невисокосный год,
что приходится в кофейных чашках
расковыривать бежевый лёд.

11

Блеснут осколки стоваттной лампы
над нами – осколками расы атлантов,
обломками башни до стратосферы,
обмылками лимба,
рывками веры.

Генерация
из мандрагоры,
из древка, не испытанного на усталость,
это – ты,
это – я,
это – Город,
скоропись
кирпичом по металлу.

Клинки языков,
переплёты сексов,
закон, безвольней любой удачи,
это – ты,
это – я,
это – экспорт!
И это для них ничего не значит!

Мы пили, пили, мы без просыпу пили
из перламутровой чаши неба,
богов веселья себе лепили,
кормили их кровью, любовью, мясом
других
богов,
героинь,
героев,
отличников боевой подготовки.
Бродило время – осёл вкруг краба.
Наша вечность тянулась тонкой
царапкой опалы
вдоль чистой вены...
И втравлена там, где её не хватало,
бездымная формула сфер вселенной
мочевой кислотой по металлу.

Не пивная здесь и не узел связи.
Спорят бог и луна в голубом унитазе.
Память, вербующая гренадёров,
ещё обнаружит свой паскеильный норов
и пойдёт петлять снежным кроликом,
а то зубастой, жёлтой и голенькой.

Свои скульптуры,
свои поцелуи,
свои логические структуры
сажают они на края плотины,

на книжные полки,
на женские плечи,
желтеющие от безлюдья и грима...
Попадают в яблочко, целясь мимо.

Да уж лучше пусть потолки твои рухнут,
пусть корабли твои на куски распадутся,
пусть сыновья твои отрежут
отцам носы, пустые, как пасти!..

Это ты.
Это я.
Без скафандров.
Без счастья...

12

Осень кровью слепит сквозь кристаллы снов,
лиловых, жёлтых, изнуряющих глаз,
сквозь липкие муравейники
неразделённых слов,
сквозь проборматывание
неразделённых ласк.

Кровь кормиться готова
следами пальцев твоих.
Вариантов твоих волос
в пространствах дрожь.
Отплывает, крутясь, от башни
неразделённый стих,
неумышленно подчиняя
огонь и дождь.

Я гляжу в тебя
сквозь тёмную линзу вод,
свитеров, трамваев колючий калейдоскоп...
Я живу услышать неправильный оборот.
Я живу,
как трава растёт,
засыпаемая
песком...

Тексты предоставлены супругой автора Эльвиной Зельцман.

ЛЁВШИН ИГОРЬ (Россия)
ПОЭТ, ПРОЗАИК, ДРАМАТУРГ, КОМПОЗИТОР, ВОКАЛИСТ, ВИДЕОРЕЖИССЁР

ИЗ ПОЭМЫ «ПРОРОК АДЖИКА»

СИМЕИЗ

Симеиз
Волн барашки,
шашлык

Старый хряк
оскалил клык
золотой.
На ушко молодой
нашёптывает байку,
лезет под майку.

Хищный отрок
ласкает окорок
подруги.
из кафе у Дивы
доносятся буги-вуги.

Вечерний расколбас.
Восстание Масс?
Да не… потуги…

* * *

Кобелёк
жуёт стебелёк

рядом сучка
золотая ручка

сидят на волноломе

облако в форме крокодила
проглотило светило

парочка свинтила

Зайко с криком Пан или рапан!
бросается грудью на шампуры
Слава герою
и еще 100 каберне.

* * *

Полковник-шиповник
зацвёл у дороги
еле унёс ноги

Чайка-чрезвычайка
подцепила клювом пакет
с очистками от креветок
Здесь тихо
Нет
ветра и выше – не видно шевеления веток

Кафешку-гебешку
открыли на набережной
недорого

Солдаты-купаты
блинчики с творогом

* * *

На пляже
Узкие лики,
    грустная плоть,
ходит в пики –
    будет жечь и колоть.

Тонкие губы,
    сбивчивая речь,
ходит упорно в буби,
    удет бубнить и жечь.

Златокудрая бестия
    в узкоглазую мать,
снова заходит в крести,
    чтобы жечь, убивать.

Вьюнош худой и нервный,
    ссыца, но держит масть.
Боже, не дай пропасть,
    когда разыграют черви!

КОКТЕБЕЛЬ

Серый лепит
детский лепет,
Санька вертит на хую.
Дайте, я ещё спою!

Диск застрял над Карадагом. В Золотые Ворота постучали: та-та-та,
ну-ка, звери, выходите,
по трое всех выводите,
любоваться на закат:
закатал рукав свой кат.
(или кот – не помню точно,
дурь курю я еженощно)

Серый лепит
детский лепет,
Рыжий курит, пегий спит.
У меня опять свербит!

Над сугдейскими холмами
занимается заря.
(зря)
Друг Волошина Ривера
Анна, Лев, для рифмы Вера –
вся столичная хипня
на осиротевшем пляже
скинет всё и рядом ляжет в поле зрения меня...
– Полная хуйня.
Миру – мир, нам – хрен на блюде.
Спички есть? Живут же люди... –
возразит стихами бык.
(он к дискуссиям привык)

*Серый волк сощурил глазки,
дремлют суки, для отмазки
пожужжав минуток пять,
станем молча писи мять.*

2006

ИЗ ЦИКЛА «ЛЕКЦИИ ВЕПРЯ ПЕТРОВА»

ЛЕКЦИЯ I.
ТЭ У ВЭ ИЛИ СТИХИ ПРО ВОЙНУ И КРЫМ

I.

Тёплый уютный ветер (Тэ У Вэ) сносит блекло-оранжевую шелуху последних листьев. Зацепившись за дворники, они собрались в кучку на лобовом стекле моей машины.

Те У Вэ гоняет по асфальту рекламные листки «работа. дорого.»

Тэ У Вэ хлопает жестяной обшивкой старой голубятни. Голубятня обитаема и свежевыкрашенна голубой эмульсионкой. Но обитателей не видно. И голубиная почта спит.

К старенькому вязу прислонился хорошенький хардтейл с дисковыми тормозами.

Дворник-казах курит на скамеечке. Утро выдалось трудным. Тэ У Вэ нагнал много шелухи последних листьев. Стожки жухлых пережитков лета ждут своего транспорта на краешке тротуара.

Всё это – солдаты невидимой войны.

II.

Война. Театр страха. Эротика команд.

Оранжевая революция листьев. Предательство котов.

Я формирую отряды невидимой войны. Я веду их на невидимый бой. Они идут.

Я проверяю готовность гаражей-ракушек на моем правом фланге. Они готовы.

Под голубыми знамёнами неба двинулись армады облаков-геев.

Пушки моих мыслей заряжены патриотической вонью. Танки моих желаний с воем либеральных СМИ обрушиваются на бастионы спальных кварталов Бирюлева и Бибирева, Свиблова и Чертанова.

Я выведу батальоны Тойот на просторы МКАД. Это будет Цусима! 75 лошадей моей шестёрки забьют своими копытами зверьё газелей, которые сдохнут в смраде выхлопов фуррр. И кавалерия бродячих собак порвёт ночь пронзительным криком полукрыс-полулюдей, скрывающихся в подвалах бессознательного. Кара-мурза наших снов прогремит взрывом, заглушив лязг гусениц Новодворской моей печали. И всё стихнет вдруг.

И тёплый дождь смоет следы. И вновь: летучие гондоны наших сексуальных фантазий метнутся в стройные колонны сверхчеловеков в чёрном, марширующих по Бульварному Кольцу и снова стихнет всё. И Тэ У Вэ сдует невесомые кожурки листьев. Дело идёт к зиме.

Эякуляция заговора. Выяснилось, что баклажаны с чесноком – в сердце заговора, раскрытого Черёмушкинской тайной полицией хачей.

III.

Приходилось ли вам когда-нибудь пробовать наполеон из кабачка? Это невероятно вкусное и очень острое блюдо: там много чеснока. Это страшное оружие. Один такой кабачок может выебать в жопу целый прилавок малосольных огурцов. Я ел его в осаждённом гоями, геями и беспризорными котами Симеизе.

Полуразрушенная Вилла Ксения оборонялась пиццей с черниговским пивом, вид Виллы Мечты, некогда приветствовавшей нас с этикеток крымского портвейна, был ужасен. Посёлок стал, пожалуй, грязней, война не пощадила даже саму воду в заливчике у Дивы, куда неистовая сентябрьская жара сбросила тела бойцов Невидимой Крымской Войны.

Гильзы сигаретных окурков в мелкой гальке между и под распростёртыми телами. Провокаторы добивают раненных лукошками жареных мидий, рапанов и крохотных черноморских креветок. Обугленные полутрупы лениво отворачиваются, трупы отстреливаются гривнами, которые местные гериллас, как ни в чём не бывало, зовут рублями.

Много раненых. Проколоты носы и пупки. Клейма драконов на орудиях размякших на солнце ягодиц. Предвкушая поживу, над бойцами уже кружатся чайки. Надо отметить, солнечные репрессии не так свирепствуют на Украине, как Сталин и сталинское солнце Побережья Кавказа, и всё же, то тут, то там спотыкаешься об обожжённые тела.

На Пляже Боевых Действий можно наткнуться на не зачехлённое оружие сисек. Говорят, что на фронтах Европы стринги уходят, уступая место закрытым купальникам с блядского вида оборочками, но здесь, на Фронте Южного Берега Крыма, диверсии голых жоп весьма и весьма ощутимы. На гальку Кацивели отходящие банд-формирования нудистов сбросили атомную бомбу загорелой пизды.

IV.

Все недостатки – их было не так много – с лихвой искупала погода. Такого тёплого моря в Крыму об эту пору я вообще не припомню. Вода оставалась тёплой даже после небольших штормов, взбаламутивших прибрежные слои, пригнавшие в бухточки Симеиза целые саргассовы поселения медуз-еврейчиков, прозрачных и кусачих. Лишь в предпоследний день, когда купаться уже было лень, да и прохладно, мы, кутаясь в лёгкие свитера, уже в темноте наблюдали, как фашистские волны, накатываясь с евразийским неистовством на волноломы, сшибались в смертельной схватке с откатившимися авангардом наших фашистов, рассыпаясь в белую пыль, истекая молочной пеной, подсвеченной Луной, уже, впрочем, проданной. ТАК. Ющенко! Крым – это Россия.

Не разыграли ли мы, незаметно для себя, татарскую карту? В кафе Кольцо, под пение муэдзина, мы вкусили свинину предательства и отступили в своё брачное логово на плече Кошки-горы, где астрономы и астрологи ведут свои звёздные войны за души людей.

V.

Тэ У Вэ сносит блекло-оранжевую шелуху последних листьев. В прикупе мир.

Мир московских двориков, сладкая падаль невидимой войны.

О чем, бишь, я? Быть может эти стихи – шутка или метафора, но я ещё не знаю: метафора чего? Быть может это и не стихи вовсе, тем более, что в них нет ни рифмы, ни ритма, ни смысла. Я знаю, что война – это Театр Страха. Но в театр не ходят каждый день. Мы, поэты, украсили серые будни барабанным боем своей липкой страсти. Пытаясь склеить чахлые строки клеем липовой войны.

Липовая война – это война лип.
Тэ У Вэ веет. Липы строятся.
Вздымаются
обрубленные руки тополей.

Симеиз, Кацивели, 2004

ЛИТВАК СВЕТА (Россия)
ПОЭТ, ПРОЗАИК, ХУДОЖНИК, БУК-АРТИСТ, АКЦИОНИСТ

* * *

На полкрыла затормозив
Послеполётное порханье,
Ослабевающий порыв,
Переходящий в задыханье,

Едва побрасывает брызг,
Едва поскрипывает мачтой
Солоновато-мокрый бриз,
Так называемый пока что,

Покачивая гребни волн,
Бегущих в Турцию из Крыма,
Сбивает их глумливый тон
На тон предельно допустимый;

И присмирённые едва,
Тотчас меняют очертанья
На удлинённые слова
И поцелуйные прощанья.

1997

НОСТАЛЬГИЯ

Ското-место. Уже? Это где?
За мешками, забитыми дымом,
Между Пантикапеем и Крымом,
За Боспором, а дальше везде.

Негодуют, едят ни о чём.
Расстилают своё ското-ложе.
Чем на дедушку больше похожи,
Тем заметней легки на подъём.

Так привычно безделье текло
По лимиту сырой стекловаты,
Штыковой и совковой лопаты,
Там поныне хранится скребло.

Без пятнадцати слушают скрип,
Распрямляется профиль скривлённый,
Обрывает протяжный и сонный,
И будильник от счастья охрип.

1997

* * *

Письмо из Ялты в Москву

посв. Ф. Гримберг

Очень для нас любопытна
судьба Запорожской Сечи,
украïнськой мовы и русской речи,
Крымских войн и нынешнего конфликта.

Географическая реальность
нынешней Малороссии –
вхождение в состав России –
вопрос сугубо концептуальный.

Например, совершенно ясно,
что в концепции именно истории –
это расширение территории
Российского государства.

Черноморские базы и курорты –
территории, в сущности, спорные.
Требуется последовательно и упорно
проявлять дипломатическую сноровку.

Наконец, аспект ретроспективный:
в Киеве, Волыни и Галичине
княжила династия Рюриковичей.
Как же этот факт интерпретировать?

Хорошо бы, журнальная критика
не пользовалась попавшимися первыми
примитивными оценочными терминами:
«освобождение» или «захватническая политика».

Итак, несомненно наличие
сложнейших трагических процессов.
Затронуты судьбы, амбиции, интересы
народов, искусственно разграниченных.

Союзница стала изменницей.
Всё вышеизложенное имея в виду,
переходим к следующему периоду:
воссоединение соперниц в империи.

2000

* * *

ялтинский залив на яхточках своих
весело качает градусы
флагами столиц на ленточке повис
белый блаженный парусник

греется ладонь горною грядой
нечем рисовать, а надо бы
в скользкий водосток прыгает судак
мальчики торгуют крабами

ходит на причал футболочная тьма
нервно трепещут пальмочки
всем им нажимал по сливочным телам
плавками мелькал горячими

ялтинский загар. мороженым дрожа
галькой шуршат автобусы
щурится гроза, но близится Гурзуф
ёжатся вдоль трассы кактусы

2000

* * *

теперь не верится и
считать не будете дни
как в тёплой бухте огни
бултых – и вниз

весёлый лагерь затих
белёсый парус обвис
спит крепость Кафа
на горе Карантин

надену шорты и в них
на солнце выгоревших
шипы колючек сухих
и запах моря

среди грудастых пловчих
ныряя камнем ко дну
я прижимаю к груди
с серьёзным видом

перегибая волну
хрустящий створками груз
из острых мидий

сухой цикады струну
на солнцепёке порву
не говоря голова
кружится кругом

ступив на узкий карниз
на скользком слове сорвусь
всё это нервы и каприз
там Феодосия, а вокруг Москва

2003

* * *

свернулись минутки в болотной зелёнке
за кем-то спешит загоревший ребёнок
зачерпнут из моря ночной Коктебель
летучий играет в крови алкоголь

закат выбирает ряды аллегорий
прибой достигает скалистых предгорий
измятый как ворох подмокших бумаг
сырой разбухает во тьме Кара-Даг

у дога до крови прокусано ухо
в пыли золотой почиет Лисья бухта
без плавок плывёт меж камней кришнаит
в палатке у моря художник лежит

2003

* * *

тёплый ветер слишком тихо веет
тёмный грозный воздух всё темнее
и вода рябит и рыба с нею
в Лисьей бухте

от камней замшелых тянет тиной
мотылёк замотан паутиной
катерок затянут парусиной
в Лисьей бухте

в этот час назначено свиданье
девушка примерила купальник
юноша сворачивает спальник
в Лисьей бухте

в зарослях сухого тамариска
мокрых тел отряхивают брызги
полная луна и море близко
в Лисьей бухте

2003

ЛЮСЫЙ АЛЕКСАНДР (Россия)
ПОЭТ, КУЛЬТУРОЛОГ, ЛИТЕРАТУРОВЕД, КРИТИК, КРАЕВЕД

ИФИГЕНИЯ В ТАВРИДЕ

И-
  -фи-
    -и-
      -гения
и
  топос
    и
      локус
Где
  Пушкин
     доныне
Глядится
    в истории
       пропуск
И-
  -фи-
   и
     -гения
и
  даже
   находки
      г
       е
        н
         и
          я
совсем
  не отменят
     возможно
      смешного
        п
         е
          н
           и
            я.
А
  там
   где сейчас
     ты
растет ведь
   совсем
     и не крокус.
Диана
   в газеты
     одета
Как
  в топоса
    лоскут
А
  ведь
   до
    Дианы

```
      Совсем
                  не дойти мне
                                  ногами
    И даже
                  деньгами
                              ответ
                                  не найти мне
                                                  на вопрос
где
          вновь
                      обитает
    Твой
              топот
    твой
                                      локон
                          Твой
              вовсе
                      не фокус
                                  а покус
    И
              «Фи…»
                          и
                              – «…гения!»
```

МАЗЕЛЬ МИХАИЛ (США)
ПОЭТ, ФОТОГРАФ

ВЕЕР

«Всё воспринять и снова воплотить»
Макс. Волошин

Памяти Валеры Гвозда

Человек хотел летать как птица.
И летал. Взмывал и возвращался…
В маковое поле превратится
всё, с чем он в тот день не попрощался.
Строки песен, голоса поэтов,
стопки чёрно-белых фотографий,
облаков застывшие корветы
у вершин… в стремлении потрафить.
Доброта не может быть нечестной.
Грусть в сердцах обязана стать светлой.
Маки, маки, маки… Повсеместно…
Он чуть-чуть не долетел до лета.
Тысяча дорог в полях, как вены.
Полог вечера на Крым его наброшен.
Маки вопрошают в откровении:
"Не у Вас ли он гостит, поэт Волошин?"
Ночь давно пришла… Опять не спится
Звуки затихают, словно тают.
"Как вы… Стихотворцы? Светописцы?"
Маки ждут. Край полога светает.

5 июня 2013 года

ОГНИ У ГОРИЗОНТА

Александр Степанович Грин жил в далёкой стране.
В той стране-невидимке,
      всегда находящейся рядом...
Вновь иду вдоль полоски мерцающих мнимых огней
и ловлю я спиной неизменно-тревожные взгляды.

Почему ж так пронзает один:
      из-под стройных бровей
капитана-поэта... и к острову выход не найден?
Мне мерещатся Гарвей и Дези, задумчивый Грей,
поступь Фрэзи и голос спешащего верного Санди.

Из-за рифов взметаются к ночи проклятья и смех,
женщин вздохи, сопенье, старинная бравая песня.
Кто сказал, что романтики пишут для детских утех?
О, паяц с видом шкипера,
      право же, громом рассмейся!

... Александр Степанович Грин
      жил в далёкой стране.
Та страна растворилась
      давно в набежавших туманах.
Но тогда почему постоянно бунтует во мне,
жгущей тайною алый рассвет над далёким лиманом?

22 октября 2006 года

МАКАРОВ-КРОТКОВ АЛЕКСАНДР (Россия)
ПОЭТ, ПЕРЕВОДЧИК ПОЭЗИИ

У МОРЯ

клочья ветра висят
на бельевой верёвке
штиль –
время заняться арбузом
или следить за полётом чаек

Алушта, 1987

* * *

      К.

коллекционирую запахи
полынь душица чабрец
тамариск
чайная роза

задыхаюсь
без запаха твоего тела

Коктебель, 1988

* * *

К

в южном городе
поезда уходят
под бравурные марши
и цветение жасмина
и горы так близко
что слышно сердцебиение ящериц

лицом к тебе и морю одновременно
о божественная перспектива
жить и понимать
любить и страдать

Феодосия – Коктебель, 1988

* * *

К.

днём
ты
отражение моей ночи

ночью
я
слепок с твоего тела

Коктебель, 1988

* * *

> *Внезапно сбежало лето.*
> *Янис Рицос*

холодно-свинцовая масса
напоминает море

на набережной
два-три человека
в предвкушении солнца –
ощущении чуда

и я
вопросительным знаком
на шершавой скамейке

назойливо жду ответа

Коктебель, 1988

КАРАДАГ

море и скалы

в сущности
ничего более

а более
и не нужно

Коктебель, 1990

ПРО КОКТЕБЕЛЬ

                      С.К.

  горы
  море
 бух   ты
 барах   ты
  ах   ты
  бултых

Коктебель, 1994

МАКСИМОВА-СТОЛПНИК МАРИЯ (Россия)
ПОЭТ, ПРОЗАИК, ЭССЕИСТ

КРЫМСКИЕ КАНИКУЛЫ

КЕРЧЕНСКОЕ КАПРИЧЧО

Ночь со среды на четверг... Что же делать, чем буду утешен?
Спелою вишнею сыплется лето в ладони,
великанов и карликов, и крепость из чёрных кораллов
тушью густою выводят на влажной бумаге.
(Чтобы равными стать, необходимо упразднить промежуток).
Прочь гнёт грядущего, не лучше ли
мастерство рисовальщика Ху, независимость расстояний.
В Цементной Слободке сойдёмся мы вновь
и найдём отшлифованный камень
или косточку персика, обглоданную хрустящей волною.
Вода поднялась, просыпайся, железное сердце
(бальные тапочки пахнут харбинской смолой).
А потом расскажи, где китайский олень, где бумажное небо, –
вязнет в бархатном кашле бесчувственный мальчик-тапёр.
Слышу, треснул рассвет и червивою розой раскрылся,
серафимом обугленным падает ночь на ковёр.

Керчь, 1995

* * *

Рассыпаясь на камешки, песчинки и крупинки пыли,
мы теряем основу в словах, в понятиях, где мы плыли,
вот воронье крыло, вот обломок вчерашней боязни,
из расщелин зари – скарабеи стотысячной казни.
Только что-то потрескивает, то ль головни остывают, то ль

рассыпаются дровни,
то ль арестанты шагают, то ль деревья, попробуй, упомни.
Может быть, зёрна гнилые ложились в палёную жижу,
вкрадчивый голос шептал про себя: ненавижу...
Пустое всё это – закон рассыпается древний,
сруб по реке проплывёт, превратится в приветствие кремний.
Если б смог ты прознать, где же корни кустарника света,
чей каприз полыхает, чей звон превращается в лето,
то дожди расплелись бы, как косы, над жатвою пыльной,
океанскою кровью наполнился воздух могильный.
Но где слово блажит, на кислотном ветру остывая,
осыпается жизнь, как сухая мука с каравая.

Ялта, 2001

* * *

Послушай, дорога, которую можно найти,
то град, то зерно рассыпает в слезах на пути:
равновесие сердца, в котором расставлен капкан, –
стрекозиною славой, буддийскою верностью пьян.
Только вновь раскрываются створки морских путешествий,
где голодные тучи клюют черепицы предместий,
то акул плавники или чайки в пробитом закате,
где мохнатое солнце танцует в медовом халате.
Там зашторенный сад, шепоток в полутьме паутинной
и поношенный дождь, что висит на сосне гильотинной.
Это глиняный шар, это ржавое зеркало мести,
где ломаются копья в бермудском коричневом тесте...
Тлеет нить Ариадны, дымит на гудящем ветру,
и труба урагана пропащую тешит сестру.

Ялта, 2002

* * *

Скрипнула шаткая дверь,
юркнула жизнь на свободу,
суши подстреленный зверь,
всхлипнув, уходит под воду.

Цепко гремят якоря, море корчуют угрюмо –
душу подцепят багром, дернут, подбросят из трюма.
Вот и лети, камикадзе, сквозь варево стужи,
в мир, разодетый бедой, рваный, лукавый снаружи.
Там скороходы спешат, сапоги обмотав облаками,
весть запечатать, предать, тучи толкают боками.
Что бы там ни было – Бог, пламя, путей перекрестье,
сердце-сорвиголова в утлое мчится предместье,
гроздья набухших планет хищным рывком раздвигая,
смотрим гремучий балет, в точку нуля, не мигая...

Музыки взорванной, крови блудящей потоки
ливнем тугим зацепились о провод жестокий.
Там, на равнинах, горючих, сквозных, безвоздушных,
перед последним прыжком, долгожданным, пустым, простодушным,

горькой пощадой пульсирует зёрнышко боли –
власть возвращения, прореха в «ничто» поневоле.

Феодосия, 2000

АЛУПКА

Дёрни за угол платка,
откроется клетка, увидишь –
покатые крыши, голубые казематы в огне,
оплавленные, обглоданные морем раковины-ниши,
уток голодных, плывущих к смолистой корме.

Много рождалось людей,
закрывшихся гипсовым телом,
перекатывающих за щекою ледяной кладенец немоты.
...Я разлюбила гадалок, пожары и мысли Бодлера,
птичьи триеры, пергаментной боли листы.

Норы, пустые норы, все прячутся в них без разбору,
в гуттаперчевых нотах находят богемский уют...
Кто же здесь дышит, кто кормит разорванным небом?
Белые ставни стучат, черепицы поют...

1999

БОСПОР

Хрустнула по сердцевине соната львиного сада,
чёрные овцы пасутся на склонах в холерном Крыму,
ночь наполняется горьким дыханьем распада,
пахнет горчицей, размятой в осеннем дыму.

Так и живёшь в узловатой машине гаданья,
где ожидание – наихудшая из земных пирамид:
в ней скрипачей обрывающееся бормотанье
и полыханье бензином облитых обид.

Пифия снится, сидящая на обгоревших сучьях,
наваждение музыки, горлица, дребезжащие по мостам поезда...
Бег по коридорам под стук метронома беззвучен,
если флейтой водоворота хрустит под ногами слюда.

Керчь, 1999

РАДУГА ПОД СИМЕИЗОМ

Бог опускается вместе с дождём в океан,
стрелы его – отточены и струисты.
Мы возвращаемся в логово жизни, падаем в водопад –
губы приливаористы и слоисты.

Дети индиго кувыркаются в водоворотах грозы,
балансируя на высокой волне, несутся навстречу смерти.
Они различают отражения людей, насекомых, лозы,
минералов, ангелов в солнечной круговерти.

Туннели реальности множатся в слоёной толпе
моллюсков, медуз, крабов, скатов, скелетов...
Толща воды выталкивает нас за пределы лунной тропы
на обочину радуги, прочь от земных предметов.

Крым, 2010

МАШИНСКАЯ ИРИНА (США)
ПОЭТ, РЕДАКТОР

СУДАК

1. Ночь

После ночного моря, после прибоя, в полночь,
юркнув во двор винограда, калитку попридержать -
пёс подымает голову, - крадучись мимо полных
вёдер, вспугнуть рукомойник - и света не зажигать.

Всей темнотою сад ложится на подоконник.
Постою ещё у распахнутого окна.
Стая отстала волн - ну, отдыхай от погони,
с косточками внутри, с кожицей тонкой луна!

Светлые виноградины катятся по нёбу,
нежную форму косточки язык заучил наизусть.
И сколько всего было сегодня в небе:
слабый фонарь фиолетовый, помнишь, мыши летучие,
            влажная галька звезд...

2. Утро. Перед разлукой

...Листва твердит, что тень - и громкою посудой
ей вторит дом, покуда не жара.
Всего лишь семь часов, и веет со двора
покоем движущимся, тенью изумрудной.
Входи скорей, с калиткою пропой
мое любимое: "Скучал я за тобой!.."

И я соскучилась по узкому лицу,
на смуглом пальце смуглому кольцу,
по мягким "ч", по странным сочетаньям
нерусской этой речи, этих щёк
нерусской удлиненности - ещё
по странному себя неузнаванью.

Входи скорее! Вымыт виноград
при помощи ковша с кривою ручкой.
К тебе кидаются Малыш, Цыган и Жучка;
в беспамятстве гостеприимства сад -
в немом восторге - твердою листвою
тебе гремит, и ведрами, и мною.

С какой свободою ты в это утро вхож,
пригож по-утреннему, в майке бирюзовой.
Тебя не узнаю - какой ты снова новый!

Смотри, вот этот ковшик - он похож
на то, что на небе вчера... Он тоже
запутался в существованьях схожих.

И не узнать себя в почти что невесомом
солёном существе, а этот, прямо к дому -
чуть шатко, как по палубе - и в тень
глубокую - такой чужой - шагрень
дворовую... Дай руку мне, пора-
бежим, бежим, покуда не жара.

1982

ГЕНУЭЗСКАЯ КРЕПОСТЬ

Луна. Молчит виноградник.
Сонная линия гор не приносит покоя.
Пахнет травой. А внизу в городке,
томно раскинувшись, словно на пляже гигантском,
тает огнями долина, зовёт Челентано, танцует,
но ярче – луна, и желтей,
и романтических скрипок громче – трава и цикады.
Я вниз никогда не сойду,
Так и буду сидеть среди тёмных рядов винограда,
пускай
разбивает скалу за скалой дискотека. Неси,
под ногой осыпаясь,
дорожка,
по серому склону в овраг,
слух обжигая песком,
(музыка скрылась за склоном).
Вот и первый сарай и продмаг, и бараки "шанхая",
столб и асфальт
– постой, кед завяжу,
улицу нахожу
– там, где музыкою пахнет,
где гармошка тихо ахнет,
где спускается в овраг
на ночь запертый продмаг,
где у дома углового
ситец розами горит,
и фонарь, как уголовник,
как на шухере, стоит.

1984

В ДВИЖЕНИИ

Нам с музыкой не препираться,
ей невозможно не отдаться,
и в черном ритме не плескаться,
в ночной невидимой воде.
Черти бетонные виньетки!
– раз, раз, марионетки,
как с эскалатора монетки,
как черти на сковороде.

И ты, легчайший и ритмичный,
с такой серьёзностью комичной –
танцуй со штучкою столичной,
упругий мальчик из Уфы,
мотоциклетными ногами
скажи, чего не знаем сами,
чего нельзя сказать стихами
– хотя б и ямбами – увы,
под грохот музыки негордой,
где ресторан морской негодный –
гуляй, мотивчик полумодный
в забойных ритма завитках!
Сегодня бриз в особом блеске.
На набережной тени резки.
А рядом с фырканьем и плеском
ночной купальщик ловит кайф.

1982

ГОРОДОК

Снимок

Таврида. Март. Закатный парфенон:
кинотеатр – окошко, пять колонн
с классическим названием: «Орбита»
Подростки курят. Хриплый хохолок
оглянется – и попадёт в силок.
Тверда земля и, как губа, разбита.

Помедлив, как под вечер из кино
выходят, удивляясь: не темно –
так взглянешь осторожно: угол зданья,
лучится лужа – льдинки и вода...
Ведь ты же не вернёшься никогда,
себе возьми пустое состраданье.

Не времена, а года времена.
И вывески горят, как письмена,
но не меняются.
                    Подуло с юга, тает.
Как тихо в улицах! Заборы и грачи.
И жизнь смеркается и медлит и горчит.
Нет, нет, не март, а море наступает.

2. Может быть

– А может быть, я младше вас
   (который час? который час?)
А может быть – я старше вас,
я тыщу лет глазею.
И я умею, может быть,
   одно (мели, Емеля!):
как в бакалее попросить
отвесить карамели.
Или – гуляя ввечеру
   на каблуках, не горбясь,

      к чужому двинуться костру,
      превозмогая робость.
И запах с нежностью вдыхать
      газонной травки пыльной,
      и выдох-облако водить
      над толчеей могильной.

3. В конторе

А к вечеру – печальней и добрей
      и городок, и вся его окрестность.
      Отужинав, садятся у дверей.
      А та, что днём зияла – неизвестность –
      спокойно закруглилась: *небосвод.*
      Опрятный месяц по ветру плывет
      над солью фонарей в потёмках вод,
      как в россыпи огней – по дегтю порта
      в конторе парус на плакате спорта.

1983, 85
Крым

ОКТЯБРЬ В КРЫМУ

Это и вправду – конец сезона.
      В Крыму на дрожках останки клёна.
          Один за другим отменяются поезда.
      Кроны пустеют, словно аэропорты.
          Юг срывает, как корку, кличку курорта.
          Море становится море, а не вода.
Летнее время, однако, еще остаётся в силе.
      Но уже в парке листвы и пыли
          путник неспешный, последний на этом свете,
          с книгой в руке, в пальто, берете
появляется из агав.
      И подметальщик раскатывает рукав.
Колко в душе осенней, светло.
      Набок в траву свалившись, НЛО –
          мертвая карусель.
                    Солнце с ветки
смотрит сквозь автобусное стекло.
Голубь гуляет по танцевальной клетке.
И уже дуют евпаторийские ветры.
      Проволока тянется гнутая из кювета.
          Блестит, вхолостую вращается турникет.
              Едет автобус к морю, словно пустые соты.
      И я, последней входя в теплево самолета,
          оглядываюсь на остывающий свет.

      1983

МЕСЯЦ ВАДИМ (США)
ПРОЗАИК, ПОЭТ И ПЕРЕВОДЧИК

ПРИЙТИ С НЕВЕСТОЙ В ЮЖНЫЙ ГОРОДОК

Прийти с невестой в южный городок,
Дойти пешком до маленькой кофейни,
Где кофий воскуряется трофейный,
Вплетаясь в моря тонкий холодок.
Стать незаметней, чем её наряд:
Все эти стёжки, выточки и строчки,
Сводившие с ума по одиночке,
Теперь они пусть сводят всех подряд.
Здесь рядом звон гитары, скрип шаланд.
Гортань матроса вздулась, как акула.
Вот девочка на пуфике уснула,
С неё забыли снять огромный бант.
Мы в ней находим собственный талант,
Мы встали по бокам для караула...

Мы медленно читаем её сон,
Как чёрно-белый сказочный гербарий.
Постой. Прости. Мы рождены в кошмаре.
Оставьте нас. И все отсюда вон.
Не плачь. Беги. Вчитайся между строк.
Вот крики солдатни, обрывки арий.
Вся философия осталась в будуаре.
Вот тебе – Бог, а вот – порог.

Лишь дурачок картавит на гитаре:
«Прийти с невестой в южный городок».

НУ, А ЕСЛИ В ЛИВАДИИ СНОВА НЕ БУДЕТ ЗИМЫ

Ну а если в Ливадии снова не будет зимы –
Если в синем батисте и лёгким плащом не укрыты –
Чем ещё недоступнее, тем никогда не забыты –
Словно вправду несчастные, тихие около тьмы –

Если прямо с базара, не хлопая настежь дверьми –
В дорогую аптеку, встречая немые гостинцы –
У сухого прилавка со скрученной ниткой мизинцы –
Не сердись, это роза, хотя бы на память возьми –

Говори о минувшем, хоть в памяти нет ни души –
Желторотая шельма свистящей дворовой элиты –
Наши лучшие годы как будто из бочки умыты –
Вспоминай, это чайная роза из царской глуши –

Вспоминай, будто мальчик про чёрные очи поёт –
В тишине, на коленях какой-нибудь жалобной тетки –
Будто катятся в Ялту тяжёлые рыжие лодки –
Только эта, под парусом, раньше других доплывет –

Вот и всё... и быстрее... я тоже хочу навсегда –
Может, нас, ненаглядных, хотя бы бродяга полюбит –

С золотыми перстнями красивую руку отрубит –
И уйдёт, и уедет, и горе пройдёт без следа –

И уйдёт, и уедет, хоть страшные песни пиши –
Ни дороги... ни тьмы... ни пурги... неизвестно откуда –
Словно срок арестанта всегда в ожидании чуда –
Но ещё недоступнее, если любить за гроши –

Но еще недоступнее, чем у тебя на груди –
В разноцветных нарядах, чужая, сезонная птица –
О тебе, о тебе, замороченной в вечном пути –
Наша лютая ненависть синему морю приснится –

Подожди, это роза, в Ливадии нету зимы, подожди.

МОНОЛОГ ДЕВУШКИ

Мой любимый актер,
Офицер из старинного фильма,
Я устану прощаться,
Но разве за тысячу миль
Не легко полюбить
Романтической девушки стиль,
Если всё-таки вспомнить,
А женская память бессильна.

Если всё-таки выжить,
Хотя бы для добрых гостей,
Для какой-нибудь свадебки,
Ветреным духом воспрянув,
Возвращаясь домой
Мимо тихих в порту великанов,
Что сажают на плечи
Уснувших под утро детей.

Что ещё, кроме старости,
Я не узнаю о вас?
То, что ваших мечтаний
Случайно хватило на многих?
Что, мерцая дождём
На своих голенищах высоких,
У дверей казино
Вы навек растворились из глаз?

Я устану прощаться
Уже наравне с тишиной,
Только слишком уж долго
Идут облака в киноленте...
Как вы были любимы
Своею прекрасной страной,
И всё так же несчастны
В торжественный миг после смерти,

Мой любимый актер,
Мой киношный, мой самый родной...

МИНАКОВ СТАНИСЛАВ (Украина)
ПОЭТ, ПЕРЕВОДЧИК, ЭССЕИСТ, ПРОЗАИК, ПУБЛИЦИСТ

* * *

А. Дмитриеву, И. Евсе

Толкнёшь языком и губами праправдашний некий –
овечий и козий словарь – Киммерия, Мермекий –
и тут же провидишь, как ломаной, рваной равниной
поля Щебетовки* под щебет плывут воробьиный.

Кто сторож сему винограднику? Северный Осип.
На склонах у августа здесь – золотисто и ало.
Шуршит и заносит в шалаш виноградаря осень
надорванный край голубой своего покрывала.

Какая печаль: уезжая, становишься дальше.
И – объединительный – труден удел отдаленья.
Не ближе – как думалось, чаялось – всё-таки дальше;
хотя, в самом деле, спасительны эти селенья.

Хотя и для счастья содеяна бухты подкова,
как жизнь одолеешь? Какие приклеишь лекала,
какою слюной? – чтоб, отмерив, отрезать толково.
Ведь смерть и героев похлеще – в своё облекала.

Про чёрные трещины в пятках, не знавших сандалий,
забудешь, едва обопрёшься рукою о посох.
И сразу – слышней голоса из неузнанных далей;
се братья тебя вспоминают, скиталец-Иосиф.

Есть кровно-виновные братья. Есть – братья иные:
азы зачиная – ты с ними упрочивал узы.
Блаженный, к тебе, облачившись в одежды льняные,
Кирилл и Мефодий, сдалече, заходят в Отузы.

1996, 26.09.2006

* Щебетовка (греческое название – Отузы) – поселок у горы Карадаг (Киммерия), где в начале 1920-х О. Мандельштам, спасаясь от голода, работал на виноградниках. По преданию, с лишком тысячу лет назад мимо Отуз проходили славянские первоучители Кирилл и Мефодий, возвращавшиеся с проповеди из Хазарского царства.

СОЧЕЛЬНИК В ЛИВАДИИ

Орган ливадийский, берущий у моря взаймы
гудение раковин, шорох, волнение, шум,
заблудших избавит на час от тюрьмы и сумы,
даря утешенье взамен растранжиренных сумм.

Светильник горит, и на ёлке – цветные огни.
В сочельник, у края земли, – нужно слушать орган.
С трубою труба говорит, значит, мы не одни.
И пальцем слюнявым листает листы Иоганн.

И, вторящий Баху, возносит из бездны слова
Франц Шуберт безумный – Святую Марию зовёт.
И коль со слезою роняет печаль голова,
то правду тебе говорили про «вечный живот».

Девчонка играет, убрав на затылок пучок
излишних волос; и жужжит в судьбоносной трубе
поломанный клапан – живой громовержец-жучок,
но он – не помеха молитве, товарищ в мольбе.

Ни смирны, ни ладана, Господи, нет – у меня,
да – кроме любви – за душою и нет ничего...
Сосна итальянская тает в окошке, маня
в безснежье, в теплынь, в торжество волшебства, в Рождество.

Сюда мы входили, когда ещё было светло,
а вышли под небо, когда уже стала звезда.
Кто к счастью стремился, тому, говорят, и свезло.
Охрипшие трубы. Так счастье вздыхает, да-да.

14 января 2006

ПАСТУШЬЯ ПЕСНЬ

> *Н. Виноградовой и В. Носаню –*
> *порознь, но объединительно*

Откровенье коровьего ока карево,
золоторесничатой моей Ио, –
лишь о нежности говорящей и о

неизменном терпенье... Теперь к чему
мне на свете иная му-
зыка сверх мычанья твоего. Му-

хи да слепни вокруг хвоста,
ан не знала плети-кнута-хлыста,
ведь превыше всех ты, говяда моя, чиста!

Я тебя укровом своим сокрыл
от подлючих сучьев, от сучьих рыл.
Словно парусы славны, как пара крыл –

уши, уши пушисты. Уж бел бок –
вымя и пупок погрузив в Бельбек*,
пой-пой-пой, говядушко! Быть иль нет пальбе,

выйдут зори, неотбелимые, как кровя,
ничего не надо мне окромя
губ щекотных твоих: слюной окропя,

прикоснись к щеке. А я тебя – обойму,
прилабунюсь, забудусь, верная! Посему
не изведаю страха, а равно – му-

чений, и не вспомяну про свою свирель.
Был я Зевс, а нынче – молчальник-Лель.
Не забыть бы, где сунул тесак – под какую ель.

Бельбек – река в Крыму

ЧЕТЫРЕ

Андрею Полякову

Поклонная грекам ли, таврам, причастная ль высшим лугам,
Одна – равнодушна к литаврам, хвалениям, льнущим к ногам, –

Приходит к кенту, что кентавром снедает словес чуингам –
Чугунным врачующим лавром четырежды дать по мозгам.

Не три, а четыре, четыре удара – большой голове,
Чтоб Торе внимала, Псалтыри, Плотину иль прочей плотве,

Летающей в зарослях Леты по времени – впрямь или вспять.
Заметы пииту, заветы, за кои повадно – распять.

Всё это – законы полезны для зычной пиитской души.
И он подзатыльник железный приймает – как пай анаши.

И дышит, и видит, и внемлет – ушибленный Музой, шальной.
И сферную музыку емлет, радея о твари земной.

"И грустную песню заводит, о родине что-то поёт..."
И песня – пиита заводит, куда-то – ужо – заведёт!

Запомни: не три, а четыре! – квадрига, квартет и квадрат.
В заветной завещана лире цифирь неизменная, брат!

Пока не сподоблен – в терновник, где мучил дитя иудей,
Держи Аполлонов половник, хлебай Каллиопин кондей!

12.05.01

НОВОГРЕЧЕСКОЕ

Андрею Дмитриеву

Нам греки не чужие, говорю...
К. Кавафис

Зябко. И зыбко. Зачат в ночь декабря-Декарта
Новый отсчёт. И, значит, снова – перо и парта.

Чётки судьбы – навычет: гнись, не смыкая вежды.
Что у нас жизнь позычит, [м]ученики-невежды?

Что нам подарит? Лепу ноту для антифона?
Или вот эту лепту, словно привет с Афона:

Здравствуй! – афинской решкой профиль у корефана.
С гадской ухмылкой грецкой. Фреской ли Феофана –

Лбище? Эй ты, античный! Щурясь, глядит на вещи.
Желчный, но симпатичный. Тощий, почти что вещий.

Ребрами маремана дышащий, что гитара,
Любящий добермана так же, как Ренуара.

Эллин – не верный фальши, нервный, как Фобос-Деймос,
Ложкою мёда павший в местный дегтярный демос.

Греки, бубню я, греки, – благодаря Андрею
Я возлюбил вас крепче, чем Арафат – евреев.

Грек, он стило имает! Грек – это тот, который
Русским стихам внимает каждою клеткой, порой,

А на груди худючей крестик несёт нательный,
И салабонов [ж]учит, школьников. Не котельной –

Сторожевою щедрой лирой бряцает вмале.
О Феодоре? Федре? О Феодосье-маме?

Ветка былой Эллады соединяет с Понтом.
Тварен творец рулады, скромен, но все же – с понтом!

Где привелось родиться (не без небесной манны),
Тут тебе и сгодиться – с именем первозванным.

Тут тебе и скитаться, вышедши из-под спуда,
С временем зде квитаться, где – холода, остуда.

Значит, не разлучимся. Ежели – да, то ради
Речи – незлой отчизны, на языке, что даден

Игреку или греку – для утоленья жажды.
...То и реку, что в реку не окунуться дважды.

ШАМПАНСКОЕ

Баденвейлер Чехову был не впрок.
Лекарь Шверер просёк вопрос
и, поняв прекрасно, что вышел срок,
лишь шампанского преподнёс.

Жест известен: чахотка своё взяла,
молодой старик ею пойман в сеть.
Или Ялта была ему не мила?
Надо было в Ялте сидеть.

Не люблю шампанское! За отры-
жку, за бьющий в гортань и в нос
газ, чьи колики злы, остры,
и равно – что пьёшь купорос.

У меня знакомая есть одна:
та хлестала б его – из ведра...
Удивляюсь людям: какого рожна
бражкой потчевать у одра?

Хорошо тебе, Ксения, – ты не пьёшь,
ан как будто всегда хмельна.
А меня – хоть дёрну ядрёный ёрш,
не берёт уже ни хрена.

Что трезвение, Ксеничка, нам сулит?
От него даже тяжко ведь.
Ой, сердечко нынче моё болит –
ни забыться, ни зареветь.

Тяготеет к тлению индивид.
Но – и в болести естества –
мне полезен радостной Ялты вид
в дни зелёные Рождества.

Страшен в Ялте июль – в жару,
когда тут царит сатана,
обдирая кожу, как кожуру,
с тех, кто ада испил сполна.

Не езжайте в Ялту, когда жара,
то ли дело в Ялте зимой!
В «день шестой» настаёт золота-пора!
А особенно – в «день седьмой»:

зацветает – белая! – мушмула,
а под нею – розы белы.
...Над округой горло напряг мулла –
что ж, послушаем песнь муллы.

Он, возможно, суфий аль оптимист,
он речист, что наш Златоуст.
...Доктор Чехов вряд ли был атеист.
Жаль, теперь его домик пуст.

Возле Ялты на рейде стоят суда,
ожидая смиренно, когда же суд.
...Если выбор есть, я прошу – сюда
пусть шампанское мне принесут.

10-14.01. 2007

КАРАДАГ

I

Черна ль живой горы изломанная лава,
И немы ли уста, душа горы – нема ль?
За то ль в словах долин ей похвала и слава,
Что слаще пахлавы – её небес эмаль?

Тот знает цирк цикад и зрак кривого гада,
Тот стал и сам давно премудр, как древний гад,
Забыв о городах, к отрогам Карадага
Кто грудью припадал, смуглее, чем агат.

Мы – родичи горы, мы – соль, гранит и глина,
Мы – сколы этих скул, и здесь взойдём стеной,

Где млечным буруном играет афалина
И дышит чёрный сфинкс над алчною волной.

II

Хочет – милует. Хочет – казнит.
Насылает кошмар. Или нет.
Как магнит к себе манит. Манит
Сорной россыпью менных монет.

Или яшму лелеет в мошне –
Возле елей, у зелени лап.
Иль следит, как в пустой тишине
Над скалою парит Эскулап

И попробуй, постигни – с долин
Или даже бредя на грядах:
Он сердит? Или он – сердолик?
Круглогуб? Кареглаз? Карадаг?

МИХАЙЛОВСКАЯ ТАТЬЯНА (Россия)
ПОЭТ, ПРОЗАИК, ЛИТЕРАТУРНЫЙ КРИТИК

КРЫМСКАЯ ТЕТРАДЬ. СТИХИ 1970-80-х гг.

* * *

Собою быть... Как эта даль морская
в предутренней тончайшей пелене.
Ещё не рассвело, но глубина такая
себя собою чувствует вполне.
Ей всё равно – пройдут над нею тучи
иль озарит её жемчужный час...
И свет и мрак – что хуже и что лучше? –
принять как дар, не опуская глаз.

04.04.1979

* * *

Как вольно мне, как мило жить на юге,
где за горой гора легко сбегает вниз,
и каждая волна берёт меня в подруги,
и за окном грустит мой верный кипарис.

Так хорошо идти и так дышать свободно,
в дали светающей мой утопает взор,
и, отгороженный границею природной,
я чувствую ещё степной простор...

Так слитно всё с душой, и на душе так ясно,
что кажется: не я произношу слова,
а мне диктуют их задумчиво и страстно
гора и небо, море и трава.

26.08.1977

* * *

И птица летит, и ползёт змея,
в разгаре цветение гор –
один лишь мыс Бурун-Кая
глядит на меня в упор.

Он стар и лыс, он гол и пуст,
он знает, что значит беда,
срывается туча с его уст –
а я молода, молода!

И мне не понять ни взгляда его,
ни слова – о вечность и миг!
Мне жить на земле всего ничего,
и он для меня старик...

И птиц, и зверьё, и траву, и листву
бьёт ливень и глушит гром,
и только мне, пока я живу,
за всё воздаётся добром.

08.08.1977

Мыс Бурун-Кая – в долине реки Качи

ТРОПА КЫЛ-КОПЫР

В скале над пропастью тропа как волос вьётся.
Мне не пройти – я знаю этот страх,
когда в груди то, замирая, оборвётся,
то так забьётся, что темно в глазах.

Бледнею я и вниз смотреть не смею –
внизу река, что жилка на виске,
и пики тополей там выше и прямее,
где круче весь обрыв надвинулся к реке.

Но кто же те, что здесь дорогу проложили?
Скала хранит и шаг и ширину их плеч...
Куда они так яростно спешили,
что, торопясь, могли и жизнью пренебречь?

Беда ли их гнала, как зверя, настигала,
любовь ли их вела, письмо ли на груди, –
их всех судьба хлестала и стегала,
и бог весть что им обещала впереди...

Несовершенное дитя своей эпохи,
смотрю: вон майская голодная пчела,
презрев мои сомнительные вздохи,
к цветку стремясь, тропу пересекла.

Качи-Кальон, 16.08.1977

Кыл-Копыр – Волосяной мост (крымско-тат.)

ВОЛНА

...И волну забывает волна...
А.Грин

1

Кто окликнул меня по имени?
Спит занавеска в окне,
спит берег, исхлёстанный ливнями, –
и никого нет.

Тихий мой шаг не тревожит гавани.
Душно и тяжко – невмочь.
С утренних зорь начинается плаванье,
а сейчас – ночь.

В сердце своём вообрази меня,
круг замыкая земной.
Как выразить невыразимое,
несбывшееся со мной?..

2

Качай мою лодку, седая волна, –
так нянька качает дитя в колыбели,
тиха её песня, слеза солона,
и руки её от забот огрубели.

Качай мою лодку, седая волна!
Гляжу я – не это ли царство движенья:
за тучами в небе стремится луна,
за волнами в море – её отраженье.

Качай мою лодку, седая волна...
Меж небом и морем в огромной вселенной
я будто навеки осталась одна,
и плещет в лицо мне бессмертная пена!

01.02.1975

* * *

Отцветающим жасмином
сад усыпан. Лепестки –
точно мусор под ногами...
Как душа твоя ранима!
Треплет белые виски –
это ветер шутит с нами.

Убаюканный кукушкой,
сад июньский задремал.
Я в тени укроюсь. Жарко.
Даст мне облако подушку,
Небо – пару одеял.
Нет прекраснее подарка!

От жасминового духа
чуть кружится голова.

«Завтра будет жизнь другая...»
Сон летит нежнее пуха,
шепчет сладкие слова –
это ветер, пробегая...

Симферополь, Красная горка, 18.06.1979

ЗМЕЯ

В.Л.Михайловской

По каменной тропе в расселине из скал
ожившей веткой дерева ползла –
кто тот смельчак, что эту ветку оборвал? –
прелестная носительница зла.

Головка узкая качалась как цветок,
струился по спине загадочный узор,
а взгляд был тих, спокоен и жесток –
вот настоящий мудрый взор...

Бесшумно и легко, и не боясь ничуть,
она меня включила будто бы в игру,
но свой при том не изменяя путь,
ведя меня как младшую сестру.

Куда? Не думая, по правилам игры
я шла за ней, пока морская даль
вдруг не открылась мне из-за горы,
а провожатую не скрыл миндаль.

29.05.1979

ДЕЛЬФИН

Текучий свет и тень глубин,
и вольная волна, ласкающая душу.
Ты, море, – бог, я – твой дельфин,
убереги меня от суши!

Я всё приму – и штиль и шторм,
и соль твоя мои залечит раны.
И ты – мой корм, и я – твой корм,
И мы – единство вечной праны.

Не потому ль мой странный ум
твоей стихии радостно послушен?
О музыка – волны тяжёлый шум!
Убереги меня от суши...

01.06.1979

НОВИКОВ СЕРГЕЙ (Крым)
ПОЭТ
1951-2002

ЗИМА В ЯЛТЕ

Когда над морем снегопад, –
Все восклицанья – невпопад.
И все сравнения – не в счёт,
Когда над морем снег идёт.

И мы молчим с тобой, боясь
Нарушить голосом своим
Небес торжественную связь
С накатом волн береговым.

А чайки хриплые в порту,
От удивленья ошалев,
Буксирчику спешат вослед
И снег хватают на лету.

ВОЗВРАЩЕНИЕ

Мы в Ялте сойдёмся промозглой,
где, косо раздвинув туман,
системой ветвей кровеносной
полнеба объемлет платан.

За стёклами – свет позлащённый,
На улице – хлад до костей...
Буфетчица с кошкой учёной
приветит продрогших гостей.

Мы спутаем время – не место,
Стекляшка забытая, – ах!–
чтоб снова прекрасно и тесно
толпиться в твоих зеркалах.

Всего-то полшага и через
какой-то дремотный порог,
чтоб снова таинственный херес
мерцал на столе, как цветок.

Чтоб снова усильем зеркальным
Собрать в неминуемый круг
Навечно! – рисунком наскальным
Невечных друзей и подруг.

Отсюда сквозь ветер и воду
пространства дождливого сплошь,
скажи, ты из них хоть кого-то
за дальним столом узнаёшь?

И, если узнаешь, – печально
запомни, пока не смела
буфетчица с мути зеркальной
их лица, как пыль со стекла.

ОЛЬШВАНГ ХЕЛЬГА (США)
ПОЭТ

* * *

Поднимаясь наверх,
мимо запертой комнаты,
осенью, вспомню звонок между странами, смех,
«Мы в Форосе.
Теплынь и свежайшая – дёшево – рыба (зевок),
с лодок прямо приносят, и все: фрукты, рыба
и овощи – дивное, дивное мясо. И мёд –
это я понимаю. Орехи так это орехи (протяжно),
груши, зелень. И даже сейчас, в сентябре,
рыбы много...»
Слова забывают на веки
о своем назначении прошлом, бессмысленны губ,
языка положения, воздух звучащий.
Думаю, на берегу
переносится с места на место легчайший
и поныне кулёк целлофановый - годы спустя,
пахнут рыбами рыбы и моря боится дитя,
и прилив, но входящих по новой
в эту воду зевесовой хлещет возжой
странный холод, гудок отвечает сплошной
в зоне действий и в зонах отлова.

* * *

Которую вечность уже
свое «невозможно» бормочет море.
В ответ на что-то или, забыв причину,
само себе.

Нет бы внять, повторять это слово,
пока тебя сон не сморит,
повторять, шевеля губами,
этот - любой подходящий любви - припев.

Невод можно закинуть трижды,
можно выложить на берегу, среди
песка, Богорыбу из тины, или же – изнутри жизнь
законопатить, треснувшую в груди.

2002

* * *

Перед нами – вода. Наверху – голубая лепнина.
Рядом – кто у кого: конвоиры, семья, сослуживцы.
А ремни на штанах (разрешают ремни и шнурки нам)
и столбы на границах – все наше, свое. Пораскинем:
танки - наши. И войско. И рыжие ленты.
Крым и воздух, и скважины и транспаранты.
Мы не скифы уже, мы такие мутанты,

полу-урки мы, френды.
Тьмы нас. Кто ни умри – не заметно, зато наш
федеральный гербарий пополнен гербами.
Здравствуй, сторож красивый. Да здравствует сторож
наш и скрепы с серпами.

2014

* * *

Пролетая, вижу море, пролитое
в скорби, атлас безучастья.
Забываю сказанное в роли, той, пешеходной,
в первой части действия. И вижу ясно так –
тоненьким пером картограф
землю размечал в мечтах
о порядке мира до глав
о войне.
Летящий словом став, своим
телом впредь не тяготится.
Всматриваюсь в бывшее двойным
взором: право-лево птицы.
Всё разделено и взвешено,
сброшено с весов. Паренье.
То, что впереди – незримо. Звёзд пшено
гаснущее, кажется. Прозренье.

2003

ПАРЩИКОВ АЛЕКСЕЙ (Россия)
ПОЭТ
1954–2009

ЛИМАН

По колено в грязи мы веками бредём без оглядки,
и сосёт эта хлябь, и живут её мёртвые хватки.

Здесь черты не провесть, и потешны мешочные гонки,
словно трубы Господни, размножены жижей воронки.

Как и прежде, мой ангел, интимен твой сумрачный шелест,
как и прежде, я буду носить тебе шкуры и вереск,

только всё это блажь, и накручено долгим лиманом,
по утрам – золотым, по ночам – как свирель, деревянным.

Пышут бархатным током стрекозы и хрупкие прутья,
на земле и на небе – не путь, а одно перепутье,

в этой дохлой воде, что колышется, словно носилки,
не найти ни креста, ни моста, ни звезды, ни развилки.

Только камень, похожий на тучку, и оба похожи
на любую из точек вселенной, известной до дрожи,

только вывих тяжёлой, как спущенный мяч, панорамы,
только яма в земле или просто – отсутствие ямы.

Из сборника "Днепровский август", 1986, М., "Молодая гвардия"

КРЫМ

    Александру Ткаченко

Ты стоишь на одной ноге, застёгивая босоножку,
и я вижу куст масличный, а потом – магнитный,
и орбиты предметов, сцепленные осторожно, -
кто зрачком шевельнёт, свергнет ящерку, как молитвой.

Щёлкает море пакетником гребней, и разместится
иначе мушиная группка, а повернись круче -
встретишься с ханом, с ним две голенастые птицы,
он оси вращения перебирает, как куча

стеклянного боя. Пузырятся маки в почвах.
А ротозеям – сквозь камень бежать на Суд.
Но запуск вращенья и крови исходная точность
так восхищают, что остолбеневших – спасут.

Из книги "Фигуры Интуиции", 1989, М., "Московский рабочий"

МИНУС-КОРАБЛЬ

От мрака я отделился, словно квакнула пакля,
сзади город истериков чернел в меловом спазме,
было жидкое солнце, пологое море пахло,
и возвращаясь в тело, я понял, что Боже спас мя.

Я помнил стычку на площади, свист и общие страсти,
торчал я нейтрально у игрального автомата,
где женщина на дисплее реальной была отчасти,
границу этой реальности сдвигала Шахерезада.

Я был рассеян, но помню тех, кто выпал из драки:
словно летя сквозь яблоню и коснуться пытаясь
яблок, – не удавалось им выбрать одно, однако...
Плечеуглых грифонов формировалась стая.

А здесь – тишайшее море, как будто от анаши
глазные мышцы замедлились, – передай сигарету
горизонту спокойному, погоди, не спеши...
...от моллюска – корове, от идеи — предмету...

В горах шевелились изюмины дальних стад,
я брёл побережьем, а память толкалась с тыла,
но в ритме исчезли рефлексия и надсад,
по временным промежуткам распределялась сила.

Всё становилось тем, чем должно быть исконно:
маки в холмы цвета хаки врывались, как телепомехи,
ослик с очами мушиными воображал Платона,
море казалось отъявленным, а не призрачным, неким!

Точное море! В колечках миллиона мензурок.
Скала – неотъемлема от. Вода – обязательна для.
Через пылинку случайную намертво их связуя,
надобность их пылала, но... не было корабля.

Я видел стрелочки связей и все сугубые скрепы,
на заднем плане изъян – он силу в себя вбирал -
вплоть до запаха нефти, до характерного скрипа,
белее укола камфоры зиял минус-корабль.

Он насаждал – отсутствием, он диктовал – виды
видам, а если б кто глянул в него разок,
сразу бы зацепился, словно за фильтр из ваты,
и спросонок вошёл бы в растянутый диапазон.

Минус-корабль, цветом вакуума блуждая,
на деле тёрся на месте, пришвартован к нулю.
В растянутом диапазоне на боку запятая...
И я подкрался поближе к властительному кораблю.

Таял минус-корабль. Я слышал восточный звук.
Вдали на дутаре вёл мелодию скрытый гений,
локально скользя, она умножалась и вдруг,
нацеленная в абсолют, сворачивала в апогее.

Ко дну шёл минус-корабль, как на столе арак.
Новый центр пустоты плёл предо мной дутар.
На хариусе весёлом к нему я подплыл – пора! -
сосредоточился и перешагнул туда...

Из книги Фигуры Интуиции, 1989, М., "Московский рабочий"

МАНЁВРЫ

Керосиновая сталь кораблей под солнышком курносым.
В воздухе – энциклопедия морских узлов.
Тот вышел из петли, кто знал заветный способ.
В остатке – отсебятина зацикленных голов.

Паниковали стада, пригибаясь под тянущимся самолётом,
на дерматоглифику пальца похож их пунктиром бегущий свиль.
Вот извлеклись шасси – две ноты, как по нотам.
Вот – взрыв на полосе. Цел штурман. В небе — штиль.

Когда ураган магнитный по сусекам преисподней пошарил,
радары береговой охраны зашли в заунывный пат,
по белым контурным картам стеклянными карандашами
тварь немая елозила по контурам белых карт.

Магнитная буря стягивает полюса, будто бы кругляки,
крадучись, вдруг поехали по штанге к костяшкам сил.
Коты армейские покотом дрыхнут, уйдя из зоны в пески.
Буря на мониторах смолит застеклённый ил.

Солдаты шлёпают по воде, скажем попросту – голубой,
по рябой и почти неподвижной, подкованной на лету.

Тюль канкана креветок муаровых разрывается, как припой,
сорвавшись с паяльника, плёнкой ячеистой плющится о плиту.

Умирай на рассвете, когда близкие на измоте.
Тварь месмерическая, помедля, войдет в госпитальный металл.
Иглы в чашку звонко летят, по одной вынимаемые из плоти.
Язык твой будет в песок зарыт, чтоб его прилив и отлив трепал.

Из книги "Cyrillic Light", М.: Золотой Век", 1995

Тексты предоставлены супругой автора Екатериной Дробязко

ПЕРЕВЕРЗИН АЛЕКСАНДР (Россия)
ПОЭТ

ВОРОН

Воздух хватаю, держусь на плаву,
Свой рыбий рот разеваю:
Да, я живой, я тобою живу.
Только тобой прозябаю.

И непонятно никак, почему
Этой порою осенней
Даже на юго-восточном Крыму
Нет мне ни сна, ни спасенья.

Утро. Последняя гаснет звезда,
Вран на столбе примостился.
Не говори никогда «никогда» –
Я вот договорился.

2004

СТАРОКРЫМСКОЕ КЛАДБИЩЕ

> *На кладбище – пустом и заброшенном –*
> *выбрала место. С него была видна золотая чаша*
> *феодосийских берегов, полная голубизны моря…*
> *Из воспоминаний Н.Н. Грин*

Первородного Старого Крыма
дозревает неспешный кизил.
Вдоль забора тропа нелюдима –
дождь вчерашнюю грязь замесил.

Если он зарядил с новой силой,
человеку не всё ли равно,
что разросся кизил и с могилы
моря видеть теперь не дано?

Забираясь наверх по теченью,
набирая в кроссовки ручьи,
напрягай бесполезное зренье,
блеск за грабовым лесом ищи.

Раньше видели к морю дорогу,
а теперь – нет спасенья. Стоишь,
и пугает водою пологой,
как чужого, тебя Агармыш.

2004

Агармыш – горный массив, восточная часть внутренней гряды Крымских гор.

ПОЛОНСКИЙ АНДРЕЙ (Россия)
ПОЭТ

ЭЛЕГИЯ

Ялтинским вечером тишина
становится всеобъемлющей. Слышно, как капает вода
на соседнем участке. Алыча
цветёт и напоминает снег,
если быстро взглянуть в окно.

Это создаёт ощущение двойственности,
почти вся бухта у ног,
новые районы по правую и левую руку, чуть выше, на склонах,
и наш дом в долине.

Я сказал бы тебе, что бессмертия не существует,
но всю ночь мне снились мытарства,
так душа, лишившаяся надежды,
молит о смерти, которая уже в прошлом.

Знаю ли я всё это, помню,
что за странные сны мне снятся? -
молюсь только в абсолютной темноте,
глубокой ночью.

Ещё хочется идиллии,
совсем немного совершенной идиллии,
которая так не подходит к эпохе,
да и к нам, грешным.

Для героев Гесиода мы не годимся,
труды наши отнюдь не земледельческие,
и ещё, как я понимаю,
сейчас конец истории, а не её начало.

Но и об этом можно поспорить,
Александр Мень был другого мнения,
хотя жил в другую эпоху,
в другой стране.

Я терпеть не могу демократию,
телевидение, безопасный секс,
я люблю старые песни,
Джима Морисона или хотя бы Ив Монтана.

Есть времена, по отношению к которым у меня очень широкие вкусы,
и такие, от которых у меня сводит скулы,
как Париж или, с другой стороны, Вена,
география времени - занятная дисциплина.

Мой приятель Дима Блаженов
ведёт свой спецсеминар в тихом Тарту,
гражданин единой Европы,
герр профессор.

Я бы с ним поговорил, но он не отвечает,
в маленьком городке ложатся спать рано,
я теперь тоже живу в маленьком городке,
но не на западе, а на юге

Я, быть может, хотел оказаться бы на востоке,
но не умею водить машину,
добывать золото или, там, нефть,
заниматься торговлей с Поднебесной...

и нет у нас родственников в Иркутске и Красноярске...

Почти автоматическое письмо по методу Бориса Поплавского...
слишком длинный верлибр, наверное скучный...
длинная ночь, ещё длинные ночи в марте...

Ялта, весна 2007

***

В интернет-кафе, на окраине бывшей страны
матерятся парни, виноватые без вины,
не они проиграли, но они в говне,
не желают при этом гибнуть ни на какой войне.
Играют в рыцарей, орут, убивай его, тля,
у них на экране обагренная кровью земля,
туда ушли подвиги, страсти, прекрасные женщины и стихи,
наверное, счастье, опросам общественного мнения вопреки.
Я читал сегодня опросы, они свидетельствуют: в нашей стране
две трети народу счастливо, находят смысл в еде и вине,
в поездках в Египет и Турцию, и им глубоко плевать,
чей флаг над Батуми и Севастополем, твою мать...
Я сам не жал на гашетку, не рыл окоп,
воевал со словами, жёг кипы черновиков,
и подруга меня целовала от того, что просто нежна,
а не потому, что я ухожу на фронт, и вокруг война.
С утра в этом клубе, немного пьяный, но никак не в дым,
я хочу вернуть себе Пярну, Батуми и Крым...
Но идея эта случайна, пообедаю, и хоть бы хны,
ещё поэт Евтушенко писал, что мы не хотим войны.

Симферополь, май 2008

* * *

Понт обаятелен. С усмешкою недоброй
Он свищет, хлещет и корёжит вещи,
То обходительней, то яростней и резче,
То острый поцелуй, то нож под рёбра.

На старых скалах море швов и трещин,
Античный грек их чтил как знак и образ,
Средневековый человек был туп и собран
И на рисунок берегов глядел зловеще.

А нам пустяк. Мы пьём вино и пиво,
Пейзажи отличаем, где красиво,
Дельфинов наблюдаем вдалеке,
К судьбе своей относимся игриво,
Считаем лайки и читаем чтиво,
И даже не гадаем по руке.

Лисья бухта, август-сентябрь 2013

* * *

Когда б имели мы монет
Или бумажных ассигнаций,
Сидели б, пили б в ресторации,
И долгий кушали обед.

Сие случится, может статься,
Но нынче денег у нас нет,
Зато трава, и сигарет
Ещё достаточно, признаться.

Купить лепёшку, взять чайку,
Следить, как чайка начеку
Летит над линией прибоя.
Дождь быстро высох. И пришла
К нам в бухту рыба. Ну, дела!
А небо снова голубое!

Лисья бухта, август-сентябрь 2013

ПОЛЯКОВ АНДРЕЙ (Крым)
ПОЭТ, ЭССЕИСТ

Нырнул в Крыму в летейскую прохладу –
под листопадом роз Андрей в слова играл,
и, словно призраки со всех концов Союза,
сквозили зрители…

ПИСЬМО

…ни зрением тебя ни увидать,
ни бессловесной музыкой потрогать,

> *где в золотых, как счастие, волнах*
> *есть что-то христианское, пустое...*

Привет из Крыма! Я уже бессмертен.
Сейчас – не так, а по ночам почти
уверен в этом. Странные заботы
меня одолевают. Как-то всё
неправильно. Непрочно.
                Сокрушаясь,
я вышел с папироской на балкон.
Над кровлями курортной Фиваиды
воинственные крались облака,
готовые пленить нефелибата.
Безумный Понт витийствовал. И здесь
риторика! Переизбыток Понта.
Переизбыток писем на воде.
Тебя им не достигнуть: расстоянье
обкрадывает даже сны...
                    Не спать,
но пить. С другой и за тебя. Так долго,
чтоб постарело сердце. Чтоб всерьёз
полакомить голодную Эрато
смятеньем, страхом, жалостью, виной,
как будто что-то кончилось...
                            Как будто
прощальный факел слишком начадил.
Как будто плоть достойна певчей книги.
Как будто стыдно обронить слезу,
бежав из-под бульварного ареста
туда, где благородная листва
не трижды облетает в эту осень,
где, верю, город лучший и чужой,
где, если замерзаешь, дорогая,–
в парадных стой, где воздух воспалён,

чуть греет ключ – и светятся ступени.

EPISTULAE EX PONTO

                            Михаилу Сухотину

«Дорогой Поприщин, – пишет подруга, –
ненаглядный, милый, родной, любезный!
Здесь, в глубокой Ялте, под сенью Юга
левым боком выходит мне век железный.
И пылится тополь пирамидальный,
и грузин с улыбкою феодальной
провожает взглядом одну москвичку...
Ты ж, моя любовь, перешёл в привычку».

«Дорогая подруга, – пишет Поприщин, –
ненаглядная, в смысле – не глядя, что ли?
век железный в сумме магнитных истин
плюс кладёт на минус, как учат в школе,
столь, бля, гулко, столь, бля, пирамидально,
что вассал с улыбкою вертикальной
пусть брюнетит взглядом одну блондинку!
Ты ж, моя душа, перешла в картинку».

«Дорогой Покрышкин, – пищит Подруга, –
дорогой, уважаемый, милая, но неважно...
Как дитя здесь плачет скифская вьюга,
а чекист чекисту твердит: – Не ваш, но
и не наш город Томис в устье Дуная,
жаль, воды зачерпнуть нагая Даная
не успела, ибо, совдеп ругая,
пала жертвой моссада и самурая!»

«Догорая подпруга, – Пашет панфёров, –
это ведь я написал календарь-шестикнижие Фастов,
этот недавний мой труд для тебя написанный, цезарь,
этим и многим другим твоё божество заклинаю,
это посланье моё писано болен я был
этой причина беды даже слишком известна повсюду
славой моим ли стихам иль твоей любви я обязан
парус на диво большой ставил и я иногда

СТРОФЫ

                            Е. К.

Севастополь размытый, нечёткая Керчь,
                самописный журнал парадигма...
Корешками шурша, извлекается речь
                из развалин бумажного Рима.

То ли кроткая ревность к печатным шрифтам
                образумила цанговый корпус,
то ли флейта камены пришлась по губам,
                то ли ксерокс пустили на хронос.

Всё равно, выползая на свет из руин,
                не признает авзоний окрестность.
Чаадаев, Дасаев, Кенжеев, Блохин –
                где футбол, милый брат, где словесность?

О, Давид, нам твоя пригождалась праща
                корреляты долбить из-под спуда!
И тупился язык новой брани ища,
                и сдавалась без бою посуда.

Но предчувствуя привкус грядущих чернил,
                занимая в кармане троячку,
с бодуна на дорогу один выходил
                может строчку ловить, может – тачку.

Смутно помню филфаковский сатирикон:
                буквотерпец и виршедробитель,
отрицая накноканный Бродским закон,
                показал мне *такую* обитель!

Ничего я о том не умею начать
                ни заглавною, ни прописною.
В сотый раз, собираясь «растак твою мать!»
                пожелать ей, шепчу: «Бог с тобою...»

ПОТАНЦУЙТЕ СО МНОЮ В РАЮ, ДОРОГИЕ БЛОНДИНКИ

*Кто летит в горбатом челноке с дудочкою-дурочкой
в руке? Это я: забывший и забытый, волнами
летейскими омытый. Собираю птичью высоту
женщин золотую пустоту, крестики серебряные
рая, пенку от клубничного варенья, пыль морскую
Крыма или края, камушки на пляже собираю...
Вот и написал стихотворенье!
вот и никуда не умираю!*

В чёрной капсуле речи летел я над Крымом вечерним
в синем пламени моря искрилась горбатая Ялта
мёртвый Бах, как ребёнок, свистел в кривогубую флейту
отдавая подарки, и вновь – отдавая подарки

Человек я себе или книгой поставлен на полку
сигаретой курю или телом сижу на балконе –
всё мне слышится шелест прибоя под платьем Наташи
или, скажем, Оксаны: была же на пляже Оксана?

Только в чеховской Ялте, где я пролетел неудачно
снова чайки над пирсом кричат, как плохие поэты
только я говорю: «Дорогие Наташа, Оксана
проводите меня на луну, молодые блондинки!..

А когда я вернусь... – »

ДИСПУТ

*Помню девушку – у ней
свет струился из грудей...*

С одною-хорошей, порою
мы вместе на берег короткой реки –
Салгир называлась...
     Со мною
одна очень споря, и не пустяки!

Где ивы растение тенью
легло нам на руки – мы сразу в тени
с подарком такого портвейна,
вопросы решая, волнуясь одни.

«Кто в Боге-во-мне или рядом,
никак посудить не сумев, не берусь...
Одна! я напуган не адом –
себя не имея, боюсь».

«Кого это нас ты считаешь,
кто может хоть как-то кого?
Ты важные спины явлений хватаешь,
в которых тебя ничего!»

...тем временем сбоку светилось,
река оставалась водой,
и так это честно крутилось
в одной, и во мне, и со мной,

что всем рассуждениям – хватит!
а только побыть над рекой
с портвейна, которой не хватит,
с одною-со-мной, и со мной.

ИЗ ЦИКЛА «ХОЭФОРЫ»

I

Снова у моря живу, ласкаю мёртвые книги,
слышу движение злаков в моей непогасшей крови.
Знаю – встаёт на лицо тень неблизкого Бога.
Сладко и совестно мне так обратиться к Нему:

– Пастырь годов многострунных, въелся в печень прах Вавилона.
Воздух Ассирии где? Где Иудеи шаги?
Тщетно в сетях человечьих буквы Твои попадались, –
страшные буквомечи, редкие буквокрюки...

В день появленья зоскресный сел я на камень прямее.
Родина жёлтая, Крым, или я вижу стекло?
Неосторожен во всём, книгу прикрыть не умея,
сплю я напротив себя. Тело за спину ушло.

V

Да, по-немецки звать листает тьма пустая
на смертном западе, в местах святых машин:
незанятой рукой камену оплетая,
от роботов куда зарой талант большим?
А льётся кипарис и тонет стон гитары,
что можно с девушкой увидеть Коктебель,
где море-андрогин и остальные пары,
и ночь ложится в речь, как в гроба колыбель...
Неверующий Бог всему тебе ответит –
на мёртвой площади, за полночью пустой
живая лира бьёт и, отцветая, светит
пеплошумящей чёрной желтизной.

УМЕР ПАН В СЕВАСТОПОЛЕ

*...под знаменем Ленина воду летейскую пить
и тайные песни про бога с копытами петь*

I

Холмы становятся жёлтыми, с них сухо трещит трава
(камни голых голов в неподвижном потоке солнца)

    Мы ступаем тень в тень, повторяя себя в шагах
    Чайка медленных крыльев держит в воздухе блеск металла

    Освещённое сразу море цвета тысячи рыб
    Двойка бабочек, запутавшаяся в нитях полёта

    Запах соли на коже, которой мы загорим
    и убывающий, как СЕЙЧАС, пастушеский ветер

II

Умер Пан в Севастополе, в дальний отсюда день
в сине-светлом облаке, в пыльно-плывущем небе
в тишине советских, советских, советских Муз
ничего не запомнив ничего не запомнив

* * *

~~Вплывает битловатая гитара, а мы дымим и видим Коктебель, приобретя в гостинице товары: буддийский чай и христианский хмель. Психеи не найти в приморском парке на празднике светящихся вещей, где любят шелестящие подарки, заплаканных, как братья, тополей. С античной юности жестоко обездолен, там каждый руку жжёт, как тонкую свечу. А я... Я сам – болтлив, Андрей и недоволен: я денег долларов и девушку хочу. Но кружатся стрекозы слюдяные, горчит переведённая вода и на бумаги наши дорогие роняет крылья красная слюда. Христос, как человек китайской прозы, осенний свет рассеивает тут... Читай, Господь. Буддийские стрекозы на крыльях кровь Твою – не унесут~~

ПРОБШТЕЙН ЯН (США)
ПОЭТ, ПЕРЕВОДЧИК ПОЭЗИИ, ЛИТЕРАТУРОВЕД, ИЗДАТЕЛЬ

ЛЕГКАЯ ВЕСНА

    ... и ты гоняешься за легкою весной
    О. Мандельштам

* * *

Сколько лет мы с тобою живём в целлофановом мире,
что смотреть непривычно на незамутненные зори,
недоверчиво тронув пузырчатый краешек моря,
по которому плыли в Колхиду беспечные греки;
а на срезах скалистых застывшая летопись мира
говорит об эпохах, которым столетья - не мера,
и когда я смотрю на кристаллики тысячелетий,
на седые маслины, воспетые в Ветхом Завете,
понимаю, что я –
  почти современник Гомера.

Гора Волошина, Коктебель, май 1988

* * *

Ступая по горящим анемонам
и по холмам веснушчато-зеленым,
весна пришла на Божий мир взглянуть,
за ней, направясь в первотравный путь,
гурьбой овечьей жизнь бредет по склонам,
доверчиво в земную тычась грудь.

* * *

Как мы беспутно звонкой жизнью сорим, –
я понял на морщинистой дороге
в краю, где небо выстирано морем,
где к морю по горам спускались боги,
и с этих неправдоподобных пор
следы остались в нежных складках гор:
земля округла, словно плоть ребенка,
и в каждой складке неприметный клад,
тюльпаны диким пламенем горят,
и небо сшито с морем дымкой тонкой.

* * *

Подвергнув тело пытке тяготенья,
гляжу на землю с птичьего полета,
вновь осознав, что связан с нею кровно:
В расщелинах изломы светотени,
и безмятежно щедры дня длинноты,—
жизнь, словно сага, — выпукла, подробна.

* * *

> *Земля могил, молитв и медитаций*
> *М. Волошин*

Припоминая первозданный страх,
чернеет без оглядки ночь в Тавриде,
когда Тефида с пеной на устах
твердит земле о вековой обиде
в полночный час, когда во всех морях
отворены с надеждой створки мидий.
Давно ли в этих вздыбленных краях
изгнанник нежный, тосковал Овидий –
на севере полуденных морей,
которых лишь крылом коснулись мифы,
не смея углубиться в даль степей?

Навек полынным сном укрыты скифы,
И время трудится, стирая с алтарей
позавчерашних дней иероглифы.

1988

* * *

С любовью вылеплена плоть земли,
над нею дышит, вздрагивая, воздух
и амальгамой зыблется вдали:

не верится, что в тех далеких гнездах
без песен и без выдумок живут
над морем, где кипящих струй мазки

легли на буроватый изумруд,
а небеса, как вымысел, легки.

1988

УЗУН-СЫРТ

I.

Круглые солнцу подставив бока,
выгнув длинную спину,
он прилёг отдохнуть на века,
охраняя, как пёс, котловину.
Не тревожа его дремучего сна,
осторожно лаская скалы,
пробежала в долину весна,
мимоходом набросив на
его крутобокие склоны
цветоносное покрывало.

II.

Предыдущие строки навеяны, верно, литературой,
а диковинный зверь, поросший зелёной шкурой,
динозавр, окаменевший в тысячелетней спячке,
изредка обнажает рёбра желтеющих скал.
Миллионы лет он из чрева земли вырастал,
пока не застыл. Бока его округля,
время-ледник зализало следы страстей.
Вот он круглится, словно сама земля
(почему же - словно? Это земля и есть,
так сказать, неприкрытая правда земная).
На любой горе слышнее воля небес.
(Вот отчего достоверна Нагорная весть
и Моисей отягченно спускался с Синая).

По хребту проползла дорога у небокрая.
Каменистый путь без помех переходит в кремнистый,
лишь обелиск современным Дедалам торчит,
взгляд от земли и от звезд отвлекая.

1989

* * *

Скрежет скрижалей прорезает толщу веков,
цивилизаций отменное крошево:
угловатый валун разрывает покров
и крошится идей искромётное кружево.
Первый был кроток и краток, - стократ
косноязычней, чем златоустая дюжина
шедших за ним, - потому и стоят
Несокрушимые глыбы,
   с коими время не сдюжило.

* * *

Кровля и кровный, кровь и кров
перемешались в сознанье, как очаг и пенаты
у римлян, - поэты, философы, аристократы
крепли духом под сенью веков:
хладнокровный философ, вскрывавший вены,
шёл к богам, в которых, говоря откровенно,
и не верил, наверно.
         А поэт угасал
на страшном приволье,
      средь полыни, идолов, скал.

1989

РАХМАН ВИТАЛИЙ (США)
ПОЭТ, ИЗДАТЕЛЬ, ХУДОЖНИК-ДИЗАЙНЕР

МАШИНА ВРЕМЕНИ

Машина Времени
без промедления
сердцебиением
в бокастом "Боинге"
то амстердамила,
то сентропезила,
то перляшезила,
то шизовала
на перевалах
по склонам Альп
в полях лаванды,
то буксовала
Хованским кладбищем:
цветы бумажные,
хмыри химерные,
аж сбился с ног.
Три тонких вербочки,
могилку бабушки,
родной бабуленьки,
найти не смог.
Церквушек кукольность
яйцом пасхальным,
сусальным золотом
средь рафинада
кварталов сахарных
по Юго-Западу,
для бээмвэшников
и тех, что рядом.
Дружок мой верный –
холмом на Пулковском,
братан зарезанный –
под Симферополем.
Стаканчик пролитый,
Слеза горючая
на пепел прошлого.
Оброком пошлину

плачу зелёными
за дым над Родиной.
Вглядись, земляк,
я в доску свой.
Американцем
в дырявых шортах
по Севастополю,
Друзья со мной
далекой юности.
«Корнеты-юнкеры»
давно в начальниках
заадмиралились.
Легионеры-
Пенсионеров рать
без дела мается
в домашних тапочках.
Служили Родине,
достались мачехе,
за гривны скорбные
гнезда уют.
Куда им деться?
На солнце греться,
как негры тут.
А я, безродный член –
монетку с берега,
космополитствую
у входа в бухту,
где на коринфский перст
орёл-хранитель влез,
печально хмурясь
под бризом утренним.
Так море ласково
мигает глазками,
и песня слышится
издалека:

*Чому мені, Боже,
ти крилець не дав?
Я б Землю покинув,
та й в небо злітав.*

Я на Хрусталочке
из горла водочку.
От Херсонеса тень...
Балдёж, торчу.
Ударил в колокол,
но эхо обухом.
Тяжёлым облаком
воспоминания.
Во чреве «Боинга» –
назад в изгнание.
И пусть засвечены
таможней местною
все плёнки
девственной моей души.
Быть может, сполохи
волн интернетовских
докатят полосы
словес скупых
к экрану физика,

в подкорку лирика,
седому юнкеру
под кителёк,
там, где колодки
и где колотится.
Что где-то шизик есть,
им невдомёк,
слегка беременный
Машиной Времени
и, как тельняшка,
поперёк.

* * *

Довелось мне родиться у синих,
Белозубо сверкающих волн,
Там, где чаек тревожные крики
Спорят с ветром порывисто диким,
Подгоняя стремительный чёлн.

Где изящной античности плечи
Оттесняли сарматов ночлег,
Изразцами сверкали мечети
И мечи, обагрённые в сечи,
Отсекали от вечности век.

По преданию, там Византия
Поднесла князю русскому крест.
Он воспринял дары
Как знаменья благие
Для раздорных языческих мест.

Там царей и придворных палаты
Разомлели истомою сна.
Только в ризе багровой заката
Ощущается близость расплаты,
Приближение Судного дня.

В том краю, что у самого края
Тучи лижущих, вздыбленных скал,
Вечер, дали во тьму погружая,
Лёгким бризом беспечного мая
Лепестки у цветов обрывал.

По шершавой шагрени откосов
Я спешил на свиданье к волнам,
Растворяясь в их шелковых косах,
В нежных ласках и отблеске звёздном
Этих ветренно-опытных дам.

Помню: храма разрушенный купол
В перламутре прозревших небес,
Словно колокол, мощно и гулко
Отражал непонятные звуки
Из далёких, неведомых мест.

Всё прошло…
Искушенье дороги

Увлекло, вечной тайной пленя.
Остов был там одной синагоги.
Поклонитесь ему от меня.

1991, Филадельфия

РЕТИВОВА ТАТЬЯНА (Украина)
ПОЭТ, ПЕРЕВОДЧИК, СЛАВИСТ

ИЗ ЦИКЛА «КАБОТАЖНОЕ ПЛАВАНИЕ»

ПУТЕМ КАБОТАЖНОГО ПЛАВАНИЯ

И неведомо мне куда
Я тащусь, без компаса,
Морскими путями,
Каботажным плаванием,
Вдоль Эллады ль, Колхиды ль,
Не отрываясь от берега.
Гуськом за греками,
Затаив дыхание,
Прикусив губу я.

Из далека всё равно зависает
Твой взор рядом с огнестрельным оружием
Варягов. Волнующий запах отчаяния
Проступает в этом необъятном краю,
Через пеплом покрытый чернозём.
Но увы, не оторваться мне
От берега, ибо меня уже занесло
Под скалами на каменистый
Берег Херсонеса, возле храма.

Ежедневно я роняю бисер
По забытой береговой тропе
Вдоль черноморских утёсов
В сторону дач на Батилимане,
Где похоронена моя тетя Светлана
В четырёхлетнем возрасте, в 1918 г.,
И написан был Билибиным портрет
Моей овдовевшей бабушки.
Какое ещё другое право
Существует у меня для вида на
Жительство в этой стране призраков?
Поэтому, из-за необходимости,
По пятам Ифигении тавридской,
Я совершаю жертвоприношение.

Обволакивающим взором
Я изучила изгибы тела
Атласа по берегам, по его бокам
По краям и тропам полуострова.
И обшарила я весь его профиль
В поиске рун, руин, ручки,
Золотого руна. Пока не нашла

Под бугром Атласового плеча
Присутствие отсутствия. Рифмы.
Однажды она замыкала мои словеса – всуе.
Чёрным по белому написала я иной
Строкой, «вером» освобождённым.
И вышла я из берегов как река,
Белым шумом, эхом моря,
Можжевеловой песнью,
Сопровождающими мое итак
Бесконечное каботажное плавание.

РОМАНОВ АНДРОНИК (Россия)
ПОЭТ, ПРОЗАИК, ЭССЕИСТ, ДРАМАТУРГ, ИЗДАТЕЛЬ, МЕЦЕНАТ

* * *

Как мне говаривал некогда старый мой враг
С рюмкой кагора в дешёвеньком баре Алушты:
Жизнь такова, какова она есть, и не факт,
Что обязательно ты – новоявленный Пушкин.

Пусть его! Я не жалею, и то хорошо,
Что, забывая о многом и многих, он помнит
Как мы когда-то глушили дешёвый крюшон
Ночью в одной из чужих меблированных комнат.

Как он тащил меня пьяного целый квартал
И у одной незнакомой весёлой подруги
Чаем отпаивал, как я стихами орал,
Плакал, хватая хозяйку за белые руки.

Разве не стоит всё это того, чтобы пить?
Разве... И он наливает, и девочка в белом
Что-то поёт о любви, и не хочется жить
В мире таком неумелом.

ЯЛТА

Только и памяти - чёрный хозяйский щенок
Спит на открытой веранде. В соседнем костеле –
Ave Maria, и сверху священный клинок
Смотрит с отвесного шпиля на Чёрное море.

Так приближается старость, кончается страсть
С первым троллейбусом в маленькой раме оконной,
Так в восходящем потоке не может упасть
Всадник сияющий с тоненькой саблей картонной...

Вот оно! – Ветер, и море в полнеба, прибой
Лупит наотмашь по пристани розовым флагом.
Вот они - мы, и над самой моей головой
Белая чайка, ещё не увиденным знаком.

Снимок становится резче, и – чёрный щенок
Спит на хозяйской веранде, и крест на костеле,
Тенью тугой наливаясь, глядит на восток,
С тонкого чёрного шпиля на чёрное море.

ЭТЮД

На побережье ветер. Ровный фон
Вечернего кафе – сатэ и свечи.
И человек откупорил вино,
Коснулся пробкой воздуха и вышел.
А женщина, которая со мной...
О, ей сейчас невероятно трудно.
Она сейчас пытается сложить
Четыре слова сказанные мной
И девичье. Она почти готова
Швырнуть салфетку, крикнуть: хорошо!
Подняться и пролить вино на скатерть.
Подняться и расплакаться: пока!
Но всё ещё накручивает круг
Соломинкой в растаявшем мохито.

РЫВКИН ИЛЬЯ (Германия)
ПОЭТ, ПУБЛИЦИСТ, МЕДИАХУДОЖНИК

* * *

солнце наносит оранжевую штриховку на стену как наносят обиду
после двух слова стираются словно
на странице газеты «Позвоните» полощущейся вперемешку
с дохлой медузой обрывками морского салата радужной плёнкой

чудище из воды на рогах от продуктов брожения т.е.
жизни без кислорода так человек отравлен мышленьем
интоксикация всех всеми хмель из пробитой пирсингом
губы – наш хоровод вокруг солнца

глаз ставриды больше самой ставриды
по песчаным морским берегам разбросанной
в неудачной попытке догнать ящерицу воробья
продавщицу кваса тень бегущую в горы в асфальте увязшую

назовём это эволюцией пусть сон о ноздреватом
известняке укажет на морщинки вытравленные любовью
череп мой да послужит пчелиным гнездом звонче копыто
море моет греческую монету

Севастополь 2010 – Берлин 2014

САБУРОВ ЕВГЕНИЙ (Крым)
ПОЭТ, ДРАМАТУРГ, КУЛЬТУРОЛОГ, УЧЁНЫЙ-ЭКОНОМИСТ
1946-2009

* * *

По лестнице, вбежавшей в город,
с горы спускается курортник.
И воротник его обвис,
ладонь расставлена как противень,
мир на два берега расколот,

вода души стекает вниз
по лестнице, вбежавшей в город.

За ним осталось сорок ям.
дым, даль и дом в лесу,
он перевесил полосу
шоссе, курящегося там,

вверху. Он пересек свой ум
налипшими слоями чувства
и отказавшись от искусства
природой выпачкал костюм.

Он ничего не говорил.
По лестнице, вбежавшей в город,
он мерно шёл, тряся рукой.
Из-под его нависших крыл
виднелись плечи, на которых
тяжёлый опочил покой.

А снизу я глядел, застыв.
Мне было и чудно и страшно,
что я за всё позавчерашнее
ещё испытываю стыд.

А там, в тени трёх колоколен,
ещё пониже город мой
лежал измученный жарой,
людьми и улицами болен.

И жальче не было на свете,
чем зрелище в исходе дня
детей, играющих в меня.
Ну, что ж, на то они и дети.

* * *

Был август глух к страданьям всех супругов,
был август скуп на шёпот и на крик.
Был август как старик похоронивший друга
последнего и не читавший книг.

Он медленно бродил по набережной Ялты,
подкармливая чаек и жуя
свой одинокий хлеб, и сам себе семья
под шляпу заправлял желтеющие патлы.

Седые августы числом сорок четыре
пред мокрыми проходят сентябрями,
а те жалеючи взмахнут вослед платками
и запираются в своем особом мире,

где много водки пьют и много говорят,
где есть жестокость, но она другая,
где так же далеко до чистой злости мая,
но верят в новый год с приходом января.

1988–1990

* * *

Чайка, взмывающая над землёй,
погружена в голубой цвет,
как будто серый кабриолет,
карабкающийся высокой горой.
И я наблюдая за ней в зной
понял прохладу лет.

Но то ли мы стали красным вином
излишне увлечены,
то ли спокойствия лишены,
отягощены виной –
так или по причине иной
но мы не влюблены.

А значит трезвости нет как нет
и прохлада лет не даёт,
ни капли воды на горящий рот,
ни оправданья бед,
и погружена в голубой цвет
чайка в горы плывёт.

1993–1995

* * *

Я жил. спеши и ты
связать себя чугунным даром
и над Форосом на Байдарах
руками небо закрутить

среди очерченных пустот
и синеватого разбоя
оно вихляя над тобою
свой круг осенний повернёт.

1968–1969

* * *

Словно оползень слизал
три колена у дороги,
дом потрясся и упал
вдруг у моря на пороге.

Грудой камня, битой снедью,
что цвела в его нутре,
облупившеюся клетью
лестниц бывших во дворе

он торчит, и ходит пена
в бывших, легших набок окнах,
распузырясь постепенно
в завивающийся локон.

– Бывших окон! Бывших лестниц! –
в телефон кричит начальник -
за такое вон на пенсию
всех за это отвечавших!

Служба укрепленья линий
бывших масс береговых
на поднявшуюся тину
смотрит, сдерживая крик,

крик отчаянья и злобы,
крик, который издают
после погруженья гроба
через несколько минут.

Словно оползень слизал
дом стоявший, дом вонявший,
коридорный чад в слезах,
нам так долго досаждавший,

гам и ор многоквартирный,
лук, петрушку, сельдерей,
бой у общего сортира
и поддачу во дворе.

Человек лежит недвижим,
пена черная у губ,
тихо возятся с задвижкой
два инкуба и суккуб.

Вот как пробка из бутылки
наконец летит душа.
Нечисть чешется в затылке,
мёртвым воздухом шурша.

Они будут тело кушать
пучить газами земли.
Боже, Боже, наши души
в чистом небе потекли.

На недавние руины
поселковый кинь субботник
и приятная картина
вызреет как плод работы.

Вновь назначенный начальник
службы укрепленья линий
сползших масс береговых
клятвенно нам обещает
- кровь из носу, нож поддых -
больше оползни не пикнут.

Он бетоном их зальет,
чтобы гнусная природа,
так потрясшая народ,
больше не трясла народа.

Ходит море лижет гальку
пеною своей морской,

ляжет бабка черной галкой -
со святыми упокой.

Склон, где бывшая дорога,
виноградником порос,
и задумчивый совхоз
просит постараться Бога,
чтобы ни дождя, ни гроз.

Пьяной осенью у свала
обнажившегося камня
ты соски мне целовала,
а потом себя дала мне.

Нежной кожей живота
по губам моим водила
и колечком завита
медом медленным сочилась,

и себя не отнимая,
только подогнув колени,
с моря тихого снимала
темную ночную пену.

У цветов не спросишь имя,
у дороги путь не спросишь.
Ты куда уходишь мимо
в край, безмолвием поросший?

1980–1982

Тексты предоставлены супругой автора Татьяной Сабуровой.

САЖИНА ВЕРА (Россия)
ПОЭТ, МУЗЫКАНТ

* * *

Бегай по морю
Легче летай словно птичка
                  небес
Босыми ногами (ступнями
              гор)
                  наверх
Уйди лестница пёстрых
                крыл
                кукушек
Роняют листы деревья
      а моё цветёт
      а моё цветёт.

Где-то дом таёжный ой
Постучу тихонечко
Засвищу соловушкой
Побегу журавушкой.
Пёстрым мотыльком

Брожу без тени
Голубым мотыльком
Скитаюсь в воздухе

Вечная любовь не здесь
Ваши берега печальны
Прохладная вода убежит прочь
У камня моего спуск
                    на небо.

Коктебель, 2007

* * *

Ворота
с изображениями
дельфинов
Как две игральные
карты
из голубого пластика
Дельфины
Изображены:
Чёрный, справа,
вниз головой
И белые
слева
взлетают
к спасательному
полосатому
Бело-красному
кругу
на борту корабля
С надписью:
«Милое сердце».

Коктебель, июль 1993

САПГИР ГЕНРИХ (Россия)
ПОЭТ, ПРОЗАИК, СЦЕНАРИСТ, ПЕРЕВОДЧИК
1928-1999

ПАМЯТИ КОКТЕБЕЛЯ

Меж Карадагом и Хамелеоном
Как серая жемчужина - залив
Художник на скамье нетороплив -
Рисует скалы точек миллионом.

Полынным кругом горы очертив,
Сказал Господь: «Здесь будет хорошо вам»
И в солнце на тычке вином дешёвым
Упился интеллект как примитив.

Где в балахоне греком шёл Золошин,
Хип «ловит кайф», двусмыслен и взъерошен,

Письменники здесь пишут похабель.
И в самый цвет махровым их идеям
Живую душу сделали музеем
И Планерским назвали Коктебель.

НА СКЛОНАХ ДАКАРАГА

когда сумеречная наволочь
наползает с лугов на сюррюки
затопляет базальты граниты
когда тень от небесного шара
оставляет вверху лишь полоску –
драгоценный отблеск каронита
из туманных низин и ущелий
на охоту выходят икварки –
верные похиты Дакарага

Рыжие пятнистые как рыи
длинные ушастые как оги
то ли силуэт на фоне неба
то ли тень высоко на дороге
только в горы лучше не соваться
ни охтаннику в рваной кольчуге
ни горцару в голубых охальных латах
бластеры и трубы не помогут
молния отскочит как от камня

Из Гатора ехали мардуки
чернобородатые в металле
ехали шутили хохотали
девушек хватали обижали
и бежали черные садуки
как в скорлупах – в латах шишковатых...
там в лугах – одни пустые скорлупы
там кричат и прядают пируя
хохлые стервятники-карои

Каменные ядра пролетают –
слишком низко ходят наши луны
озаряя белым диким блеском
серые граниты Дакарага –
и тогда горят рубином синим
все три глаза старого икварка
он стоит среди кустов солярий
и сухих колючих астролярий
смотрит не на небо – выше дальше

ждёт ли некой вести голубиной
но молчат туманные глубины
хоть бы капля прочертила небо
только слышен скрежет меднозуба
и мигает бледный рой мехлушек...
так всю ночь зиять влиять и слушать
чтоб никто – ни люди ни скарабы...
тайна – это кратер Дакарага
в кратере – октаэдр корабль

1987

***

навстречу кругу, выцветшему флагу,
навстречу белой набережной, копьям
ограды, парку и кинотеатру
открытому с толпой зелёных скамей,
навстречу чайкам – в солнце ослепительным –
в сознании – зигзагом с горизонта –
и сразу на полнеба – крылья гарпии!
на фоне пляжа, вешнего цветенья
чудовище мелькнуло быстрой тенью –
в душе ещё стоит разгром и визг,
но пахнет серебристый тамариск.

1989

КАРАДАГ-ВОЛОШИН

Волошин носил венок из полыни – или полынь носила венок из Волошина?
«Надоело носить венок из этой глупой Танечки. Она, правда, молода, но всё врёт. Надену лучше сегодня венок из этой большой дружеской души. Всё к звёздам ближе», – говорила серебристая полынь.
Тучный и радостный в балахоне и сандалиях он быстро шагал по берегу коктебельского залива, опираясь на палку.
Нет, скорее всего коктебельский залив или попросту Коктебель в балахоне и сандалиях, опираясь на палку, быстро шагал по берегу тучного и вечно радостного Волошина.
И теперь здесь часто говорят: «Эта мягкая линия горы, что к морю, не правда ли похожа на профиль Волошина».
Но ведь потухший вулкан это и есть сам Волошин. Старый задумчивый Карадаг-Волошин, он смотрит далеко в море и открыт всем ветрам.

1990

ТАТАРИН

замечательный Бойс
на вернисажах и в университетских аудиториях
представляя собой некий сбой
никогда не снимал шляпу-шляпу
это был знак
возможно проявлял невидимое
в том числе неявную лысину
или художнику
нравилось трогать ворс
это был Бойс

...жук-носорог
полз по поверхности дерева
металла
пробовал плотность масла
рыхлость картона
собственный вес

...а когда-то
здесь в безжалостном небе Крыма

выбросился из горящего "мессера"
это был бой!
в лысой татарской степи
парашют волочил по стерне
полубессознательного юного Бойса
пачкающего солому коричневой кровью
(как любил он после пачкать бумагу)
...синие скулы и щёлки – улыбка
«не бойся» по-русски
и еще по татарски вроде «бай-бай»
бай-бай Бойс...
в забытье окунулся как масло
наверно оно и спасло
(помните акции неукротимого –
жёлтыми комьями жира
метил углы уносил на подошвах –
месил жизнь
Бойс! это был бой! бой!)

...а тогда философ-маслобойка
ощутил впервые дуновенье
меж редеющими волосами
скинул пилотку «люфтваффе»
нахлобучил свою вечную шляпу-шляпу
на уши-локаторы
и поклялся быть вечным татарином
кем и был достойный герр профессор
все свои последующие годы
под германскими вязами

1992

НА ЗАКАТЕ

там были люди а здесь – чайки
плеск и перебранка...
сидя на земле
они с жадностью накинулись друг на друга
из будки вышел человек
потянулся
обтёр лицо ладонями –
умылся на заходящее солнце
вскочили как вспугнутые птицы –
и не оглядываясь...
в эпицентре где сидели
разворошённая полынь полегла веером...
можно было в пустом бараке
но оттуда выскочила крыса
придумал — прилечь за холмом
но там уже белела парочка
хуже чем в городе
а дальше был берег и море
и шли – со спины – двое:
она в длинном белом платье
он в чесучовом пиджаке с тросточкой
(страница вырванная из журнала Нива)
в стороне стоял фургон

снималось кино
часто задышала
потемнели расширенные
там – драма и благородство
канделябры и всё соответствует...
а здесь какой-то худосочный недотыклик –
и то негде

1992

Тексты предоставлены супругой автора Милой Сапгир. Благодарим за техническое содействие крымского издателя Дмитрия Лосева.

САФРАНСКИЙ ВАЛЕРИЙ
ПОЭТ, ЖУРНАЛИСТ

КОКТЕБЕЛЬ

к о к т е б е л ь

С°К.Т.Бель (фирма)

кОкТебЕЛЬ (бляди)

кОктеБЕль (-"-"-"-)

КОкТебель (там же)

кок-тебель (звание)

КОктеБЕЛЬ (желаемое)

коктебЕЛЬ (родилась в лесу)

кОкТЕБЕль (я, конечно)

КОКТЕбеЛЬ (предпочтительно мартини)

кок t'e(s) belle (комплимент поварихе)

КОК, ТЕБЕ эль (угощение)

cock t(u) e(t) belle (из гимна Приапу)

КаОКа Те ЕБЕЛЬ! (ругательство сожаления)

кокТЕБЕль (посвящение – подавись!)

не более нелепо

нежели дом Волошина

на исчезнувшем пляже

провинциально блудливого

потёртого посёлка

с кипарисами-недомерками

Феодосия, 1994

САШНЕВА АЛЕКСАНДРА (Россия)
ПОЭТ, ПИСАТЕЛЬ, ХУДОЖНИК, СЦЕНАРИСТ, РЕЖИССЕР, АКТРИСА, МУЗЫКАНТ

ГДЕ-ТО ТАМ, В СЕВАСТОПОЛЕ

Ранетки
Алеют на ветках,
Как брызги ушедшего лета.
И щёки морозит нам ветром,
Но мы всё равно не уходим.
И где-то за горизонтом,
За алой волною заката
Чуть слышится лета мелодия,
И где-то там бредят фрегаты
Свободой волны океанской.
Где-то там, в Севастополе,
Стоят они на приколе...
А мы до восьми - на воле.
Лишь мы и щеглы в старом парке,
И статуя полуоблезшая
Всё тискает пальцами кепку.
И видит невидящим взглядом
То место, где вечное лето.
А в восемь вернутся родители,
И надо домой чуть пораньше,
Чтобы соврать им без фальши,
Что делали после обеда
Мы только - конечно! - уроки!
Что мы не ходили на стройку,
Не лазили по обрыву,
Не прыгали с крыши на крышу...
Зачем им о нас волноваться?
Они же ничем не помогут...
Мы любим их так щемяще,
Что прячем любую тревогу
От глаз их влюбленно-усталых,
Чтобы не пить им таблеток
От нервов и от мигрени,
Чтоб не було даже сомнений,
Что всё у нас замечательно.
Нет! Мы же не опоздаем.
Вернемся, конечно, к приходу,
Помоем и пол, и посуду.
И вместе потом поужинаем.
И никогда не расскажем
О том, от чего нам страшно,
О том, что у нашего детства
Вкус как у мерзлых ранеток.

2013

***

Были в Крыму. Любили
Есть на веранде окрошку.
Ветер ронял орехи
Со стуком на землю.
Рай здесь для диких кошек.

Были в Крыму. Безделье
Было уму полезно
Пару недель без доспеха
Бледные - загорели.
Даже спина облезла.

2013

СЕВЕРИН НАТАША (США)
ПОЭТ, ПРОЗАИК, ЖУРНАЛИСТ

КРЫМ. КАПРИСЫ.

ПАРИС И БАЛАКЛАВА

Не только проститутки, Солдатессы идут вслед за армией, но и Смерть, потому что, если ружье даже на стене обречено выстрелить, то множество автоматов в руках у людей рано или поздно тоже выполнят свою миссию; не знаю, во что Она рядится и как ластится к солдатам, но холодное дыхание её ощущается ночью на морском берегу Тавриды, когда температура с 30 градусов тепла падает до нуля, и распустившиеся весной гиацинты, тюльпаны, покрываются коркой льда, которая утром стекает звонкими ручьями; среди цветущих деревьев японской айвы и миндаля военная техника выглядит плохо, цвет лица у нее чугунный, а вот юные воины могли бы стать украшением пейзажа, если бы не черные балаклавы, делающие из них обычных домушников; один в строю отличался особенной статью и светлым лицом, он сам выкроил себе маску с прорезями (из флисового свитера), сделал её сложно и по всем правилам лучших фирм: клапаны на губах, на шее, даже на ушах отстегивались по желанию, он нарочно закрепил на черной щеке капюшона красный брэнд свитера «PARIS» и тут же получил кличку от однополчан «Парис», что соответствовало его облику; но если бы этому Парису предложили отдать яблоко красивейшей из богинь Эллады, он выбрал бы Геру, жену Зевса (мать его умерла рано, его тянуло под крыло к матронам) и тем самым спас Трою, и может, мы даже не читали бы Гомера, а Пенелопу не мучили женихи; еще могу добавить, что если бы 150 лет тому назад англичане не придумали закрывающую лицо балаклаву, находясь в этих же краях, Таврида бы сейчас сдалась не отвратному Президенту чужой страны, а лучше – самому красивому солдату его армии; но войско шло и шло без мечтаний и отдыха по берегу моря, неизвестно куда, говорили, что к Казино «Аю-Даг», которое все никак не появлялось на горизонте, по ночам боевые машины от скуки взбирались на Луну и царапали гусеницами ее лицо, а наутро астрономы находили кровавые борозды вокруг кратеров; к Парису же привязалась горная лань, она шла за ним днем во время перехода, а ночью спала в кустах сирени рядом с лагерем, солдаты придумали много шуток по этому поводу, но никто её не отгонял, один даже поднес ей кустик васильков, но она отпрянула, ела она только из рук избранника, и тогда все ему завидовали; кто-то из бывших образованых вспомнил оперу «Ифигения в Тавриде», где Ифигения, жрица Артемиды (а служительница богини однажды побывала в образе лани) занималась в храме тем, что готовила к смерти всех чужеземцев, заброшенных морем в эти края, и вот теперь она нашла одного солдата и точит нож, выбирая момент... Парис усмехнулся, но ему стало не по себе; командиры бредущей армии обещали, что никто не умрёт в этой солнечной Аркадии, а если честно послужит Двуглавому Орлу, то получит кучу денег и медаль за этот поход на Крым, но марш-бросок длился без конца, по жаре, в обрамлении пыльных маков, источающих ядовитые пары опия, ботинки военных стоптались, наступая на тени, идущих впереди – постоянно под солнцем – ноги покрылись ранами, балаклавы приросли к лицам и стали новой кожей, на губах образовались язвы; по дороге древнего полуострова, не теряя темпа, двигалась в никуда длинная колонна распадающихся на куски воинов в чёрных масках, оставляющих руки и ноги в пахучих царинках и лугах, только белые зубы по молодости сохранились да инстинкты не угасли: солдаты злились на то, что эта весна потеряна, ни одной остановки в городах, ни одной девушки вокруг, не видно цели и конца мучениям; они часто дрались друг с другом по пустякам, потом начали пропадать, и однажды недосчитались Париса, лань его тоже исчезла – не сбежал же он в пастушки? – но армия не остановилась из-за этой потери; балаклаву же с засохшей кровью и словом «Парис» нашли муравьи, они не смогли втиснуть её в муравейник, тогда её унесли в гнездо вороны, но птенцы в гневе сбросили грязную шапку на землю, она зацепилась за скалу, а потом упала в море, облако крови расплылось в воде, рыбы обходили его стороной, никому не нужен был ни Парис, ни его маска, а ведь его черты, последние чувства и тайна Смерти, что шла за солдатами, сохранились в складках чёрного капюшона: удивленная улыбка, мольба, гримаса боли.

СЕРПАНТИН

Автобус с пионерами мчит по крымскому серпантину, балансируя над пропастями и ущельями, опасная лента ведёт к вершине Ай-Петри, мы взлетаем на поворотах, пионеры обняли свои барабаны, так как небо приближается; отряд устремился на самую высокую точку Крыма – гору Рока (1346 м) потому, что в давние времена Перестройки некий человек ушёл туда от людей и умер среди льдов, как леопард в «Снегах Килиманджаро», почему он пришел на вершину? что думал в последние минуты? – никто этого не знал, у оставшихся на земле не было времени выяснять и подниматься так высоко, и вот, пионеры решили найти могильный сугроб и провести там торжественный приём новых членов – крымская молодежь свято хранит традиции Древней Расщелины; дорога наша вверх не поражала красотой – была ранняя весна, деревья едва начали цвести, змеи уже проснулись, но были ещё очень слабы и попадали под колеса то тут, то там, кусты роз пока прозрачны, засохшие головки отваливались и со стуком падали на холодную землю, криво улыбалось солнце – ему не нравилась затея пионеров; справа от автобуса пронесся роскошный санаторий «Ай-Петри», долгие годы он верно служил работникам ЦК, здесь даже еду делали по заявкам отдельно для каждого, а сейчас повара ушли в долину в связи с политическими событиями и сотрудники ЦК из последнего заезда 90-ых годов, за которыми до сих пор не прислали служебной машины, застряли на отдыхе, сами себе готовят, у них запасов – еще на 10 лет, пересидеть, пока Крым войдет в Россию, выйдет из Белоруссии, войдет в Мадагаскар, выйдет из Гватемалы... дородные жители санатория появились на дороге, чтоб нас проводить (в семейных трусах и майках), машут руками вслед молодому поколению; пионеры же, сузив глаза, их просто не замечают, это не те пионеры, что были в моё время, они знают три языка, поют «в горах мое сердце» без акцента, помимо красных галстуков у них в карманах есть и синие, желтые, и зеленые – на всякий случай; преданно улыбаясь своим неудачникам-родителям, сдающим койку туристам, они тайно готовят побег в Евросоюз; а вот, слева от нас на склоне показались костры, палаточный лагерь раскинулся на подходах к плато Ай-Петри, это многонациональные беженцы, не говорящие на нужном языке, они здесь – без злого умысла, греются у огня в разрежённом пространстве, учат нужный язык; мы приближаемся к вершине горы Рок, вот уже видны заброшенные подальше космические радары, как гигантские белые грибы, мы не будем их собирать! пионеры высыпали из автобуса и принялись искать могилу, они громко били в барабаны, распугивая лишних духов, слетевшихся из любопытства, но легендарного ледового захоронения и трупа на месте не оказалось, не было его ни на одном из четырех пиков известной горы, более того, мы не нашли и снега, ни единой снежинки! – кто-то до нашего приезда быстро всё это вывез в неизвестном направлении – на земле отпечатались шины грузовиков, следы армейских ботинок; пионеры провели короткое совещание, решено было спуститься вниз и учредить расследование и, обнаружив похитителей, организовать, как протест, показательный приём новых членов рядом с их дислокацией; автобус ринулся вниз по узкому серпантину, у всех перехватывало дыхание на поворотах, пионеры были бледны, но собраны и сосредоточены на своей новой благородной цели.

МИЛИТАРИЗАЦИЯ ДЕЛЬФИНОВ

«Маятник решает всё в истории,» – заявили испуганные ученые, отдаляя приговор нашей жизни, а именно – повторение её в форме пародии, вчера все разоружались, сегодня – вооружаются, и так будет вечно, туда-сюда, туда-сюда, пока мир не погаснет и не закроет оловянные очи; сейчас снова пошла волна милитаризации , одни рожи на экранах чего стоят!, но самое интересное, что волна подхватила животных, их выдвинули в первые ряды войск наравне с бронетехникой, смотрите, не взирая на автоматы и танки, впереди идут слоны, жирафы, верблюды, лошади, мангусты, но и этого мало: на дело вытянули из синих глубин Дельфинов!, оказывается, в еще советском Крыму (и в США с 50-ых годов) шло воспитание боевых дельфинов, которые должны были: взорвать вражеский корабль, найти и уничтожить морского шпиона, поставить буй рядом с подозрительным предметом на дне; считалось, что из дельфинов так же легко сделать камикадзе, как из преданных собак, почему же? да потому, что несчастные дельфины имеют привычку выталкивать свое потомство из воды наверх, чтоб оно вовремя подышало воздухом сразу после рождения, инстинкт «выталкивания» подлые военные (знать бы их в лицо) используют, чтоб обнаружить и выявить через дельфинов страшные объекты, что скрываются в водах, включая мины; однако, свободолюбивые дельфины создают проблемы, – уже надев погоны военных, они могут появиться на любом пляже и вытолкнуть из глубин меня и вас, могут взорвать не тот корабль, стрельнуть в случайно проплывающего мимо и никто из тренеров не знает, как этого избежать, они пишут брошюрки с молитвами «Сохрани нас от дельфинов!»; захватив Крым, русские заявили, что продолжат милитаризацию дельфинов в память об СССР, и они станут украшением новой цветущей военной базы, уже сейчас в Севастополе можно за деньги поплавать рядом с этим скользским убийцей... но на самом деле (это не афишируется) дельфины упорно отказываются убивать, патриотизм им не свойствен, и в этом большая загвоздка, ученые-милитаристы даже плавают с ними вместе, держась за крыло, прикрепляют к нему пистолет или копье, указывают пальцем на жертву, а дельфины, отвечая на высоких частотах, валяют дурака и стреляют в Медведь-Гору, напиваются, играют в карты, дуэлируют, когда хотят, волочатся за Русалочкой в Гурзуфе, хорошо что, наконец, гусары появились в этой бессмысленной первобытной армии.

КРЫМСКОЕ ЛЕТО МИССИС СТОУН

Крым – наш, а где же наши? их нет нигде, пустота и запустение в Алупке, Алуште, Гурзуфе, Ласточкино Гнездо от скуки то сползает, то поднимается, как стриптизерша по шесту, Бахчисарайский фонтан остановился на пол-струе, хан Гирей не выходит из покоев, успокоился, говорят умер от голода, ведь продуктов нет, очереди за хлебом и за пенсиями, ради которых и бились насмерть наши гордые старики, потомки славы Севастополя и макового поля; армии ящериц, полчища змей ползут к мудрому Аю-Дагу, плачут, что некого кусать, некому хвосты оставлять – ржавеют причалы, седеют катера, дряхлеют легенды Крыма без слушателей, пауки плетут паутину, вплетая траурным золотом слово «забвение», не цветущий заповедник теперь перед нами, а гигантский похоронный венок; вот появились паромы из Турции, может, пейзаж оживится? со времен бесславного поражения в Тавриде, когда отдали полуостров русским, не могут эти сельджуки прийти в себя и всё служат и служат победителям вот уже сотни лет; пустоты в порту также начали заполнять корабли-призраки из Саргассова моря, но где же все-таки НАШИ? рассказывают, что видели их в Гамбурге, в Лондоне, на разных островах, на Ривьере в романе «Ночь нежна», там они подрались с американским писателем Скоттом Фитцджеральдом, он хоть и пьяница, а выпить с ними не захотел из-за сбитого «Боинга», сначала они набили морду ему, а потом им морду набили туристы разных демократических стран, проживающие в гостинице, в результате над отелем вывесили флаг Австралии, а, ладно! миролюбивая, культурная страна каторжников, никому не мешает... нельзя не сказать про летние западные санкции, их местные жители путают с облигациями государственного займа СССР, по которым им до сих пор не выплатили ни рубля, санкции иностранных держав ударили по строящемуся мосту через Керченский пролив, мост обвалился, еще не вознесшись, нету пути в Крым ниоткуда! даже Одесса вдруг стала украинской и несговорчивой, надела жовто-блакитный сарафан и дефилирует по Дерибасовской, этот город всегда гнался за модой; уставшие от скуки, змеи и ящерицы ждут «Мистраля», говорят – француз, полон вертолетов и пушек, грассирует, входя в порт, но орудия придётся размонтировать и вывезти с палуб подальше, там будет устроена ривьера со множеством казино, и никаких выстрелов! это – Крым, где прозрачен воздух, слышно, как муха села на вершину Ай-Петри, все слушают, как она полетела дальше... этим летом в Крым приезжала пресловутая Миссис Стоун, охочая до удовольствий, сошла с трапа, огляделась, увидела паутину, окутавшую полуостров, и тут же поднялась обратно на свой «Летучий Голландец» – не удалось у Миссис Стоун крымское лето, обещала больше не приезжать.

2014

СИД ИГОРЬ (Россия)
ПОЭТ, ЭССЕИСТ, КУРАТОР, ИССЛЕДОВАТЕЛЬ

ПЕРФОРМЕР
(Случай с Драконом)

В ожиданьи Орды
он калачиком спит на ковре.
Воссозданье твердынь –
опыт трудный,
              подобный горе
рукотворных алмазов.

Так в пустынной драконьей норе
спит счастливый охотник, промазав.

* * *

Исмета я застал ещё в московский период, в его студенческие годы, появляясь в Белокаменной в рамках своих бизнес-прожектов. Прожектами выглядели и многообразные арт-эксперименты моего друга. Не видя никаких шансов коммерциализировать его интеллектуальные изобретения, конвертировать их, так сказать, в денежный эквивалент, я продолжительное время оставался относительно безмолвным зрителем и слушателем.
Может быть, это и к лучшему.

Он был юн и горяч, и на круглых столах
бредил, что Аллегория – это Аллах,
а искусство Формального это тюрьма,
возведённая из дерьма...

Меня всё сильнее беспокоило новое направление в его деятельности, быстро ставшее основным. Однажды испробовав полёт на дельтаплане, он уже не мог отказаться от присутствия – прямого или скрытого – в своих работах темы овладения воздушной стихией.
Образы её покорителей у него не то что бы эволюционировали, – наоборот, наблюдалось некое движение вспять, от

*астронавтов к Икару и от птиц к птерозаврам, и ещё
дальше, к чешуекрылым насекомым. Наконец, он пришёл к
применению постоянного и, по сути, основного элемента
своих перформансов – воздушного змея.*

*Не столь страшно было то, что змей всё время ломался, –
его несущую плоскость так или иначе приходилось каждый
раз менять: она служила центральным семантическим
узлом, предъявляя на себе то изображение ханской тамги,
то китайские или японские иероглифы, то пушкинские
строки.*
*Страшно то, что Исмет стал обращаться к змею по имени и
уже беседовал с ним, как с живым существом. Я попытался
критиковать эту практику с точки зрения доступных мне
постулатов традиционного искусствоведения.*

Он сказал: – Не спеши низвергать, Ворчунов!
Мой концепт многозначен и нов.
Понимаешь, Андрей, это как бы не Змей,
а ДРУГАЯ ОСНОВА ОСНОВ.

Ведь драконология это
та же конспирология,
она же, кстати, и космогония,
        только
объяснённая на пальцах, когтях и тонко
иннервированных перепонках.

Короче, через призму зрения юнната – сострил я (про себя).

* * *

*Мы очень долго не общались. Я к концу 90-х бросил потуги
основать собственное дело, и устроился исполнительным
директором небольшой торговой фирмы в оффшорной зоне
на Кипре. Дóма в Бахчисарае появлялся всё реже и реже.
Исмет же, наоборот, перебрался в Крым, на историческую
родину. (Родился он, понятно, в Средней Азии, в Чирчике под
Ташкентом.)*
*Увиделись мы в Симферополе – я прилетел для оформления одного
коммерческого контракта, он добивался там же в Совмине
разрешения на полёт с парапланом внутри пространства
Мраморной пещеры на Чатыр-Даге. Канцелярская сторона у
него всегда хромала, министерские крючкотворцы
отфутболивали его заявку раз за разом, находя всё новые
зацепки, и в конце концов он дал пощёчину одному чиновнику –
кажется, тоже татарину. И, по слухам, сломал ему нос.*
*Ему пришлось скрываться некоторое время, пока шум не утих.
Встретились мы в гостях у моего тёзки, поэта Полякова.*
*Как он жил эти годы? Предпринял несколько путешествий – по
Европе, Соединённым Штатам, в Монголию, на Курильские
острова. Продолжая свои опыты везде, где это было
возможно.*

На кастинге новых тотемов для Российской Федерации
выдвинул Змея Горыныча – давняя креатура…

В Закарпатье снюхался с тайными Братьями
из запрещённой ложи «Псы Пресвятого Юра».
Хором загрызли Папу
в его второй и, понятно, последний визит во Львов –
нет пощады сатрапу,
изгнавшему Змея из требников, библий и снов!

И запускали с часовни Ратуши
воздушного змея в виде иконы:
святой Георгий – впервые без ретуши! –
в объятьях святого Дракона.

(Привираю, конечно. Друзья, как всегда, сражались.
Змей привычно валялся, давя на жалость...)

*Фишка в другом: икона создавалась Исметом в реальном времени,
на пару с помощницей, с применением особых сакральных
красок, замешанных на земле, взятой с одной из главных
могил Святого Георгия, расположенной близ Дербента.*

Мусульманский перформер, гордыня и доблесть,
православный малюет образ...
Я не видел зрелища бесподобней.

(Ассистировала эффектная Яна,
art- и fashion-звезда Дагестана.)

* * *

*Я спросил его, почему он так зациклился на образе Георгия. В
   исламе ведь подобного героя зовут по-другому, Джирджис.
   Не помню точно ответ, – кажется, что это то же самое
   имя, но по-арабски. Впечатлило продолжение: что от того
   же греческого «Георгиос» происходят и другие известные
   слова – например, «гюрза». А ещё – фамилия Гурджиев... Мне
   стали понятнее некоторые зигзаги в творческом развитии
   друга.
Извечная его тема – драматического и плодотворного конфликта
   западной и восточной форм сознания – приобрела теперь
   какие-то замысловатые конструктивистские изгибы. Он
   утверждал тогда, в частности, что*

гюрза,
будто горный
узкий и юркий поток,
по утрам течёт на Восток.

Но а в полдень – на Юг: как арык, прямиком.
И лишь ночью – на Запад, тайком...

И что век Золотой допустим, лишь когда
к нам придёт Золотая Орда.

«Но бояться не стоит, и вдаль не смотри.
Ведь приходит Она изнутри».

Я спросил: – Но тогда что такое «Орда»
(о которой, что странно, молчал Деррида)?

Ординарные Дауны,
гордо Орущие «Да!»?
Он ответил:
– ОРДА ЭТО ОРДЕН ДАДА.

Это Ориентальному Дань,
что внечувственно платим годами,
это пламя и воды Ордалий
и летатлинский орган Дедалий...

И острить перестань.

Но а если простыми словами,
это *Ортогональное Дао...*

– В общем, ясен концепт, – я острить перестал. –
Ты готовишь Орде золотой пьедестал...
Как сказала художница Яна,
ты – трёхглавый Орёл Дагестана!

Тут Исмет помрачнел. Я смутился. Чтó вдруг?
– Здесь, в весёлой Тавриде ты, верно, скучаешь по Яне?
– Без неё я не я... Без неё я совсем обезъянен, –
отшутился мой друг.

*Я постарался сменить тему. Поинтересовался его опытами
в области артистических перевоплощений. Конечно,
до Владика Мамышева в этом плане Исмету было далеко.
Зато в его репертуаре были не только человеческие
существа.*

– Я не смог притвориться великим мурзой,
но лелеял мечту воссоздать Мезозой!
Для начала стелился гюрзой...

...На одной конференции, вечность назад,
я подполз к Черномырдину и рассказал
про ордынские корни владыки.
«Чернота» его имени, корень *kará*,
прирастает как будто чужая кора,
только значит другое: «ВЕЛИКИЙ».

То есть не «ЧерноМырдин», – «Великий Мырдá»!
То есть Кара-Мырда, то есть Карамурза,
в анфиладе синонимов эта лоза
извивается между веками...

Слово зá слово... Вскоре – поверишь ли, Ворч,
мы открыли **The Center of Ordic Rsearch**!
Пробный камень...

И для спонсора – Виктора Кара-Мырды –
мы повсюду искали следы и плоды
возвращенья Великой Орды.

Да... Но вернёмся к дракону.

Меня тоже волновала проблема повсеместного присутствия крылатого ящера в мировой истории. Да и ответ про Георгия я почему-то никак не мог вспомнить. На очередном витке беседы я снова озвучил вопрос.
Внезапно Исмет пригласил меня к старинной иконе с Победоносцем, обнаружившейся у Полякова на стене в гостиной, как рояль в кустах. От неожиданности я снова что-то сострил, кажется, насчёт «эти двое везде за нами следят». Он стал водить по холсту своим зонтиком, который при этом всё время норовил раскрыться, расправить перепонки.

– Ворч, смотри: символ Верхнего мира (летучий дракон) здесь повержен, а Нижнего (всадник копытный) – вверху.
Я о том, что слова Трисмегиста здесь вывернуты наизнанку...
– *Массаракш*, ты имеешь в виду?
– Перестань...
Видишь: Змей и Георгий, они *имитируют* схватку.

Дело даже не в том.
Ведь дракон обвивает хвостом –
самым кончиком – ногу коня...
Ты теперь понимаешь меня?

И копьё постаралось попасть ему в пасть!
А могло бы – ба-бах! прямо в пах...
Или просто проткнуть ему грудь.

Сюжет, разворачивавшийся на плоскости передо мной, оказался вдруг совсем, абсолютно фантасмагорическим. Притворившиеся соперниками-двоеборцами ИНЬ и ЯН (на которых прозрачно намекал Исмет) вдруг слились в некое шевелящееся единое целое...
Перед нами извивался по часовой стрелке УРОБОРОС.

– Друг, ты можешь не верить в Раймона Кено,
но Дракон и Георгий – одно.
– Ты что-то имеешь против Раймона?
– Нет, просто я – за Дракона.

НИ САВРОКТОНА, НИ ЛАОКООНА –
НЕТ НИКОГО, КТО ПРОТИВ ДРАКОНА!

– Ладно... Поздно уже. Я прощаюсь, Андрей.
– Лады!
Он уходит под дождь с нераскрытым зонтом
(а несёт как стрелу).
И, вернувшись домой,
он, свернувшись калачиком, спит на полу
в ожиданьи Орды.

2011

[1] *Поэма из цикла «Коварные крымцы».*
[2] *Победила там, правда, белочка-дура... (Игорь Сид "Новый тотем для России". Русский Журнал)*
[3] *«Великий Князь» по-тюркски (неправильный перевод — «Чёрный Князь»).*

СИЛИВАНОВ ВАЛЕРИЙ (Россия)
ПОЭТ

АНАГРАММЫ О КРЫМЕ

* * *

Кобыла и морж
обожали Крым.

* * *

В Крыму слона
высморкнула.

* * *

Покорили Ай-Петри
рапирой и плёткой.

2014

СКОРОДУМОВА ЮЛИЯ (Россия)
ПОЭТ

РЕПОРТАЖ НА ТЕМУ:
ТАВРИДА, НОЕВ СВЕТ, АВГУСТ ДЛЯ ИМПЕРАТОРА

Вот так и живём в минимальном мире,
где горы суть соитие пыли
с пыльцою крыл грубоватого, впрочем, помола.
В разливах хмеля, которому несть финита,
мы хлещем до дна за тех, кто... Они-то
сейчас как раз далеко от моря.
Но данному тосту, должно быть, вторят
их разморенные естества
из ванн, не помнящих с оным родства.

Под треугольным сводом пещеры,
где я почиваю, щебет
ящериц, сколопендр, чёрт знает ещё какой
нечисти. Как, право, страх человечий ущербен
пред сим исчадьем, засим даже черви
содержат намёк на вечный покой.

Ночью по небу падают звёзды
так часто, что дабы не было поздно,
желанье загадываешь заранее
и ждёшь упадания, ибо Урания
потворствует каждому – каждый из нас
в потемках таврических – князь.

Днём у нас отрастают жабры.
В сетях законов криминального жанра,
наиболее здесь расхожего,
кожа
в роли жертвы солнца и соли
больше походит на чешую.
Вялые челюсти сонно жуют
свои до-ре-ми-фасоли.

Нас здесь, кажется, слишком много.
Грех пенять, но порой и у Бога
за пазухой тесно – три примуса, две кастрюли...
Пары гнедых во ковчежном трюме
бьются копытами, и как в коммунальной квартире,
каждый подобен мишени в тире.

Волны лезут с пощёчинами на обрывы.
Сонмом молекул роятся рыбы.
Крабы колдуют над пядью перловки.
Суета сует здесь, однако, сродни покою.
Голое тело волнует не более снаряда, в коем
блокирована боеголовка.

Постфактум отмечу, что в это же время
неподалеку живёт президент, чьё темя
мечено Богом. Дремлет на фоне природы,
не зная, что вскоре под струнные телемарши
будет вшивать обращенье к народу
в трусики секретарше.

Но бог с ним, с лидером. Всякой рыбёшки
здесь море, но встречать по одёжке
некого за неимением таковой.
Тем более – провожать по схожей причине.
Мир почил в минимальном чине.
И ты, человече, ной не ной, кричи не
кричи – барьер звуковой.

Форос, 1991г.

НАБРОСКИ КУРОРТНЫЕ – 1

Шарик желтушный кружит меж две голубые скорлупки –
зародыш глазуньи меж небом и неводом ока.
Последнее – море – похоже, повёрнуто боком.
До горизонта ближе, чем до Алупки
при поверхностном взгляде. При более же глубоком –
берег собой представляет веко
над радужной оболочкой. Далее – гор гряда,
лесом поросшая – бровь (как не вспомнить генсека?!).
В оную, ибо не в море же, целят героя труда,
жертву Чернобыля, либо чиновника, то бишь того человека,
в наличии коего мания или мани,
или то и другое вместе, что, как гласит история,
очень типично. Лично в моём кармане –
карточка санатория.

Опознавательный знак для белого люда,
стремящегося почернеть. Ксива с правом на блюда
трехкратно зеркального отображенья,
а также койку, балкон и... море,
к коему спуск на фуникулёре
как бесплатное приложенье.
Вспомним, что море – око, по веку которого – пляжу
тянутся тени-тенты. Под оными, как на продажу
разложены вяленые разносолы. Кому же тесно под сенью
сиих тенёт, загорает стоя, от головы до стоп
демонстрируя бронзовый торс либо соляной столп.
А ежли штормит, иль мутит, иль какое ещё невезенье,
скажем, на море барашки – в глазу ибо не без бельма –
их сухопутные тёзки и прочая жизни проза
с опаской глядят на бурлеск приворотного зелья,
маются сушью, словно медуз увядающая бахрома,
разлагаясь в изнеженных позах.
Каждый новый заезд тиражирует миф о Тарзане.
Жизнь проста, как топчан, ибо уже в ней
нет ни сучка, ни задора, ни новых дерзаний-терзаний.
Право, разгулы реальных стихий
не оставляют места душевным.
Срок подошед к завершенью, и мы предвкушаем,
как возвратимся, и как это дело обмоем и тело отмоем.
Как будем снова любить друг друга и славно писать стихи.
Как голубою слезой пред бензольные воды Москвы-реки
помянем моментами море.

НАБРОСКИ КУРОРТНЫЕ – 2

Море – театр пред коленопоклонницей сушей.
Бурлящие страсти подводных течений.
Ловчие сети интриг, что выносят наружу
раздутые труппы и мёртвые души.
Неутолимая жажда, в том числе – приключений.
Чаек ловитва, чем не
удары кровавых клинков?
Жертвы их немы.
Пучина веков
скрывает моллюска сакральный свиток,
таинство кладов жемчужного жмыха
от пирата-жнеца, чьё лицо под стеклянною маской Немо.
Знойно, кожа трещит под лучами софита. –
Мой выход!
Роль без словес, но с ремаркою: рыба, –
благо, без «кушать подано». Тело
загримировано под Отелло.
Гальки остросюжетные глыбы
преткновеньем встают на пути.
В образ трудно войти.
Мне, как плохому танцору, мешают ножки –
колются, словно ножики.
Спрятать бы в ножны тугого хвоста,
в стае статистов бьющего бурным ключом.
Им бы тогда и в шестую позицию встать
было бы нипочём.
Глядь, предо мною Deus ex machina – волнорез,

фаллический бриг для внедренья в инкогнита терра.
Мнусь у переднего края, у рампы, ещё, верно, без
плавников и хвоста, но без пяток уже –
нету места душе.
Море волнуется – чёрная чаша партера.
Сердце в ушах марширует Шопена.
Цыц, барабанные, цыц, перепонки и жабры!
Ниц – седовласые зрители:
влажные взоры, на устах пена –
ценители...
Зубки то тут, то там обнажая,
облизываются, ждут,
когда мои руки, и плечи, и шея
в их небеса упадут.
Я уже не женщина – жест,
в меру жеманный, безмерно желанный.
Так ли низы ожидают пришест-
вия небесной манны.
Гул, руковсплески, валовий рев.
Море синее, мерин сивый...
Очень важно упасть красиво:
пружиною рвануть вперед,
выпрямить слабость в коленках.
Но пирс подо мной что костыль калеки.
О сустав мой, кузнечик, конечный детёныш Гефеста,
стойко снеси метаморфозы веса
вследствие стресса
впаданья в чужую среду!
Разверзся занавес. Я иду...
В краску морскую вгоняемо импульсом сильным,
карее тело в натуге становится синим.
В этой волне экзальтации, в пафосе дрожи
очи – в закат, руки – в залом, речи – взахлёб, терпеть
невыносимо – жесты неискренни, чувства безбожны.
Я лишь рыдаю, и все эти всплески, и всхлипы, и соль – по
тебе!
Это ли фальшь? Но закон преломленья не знает поблажки.
Там, где мои облака прорастают в барашки
и, солоно нахлебавшись твоей бутафорской бражки,
отлетают в стоглавый Тибет,
где смакует кальян обкурившийся бронзовый лама.
И нет ему ни отца, ни сына.
Лишь лама-дочь да лама-мама,
и третьим у них – не дух, но душа.
Море матриархально, охально и ненасытно...
Не дышать
всё труднее, и я воскресаю, рождаясь из пены
в пекло, в воспетый до спазма, до слёз ослепительный
воздух.
Я – всё то же: кости да кожа, да обтекаемый ею возраст.
И солнце, свидетель моей стихийной измены,
спокойно плещется возле.
Близится бегство кулис к меченой бисером гальке.
Спасатель-суфлёр в матюгальник
молит быть ближе к тексту.
Фрачные клакеры-чайки, вторя ему, слагают
гимн оральному сексу,
возведённому в сексту

зубоскальством прибоя. И ляжек пунцово-томатных плоды,
в глаза бросаясь бестактно,
застят финальную сцену пятого акта:
головы, отрезанные от питающей их среды
гильотиной – кромкой воды.

Кастрополь, 1991

СКОРЫЙ СЕРГЕЙ (Украина)
ПОЭТ

НО ЗА ОКНАМИ – СНОВА ДЖАНКОЙ...
ТОЛЬКО В КРЫМ...

Под колёсный ритмический степ
На знакомства мне вновь повезёт...
Синим полозом поезд ползёт
Через знойную южную степь.

Мне бы взять – да осваивать Рим
Не в угоду капризной душе...
Ей решительно ясно уже –
Только в Крым, только в Крым, только в Крым!

Мозг на душу обидой горит:
Ну, на кой тебе Крым, на какой?
Но за окнами – снова Джанкой
И восточный вполне колорит.

Встанут горы. И вспыхнет листва.
И опять – кипарис и миндаль.
Юг Тавриды. Безбрежная даль.
Синева, синева, синева.

А я лицом окно всё плющу...

Автобус наш – довольно старенький
На спусках «пишет» виражи.
Водитель с внешностью татарина
Трендит с попутчицей «за жисть».

На склонах лес – всё гуще, гуще,
И скалы небо достают...
А я лицом окно всё плющу –
Гляжу на родину мою.

В долине ветры – куролесят,
Отары туч гоня окрест.
Мелькнул – мечети полумесяц,
А дальше – христианский крест.

Пыхтит автобус тяжко в гору,
Потом легко шуршит с горы...
И перехватывает горло,
Когда въезжаем в Старый Крым.

И этот кусака в моём кулаке

А, может быть, счастье – штанины задрав,
Устраивать морю весёлый аврал,
Шугая прибрежную живность?
Вот крабья нахально-бессчётная рать
Под камень пытается мигом удрать,
Один не успел. Не сложилось.

И этот кусака в моём кулаке,
И грустно ему в моей смуглой руке,
Он думает: – Вот чертовщина!
Мы грелись на солнце, и надо ж – беда:
Какой-то незваный явился сюда,
Задравший штанины мужчина!

Чего ему шляться по майской воде,
И нос свой засовывать в воду везде?
Уж лучше б совал его в книгу!
Как жаль, что клешнёю скрутить не могу
Залезшему в море, бесспорно, врагу
В подарок – здоровую фигу!

Я буду сам себе завидовать...

Смотри, как мыс со свистом режет
Шуршащую волну зелёную...
На этой части побережья –
Такие бухты потаённые,
И ввысь стремящиеся скалы,
На них цветут деревья бантами...
В одной из бухт побудем малость
Единственными оккупантами.

И станет воздух весь пропитанным
Щемящей жадностью познания...
Я буду сам себе завидовать,
Скользя по лезвию желания.

* * *

Сегодня я себе с любовью потакаю,
Близ моря я брожу и рядом – никого...
Лишь зверствует вода разбойная такая,
Что, кажется, штормит уже который год.

В уединеньи – смысл, в соседствах – нет резона,
Пусть мозг мой отдохнёт – уставший серый вол...
Покрепче коньяка воздействие озона,
Летящее ко мне в дыханьи пенных волн.

Лежал в долине древний город...

Мы по холмам, всё круче, круче,
Шли. Силуэт Агармыша
Напротив плыл в тяжёлых тучах,
Дождливым парусом шурша.

Был вечер – прян. Был ветер – горек.
А поступь наша – нелегка...
Лежал в долине древний город,
Подмяв под голову века.

Солхат – наследье грозных ханов,
А ныне – тихий Старый Крым...
И над орехом вился дым,
И город кутался в туманы.

У МОГИЛЫ ВОЛОШИНА

Здесь давно – не тропа, а дорога:
Недостатка в поклонниках нет...
И почти на ладонях у Бога
Вечным сном почивает поэт.

Коктебель. Ниже – домики-соты.
Горько пахнет степная полынь...
А вокруг мир спасают красоты –
Море, скалы, глубины долин.

Утонуть в красоте ты не против,
Притягательно это – всегда...
И темнеет волошинский профиль
На отроге горы Карадаг.

Прикоснётся к лицу лёгкий ветер,
Словно Макса живая душа...
Шепчет строки задумчивый вечер
На вершине Кучук-Янышар.

НА КЕРЧЕНСКИЙ ХОЧУ Я ПОЛУОСТРОВ...

Влекут Париж нас, Лондон или Осло,
Но дань любви отдам родной земле –
На Керченский хочу я полуостров
Попасть в прозрачном крымском сентябре.

За мной друзья заедут спозаранок.
У них – авто. А я уже готов...
И станет степь стелиться самобранкой,
Дивя зверьём и запахом цветов.

Полынный ветер непрерывно горек,
Но благостен – исчезла суета...
Скалистый берег. Здесь когда-то город
Милетских греков жил и процветал.

Ну, а теперь – руины, змеи, пустошь,
Обломки амфор, мидий да костей...
И море пожирает с гулким хрустом
Античный град по имени Китей.

Ах, звуки жизни, вы куда пропали?
Хочу вас слышать. Силюсь. Не могу...

И лишь порой мне чудитесь в рапанах,
Разбросанных на диком берегу.

ЗДЕСЬ СТЕПЬ В СОРОКОВЫХ СГОРАЛА...

Здесь волн морских гудит набат.
Азов швыряет мотоботы.
Восточный Крым. Степь. Арабат.
Вдоль Сиваша темнеют доты.

Здесь машет тень войны крылом.
Здесь степь в сороковых сгорала.
Здесь столько тысяч полегло –
От рядовых до генерала.

Не потому ль, не потому ль
Так брызжут алой кровью маки
И чудится здесь пенье пуль,
И тишину рвёт гул атаки...

* * *

В Крыму зима – не та,
Хоть море и остыло,
Но всё ж милей душе
Такие январи...
На пляжах – пустота,
Ни суеты, ни пыла,
И радует мне глаз
Прибрежный лёгкий бриз.

До звона воздух чист –
Я пью его, вдыхая.
Дрейфую вдоль воды,
Подобно кораблю...
Как трепетно лучист
Лёт лебединой стаи –
Здесь кормит гордых птиц
Всяк сердобольный люд.

Земле моей родной
Мне б поклониться в пояс.
Лишь пребывая здесь,
Способен я творить...
Но где-то за спиной
Гудит вечерний поезд –
Умчит меня, увы,
В иные январи...

СТЕПАНОВ ЕВГЕНИЙ (Россия)
ПОЭТ, ИЗДАТЕЛЬ, РЕДАКТОР

ПУТЬ

а то под сенью кипариса
на южном нежном берегу

а то в подвале точно крыса
а то на северах в пургу

привык и плакаться не буду
нормальный путь то вверх то вниз

я человек живу повсюду
а человек сильнее крыс

27.06.2012, Коктебель

ДВЕ СТРОКИ

ты ждешь как милостыню лайки
а за окном летают чайки...

ПАМЯТИ МЕЖИРОВА

хорошо здесь – на даче – мы спим
улыбаясь – а там – недалече
артиллерия
бьёт
по своим
и своих убивает-калечит

мы поедем – наверное – в Крым
а пока – о мой праведный Боже –
артиллерия
бьёт
по своим
и – по мне – получается – тоже

31.05.2014

СЛЕДЫ НА ПЕСКЕ

следы на песке

какой вечный и страшный символ

особенно для поэтов

5.05.2014, Феодосия

ПОРТРЕТ

мальчик
на улицах Москвы

подросток на улицах Евпатории

юноша
в российском чернозёмном райцентре

мужчина
на улицах Нью-Йорка и Парижа

дедушка
на улицах Берлина

неужели
это всё один человек
один обычный
маленький
человек
живший
в необычное
переломное
время

5.05.2013, Берлин

КРЫМ. КАЗАНТИП

эта лень эта блажь – недосыпа
никакого – песок и Азов
малолюдный пейзаж Казантипа
я бы спрятал – ведь клад! – на засов

здесь история прячется в камне
ничегошеньки здесь напоказ
очень жаль очень жаль что пора мне
восвояси – сейчас

31.08.2012, Казантип

СТРОЧКОВ ВЛАДИМИР (Россия)
ПОЭТ

* * *

Камни да галька,
да кой-где песок.

Камни да галька,
да мылкая глина.

Ты это, Крым,
выезжающий клином

и выжимающий
душу и сок.

Соколом солнце
вцепило лучи
в береговую
твою рукавицу.

Что за охота,
доблестный рыцарь!
Что за добыча?..

– Ладно,
молчи!..

Крымское Приморье, 19.08.1984.

* * *

Катаю тёплый камешек в руке
у изголовья дышащего моря.
Спит Понт Эвксинский, и к его щеке
ладошкой Крым припал, и полдень сморен,
полуденная дрёма тяжела.
В полуде ослепляющего зноя
качает чайка два свои крыла,
как бы одно, и зрение раздвоив,
колеблется по склону тень-двойник
дремотным отраженьем моноплана;
и под водой застывшею возник
сад гурий из священного Корана;
и облако, придя на край земли,
истаивает над застывшим Понтом,
и вздрагивая сонно, вечность длит
горячий воздух вязким контрапунктом.
На склонах гор древнейшего письма,
на валунах, на галечнике колком
здесь сладко спит История сама,
раскинувшись причудливо-вольготно.
Не разбуди её усталый сон –
не дай-то Бог, к чему нам перемены! –
пускай прогресс грохочет колесом
вдали от спящей Клио, и лицо
ей гладят пальцы старой Ойкумены.

Крымское Приморье, 30.08.1984.

* * *

– Вам не сдаётся, что лето сдаётся?
Солнце уходит, а дождь остаётся.
– Нет, не сдаётся, покуда сдаётся
комнатка эта с ладошкой окна.
Дождик идёт, с потолка тишина
капает в банку консервную, бьётся
раз в пять секунд о поверхность болотца.

Комнатка с мокрой ладошкой окна
мне как последняя карта сдаётся.
Я остаюсь: мне надежда дана.
Я не сдаюсь: ведь она остаётся.

Крымское Приморье, 22.08.1984.

* * *

Пал туман в Крым,
скрыл дома,   смыл
все дымы,   срыл
все холмы,   скрал
берега,   скал
перекат,   стал
поперёк   гор,
вод и рек   горл,
перламутр,   пар,
баламут –   пал,
залепил   глаз
золотник,   газ
от фаты,   дух
от воды,   сдул
все стыды,   смыл
все следы,   скрыл
все бега,   сплыл,
не беда!   Смёл
всю печаль,   свел
из плеча   боль,
излечил,   борт
залатал,   свет
притушил,   смерть
приручил,   жить
обещал ,   нить
дал, меня   спас.
Вот и весь сказ.

Крымское Приморье, 07 05.1985.

* * *

Начинай ночное чуткое бдение,
наблюдение заколок-невидимок,
миросозерцание вплоть до обалдения
от гудения ветра и табачного дыма.

Что там нахлопывает по сырой крыше?
То ли дождик, то ли ветка дерева.
Горы спят стоя в табуне Крыма,
море бдит лёжа, шевеля берегом.

Кое-где звёзды, а в остальном – тучи,
где горит звезда – там прорыв в облаках.
Ветер пробегает мокрыми тушами,
шваркаясь с разбегу о жестяной плакат.

Хорошо, что шум: не слышно шёпота,
шелеста в сосудах и звона в ушах,
а дыры в перерывах муха заштопает,
ниткой без иголки туда-сюда шурша.

Куришь? Кури! Будешь снова задыхаться,
снова будет повод думать: «Брошу к черту!»
Набирай прану – будет чем отхаркаться
утром, когда мудрость разрисует щёку.

Два часа ночи! Гаси свою лампочку –
светильник разума в шестьдесят свечей,
закрывай лавочку и жди расплаты:
хрипом, недосыпом и – ещё чем?

Ночью наощупь фразы поворочаешь,
заснёшь и забудешь, потом ищи-свищи...
Ветер набегает – «В очередь!.. В очередь!..» –
почесать спины о жестяной щит.

Крымское Приморье, 28.08.1984.

* * *

*Оле Федоровой –
с благодарностью за подаренную тему*

Ну конечно, не маслом же Крым рисовать,
а беспримесной, ясной, сквозной акварелью.
Он такой, словно только из акта творенья,
из Господней руки, и перетасовать
эти краски и формы первичных начал
не успело ни время, ни черт, может статься,
не размыты границы исходных субстанций,
не смешались цвета и объём не зачах.
Это просто и строго, как древний клавир,
воздух сух и прозрачен, светло и пустынно,
и гончарная печь до сих пор не остыла,
где вот только что был обожжен этот мир,
этот мир, что обложен ещё черепком,
где во всех ипостасях живёт терракота,
и цвета могут быть только «про» или «контра»,
голоса их – солисты, но только не хор.
Здесь не будет звучать самый лучший оркестр,
этот край наиграть можно только свирелью,
а уж если писать – то одной акварелью,
неслиянные краски раскинув окрест.
И в ответ этим краскам и линиям здесь
возникают в душе неразмытые чувства
и прозрачные мысли. В них гулко и пусто,
но они не вступают в преступную смесь.

Крымское Приморье, 31.08.1984.

* * *

Если нас с тобой не станет,
если нас с тобой не будет,
ничего не перестанет
и ни каплей не убудет
ни где толсто, ни где тонко,
ни в траве, ни на бумаге.
Знать об этом будет только
родничок на Эчки-Даге,
потому, что, скинув ткани
плоти, разума и веры,
мы сойдем к нему глотками
из огромной ноосферы.

* * *

Под ногами – щебень, щебень,
под ногами – мёртвый щебет,
киммерийская тоска.
От прибоя пухнет череп,
и как будто из пещеры,
свищет ветер в два свистка
так свирельно, так усердно,
так до спавшегося сердца,
до ощеренного дна.
Обезумевшая щедрость
так нещадна, так ущербна,
так свирепа, так трудна.
Так безумен и неистов,
словно бубен и монисто,
этот гул и звон, и свист –
громко, громче, часто, чаще
и отчаянно звучащий –
над безумием навис.
Ни людей, ни слов, ни чаек,
только маятник качает
оперенную волну,
только пены бьются лохмы.
Только слепнуть, только глохнуть
и тонуть, тонуть, тонуть...

Крымское Приморье, 4.05.1985

* * *

Медленно-медленно море ведёт языком
по краю неба. И, вздрагивая, прогнувшись в спине
до самой линии горизонта,
длинно вздыхает. О чём? О ком?
Время набухло.
               Шевелятся камни.
                             Насекомое ёрзает в стене.
Речь во рту пересохла.

Уютное, 13.09.91.

* * *

Эчки-даг. Я губами прильнул к роднику;
по щеке, щекоча, его капли текут.
И, как будто бы не было мглы этих лет –
на струе родниковой от губ твоих след.
Я к следам твоих губ родниковых приник,
не могу оторваться, целую родник.

Ты идёшь по Москве, далека, далека;
на губах твоих – капли воды с родника.

Уютное, 14.09.91.

* * *

Лисья бухта. Тёплый мех.
Быстрый шорох. Тихий смех.
Жаркий шёпот. Хриплый вскрик.
Узкий медленный язык.
Вдох сквозь зубы. Низкий стон.
Лисья бухта...

Давний сон.

Уютное, 14.09.91.

* * *

Это край ничей. В можжевельнике
запах вечности и смолы.
Время спит. В его сне шевелятся
можжевеловые стволы.

Это край всего. По лишайникам
лезет на стену пустота.
По извилинам полушария
сон сочится в эти места.

Это край меня. Щебет гравия.
Щебень осыпей. Горний звон.
На столе твоя фотография
превращается в горизонт.

Это край тебя. Божевильного,
отыщи меня, оттащи,
пожалей, на край!..
В можжевельнике
Запах вечности и тоски.

Уютное, 11.10.1991.

* * *

Море, неторопливо восходящее к горизонту;
ущелье, неторопливо спускающееся к морю;
человек, неторопливо спускающийся в ущелье.

Из взора путника, склонов ущелья и глади моря
образуется глубокая терракотовая чаша,
до краев наполненная искрящимся нектаром.

Из взгляда пешехода, профиля ущелья и поверхности моря
образуется известная каждому школьнику картинка,
изображающая плоский круговорот воды в природе.

Уютное, 08.10.1996.

* * *

бррль, уфф, спшш – малые языки моря,
недоречь, недомузыка, не понять.

Уютное, 12.10.2003.

СУМАРОКОВ ДМИТРИЙ (Латвия)
ПОЭТ, ПРОЗАИК, ПЕРЕВОДЧИК, РЕДАКТОР

CRIMAEA NOSTRA

vexilla regis prodeunt inferni
рабочий класс встречает месяц май
на тормозе поблескивает сперма
без перьев вид у них был нетопырий
играй гармонь о мать твою играй

*про то как поступила с олоферном
коварная юдифь про то как вспыхнул куст
и спас господь исака от закланья*

играй гармонь про то как взмыл от уст
каков он весь ушедший телом в льдину
эола пух про то как на веранде
мучительной державы властелин
грудь изо льда вздымал наполовину

мы пили чай в андроповском году
и здесь мы вышли вновь узреть светила
вокруг уже черёмуха сияла
там место есть вдали от вельзевула
и быдло жадно ёрзало в саду

*шесть глаз точило слёзы и стекала
из трех пастей кровавая слюна
и змейка из глазницы выползала*

pape satan pape satan aleppe
мы тихо шли сквозь смешанную грязь
смотря на тех чьи глотки тиной спёрло
там где на берегу бессонном
природа своего не узнаёт лица

солдаты чопорны а нищие крикливы
холодная весна голодный старый крым

хрипит удавленник евразия под ним
а тени страшные кубани украины
калитку стерегут не трогая кольца

Исходные тексты: Дмитрий Волчек, из сборника Полуденный демон; Данте, Божественная комедия; Осип Мандельштам, Старый Крым. Микс – Дмитрий Сумароков.

СУТУЛОВ-КАТЕРИНИЧ СЕРГЕЙ (Россия)
ПОЭТ, РЕДАКТОР

Через век, поэт, каково? – Крымкамчатово, крымкамчатово!..

* * *

Нам с тобою жить осталось –
Подсчитай, да не печалься! –
И мою, и нашу малость,
И твои сто зим на пяльцах,
А ещё немножко весён –
Приплюсуй обманы мая...
Франт февраль форсит в Форосе,
Осень в соснах обнимая.

Нам с тобою петь осталось –
Под Митяя, без Булата –
Про весёлую усталость
И провинцию Арбата,
Про митьков и матадоров –
Извини за про, профессор...
Ритмом проклятых повторов
Поперхнулся экс-процессор.

Нам с тобою пить осталось
Только кофе, чай и соки...
Недоразвитая старость,
Отвергая караоке
И кликушество кукушек,
Воскрешает блажь июня:
В море, в небе и на суше
Наши души вечно юны!

ПОЭМА БЕЗ ГЕРОЕВ

Пелевин или Павич? И Павлович – до фени!
Антон?.. Василий?.. Навзничь – под белые сирени...
– Твоя поэма, Рома, пространна и пристрастна,
Как догма астронома и... речь Фиделя Кастро.
Прекрасна и пространна – в прологе! – даль романа.
Пространна и престранна поэма без обмана.
Поэма без героя – роман без аналоя!
Под крымские свирели – мелодии карелий...

– Катренами страдая, – картавит мудрый Рома, –
Праматерь рифмы, Дарья, Горгона из... горкома,

Она во время оно дышала в чёрном сейфе –
Под звёздами погона шептала: «Миша сдрейфил!..»
А бабушка Матрёна лукавила: «Поверьте:
Поэма от пижона – уже написан Вертер!..»

Любовь горизонтальна... Матрёна – на погосте.
Поэма музыкальна... Рефрен погиб в «Норд-Осте».
Пелевин продолжает. Аксёнов подчёркнут Павич.
Аксёнов – вне держав, и... кремлёвский мямля – навзничь!
Паскуден Лилипутин. Распутин отдыхает.
Эпоха нихт капутен?! Махатма эпохален.

Под белые метели – над крохотной кроваткой...
Под синие свирели – над атомной площадкой...
Над Крымом – Марк Аврелий в чеченской плащ-палатке,
Летящий из карелий на огненной лошадке...
– Твоя программа, Рома, в нирване сидирома
Астральна и опасна, как старость братьев Кастро...
– Афганские синдромы... Кавказские изломы...
Моя поэма, Дарья, – ракета на радаре!

Есть в будущем – былое: поэма без героев...

БОКАЛ ВИНА В ГУРЗУФЕ...

к вопросу о предмете поэзии

Судьба отметила кольцо, янтарь, хвоинку –
Любовь ответила смещением орбиты...
Пугая третьего, накликали Ходынку
Твои обеты, мои обиды.

Чересполосица: дожди, долги, метели.
Года проносятся: сады, суды, закаты...
Многоголосица: отплакали, отпели
Мои сонеты, твои сонаты.

Цветок женьшеневый, храни кариатиду!
Предощущение вины, войны, вендетты...
Но прежде времени устроили корриду
Твои вопросы, мои ответы.

Шарманка-нищенка – крушение интрижки.
Обрящет ищущий караты и кошмары...
Смущая лишнюю, сыграли в кошки-мышки
Мои актрисы, твои гусары.

Молвы невнятица – пестрят края чужие.
Под горку пятятся парижские арбаты...
Страстная пятница: молитвы отслужили
Твои аббаты, мои комбаты.

Предмет поэзии?! – Бокал вина в Гурзуфе,
Ром Полинезии, проклятия, осанны...
Отполонезили, мечтая о мазурке,
Мои Людмилы, твои Русланы.

ИГРА В НАПЁРСТОК

Напёрсточник – в Кремле (напёрсточник – на рынке) –
Приличный семьянин (циничный греховодник) –
Ценитель крем-брюле (стахановец лезгинки),
Родне – примерный сын, жене – святой угодник...

Рерайт необходим! Халтурит редактура!
Позорим Крыморим! Загублена фактура...
Наперстники царя (на перстнях – анаграммы) –
Кремлёвский генерал (кавказский прокуратор) –

Трудились не зазря: законы энд программы:
Великий либерал, могучий реформатор...
Рерайт перебирай... (Перевирай, редактор!)
Соавтора – в ол-райт... (Как вариант – в реактор!)

Начётчик – за стеной, чечёточник – на сцене,
Напёрсточник – в Большом, напёрсточник – в подземке,
Растратчик – над страной (полцента – Авиценне?),
Процентщиц – калашом, а разницу – туземке...

Рерайтера – в расход! Редактора – в расходник...
(Радетелей – раз в год! Свидетелей – сегодня!)

Наперсницы – в земле. Наперсницы – на небе...
Три колпачка – гадай, где зёрнышко России?
Напёрсточник – в Кремле, напёрсточник – в Цховребе.
Ах да, балда, – Валдай... Ах да – Алтай, Василий...

Редактор, будь здоров! Купи рояль, рерайтер!
В столицах докторов, как авторов на сайте... –
Вот адрес (тет-а-тет): Russia (точка) net

ГРАММАТИКА ВОСТОКА

Когда умру от нежности к тебе –
Твоим стихам, мелодиям, заскокам,
Закружится над кряжем Коктебель,
Опознавая душу по осколкам.
Когда умру от жалости к тебе...

Когда умру от ревности к нему –
Его ухмылкам, фразам, междометьям,
Циничные потомки не поймут,
Кого, за что, зачем и чем отметим?!
Когда умру от зависти к нему...

Смешны попытки пережить тебя,
Минуя мины и шипы ошибок...
Дрожащие мундиры октября
Горят в рубцах рябиновых нашивок.
Грешны попытки пережить тебя...

Когда умру от жалости к тебе –
Твоим кашне, «Порше», кашпо, баштану,
Весёлая ватага кобелей

Процессию проводит под Бештау.
Когда умру от верности тебе...

Когда умру от подлостей его –
Бульварных, куртуазных, виртуальных,
У Воланда случится торжество
С участием персон маниакальных.
Когда умру от пошлостей его...

Грешны попытки пережить тебя,
Срывая крыши и свинец стоп-кранов...
Пиратствуют в пространствах букваря
Крутые пожиратели романов.
Грустны попытки пережить тебя...

Когда умру от верности тебе –
Губительной, язвительной, жестокой,
Старательная стая голубей
Начнёт зубрить грамматику Востока.
Когда умру от нежности к тебе...

У ВОЙНЫ ЧЕТЫРЕ ЦВЕТА

...у поэта – право вето.
остальные – на Майдан.
догорает сигарета.
Пушкин слушает цыган.
одноклассник – без билета! –
прямиком на Магадан.

у солдата – право страха.
приказал майор: смердеть!
под папахой вурдалака –
трагедийная комедь.
у Христа, Аллаха, Баха
главный козырь – смерти смерть!

у войны четыре цвета –
красный, белый, чёрный плюс
голубой... грядёт вендетта?!
сновидений убоюсь.
однокурсник, ты ли это
аннексируешь марусь?

у пророка – право страсти!
осуждающий порок
у порога подлой власти
беспристрастно одинок.
разорвавший Крым на части
рано празднует подлог.

на ребре стоит монета:
брат на брата – дантов ад?
рай – под дулом пистолета –
над акцентами цитат?

...у поэта – право вето
на диктант и на диктат!

ОСТРОВ СКРЫТЕНЬ
поэллада

> *Было бы смешно жить на Острове Крым
> и бояться землетрясений.*
> Василий Аксёнов

...настрадаюсь: Нострадамус Страшный суд
Напророчил, напортачил, намудрил...
Раздраконят, разбазарят, разнесут:
Ленин-Сталин-Черчилль-Гитлер-гамадрил...

Поверяя именами времена,
Временами именами – напролом:
Жоржа Санда соблазняет Сатана,
У де Сада (вот досада!) сад-Содом...

Одиссей сберёг Одессу и предрёк:
Проиграет одесситу эрудит!..
В катакомбах напевает паренёк:
Он однажды фильмом «Жажда» удивит.

У Гомера (без Гоморры!) – геморрой:
Гомерически хохочут, перебрав:
Строя Трою, прогорел Городовой,
Потому что царь Бориска был неправ...

Изменяя виражами падежи,
Падежами выражают шизофрень...
Жизнелюбец, жизнеману расскажи,
Почему не любит Френкель жёлтый френч!

Вот ремарка из Ремарка, господа:
Три товарища в Сочах – Совет-Союз...
Перепутал государства, города?
Три сестры тотчас исправят сей конфуз.

Мы – мишени? По Мишелю – мишура.
Тише, мыши, в шишки вышел Горбачёв...
Защищавшие Россию юнкера
Николаю... Ильичу предъявят счёт!

Нос Адама, драма Носа, Нотр-Дам...
Дама Ева, если слева, – из ребра!
Справа, веером шифруясь, по складам:
Зе-бра? ко-бра? чер-но-бур-ка? ко-бу-ра?!

Созерцая скарабея, не забудь:
Себорея для Борея – бабий смех...
Нострадамус, в ус не дуя, выбрал путь
Мимо рифмы, мимо мифа, мимо всех!

...Катеринич катеринит: Крит, кретин,
Остров Скрытень – на санскрите?! – ян славян.
Мантра чёрного катрена: тайна инь
В звездолёте синеглазых обезьян!

Осторожно: ножик – в ножны, минус – в плюс...
Коза Ностра... Роза Босха... Роз-Мари...

Ты – в засаде? Я в офсайде посмеюсь...
Над эйнштейнами парит Экзюпери...

То, что было, всё, что сплыло, завтра сбу...
Послучалось, происходит, приключи...
Как оглобли, разворачивай судьбу
Патриархов, президентов, продавщиц!

Измеряя неизменное ZERO,
Зёрна истины забрасывая в Стикс,
Я шагаю за прокуренным Петром –
Императором? Апостолом, прости...

У матросов – тьма вопросов? Флагом – в такт!
Дикороссы, перекур! – Поговорим...
Под Крещатиком отрыли артефакт
«Остров Скрытень»... Извините, – «Остров Крым»!

...поверяя именами времена,
виноградит в изабелле телефон.
нострадамит одичавшая страна.
поэлладу оцифрует... фараон...

ТАВРОВ АНДРЕЙ (Россия)
ПОЭТ, ПРОЗАИК, ЖУРНАЛИСТ

МОБИЛЬ – 1

Там наверху – кариатида с роялем.
Хрупкая Кора, умножаясь, как хлопки, несет на себе крышу.
Внизу улица бежит к морю с ялом,
но это за скобками. Этого я не вижу.

Теперь черта в тишине – наискось и далеко вниз; налево -
тонкая, голубая, прямая – сквозь невидимый нулевой центр.
Она уходит всё дальше и не рождает напева,
лишь образует баланс и, замыкаясь на свет,

упирается в: капустницу в ветреном воздухе,
          похожую на питьевой фонтанчик,
воздух – порывами, как игра вздорной актрисы,
          когда впереди – могила.
На бабочку смотрит человек-отчаяние, тип – неудачник,
и чувствует, как сквозь щель в груди – течёт сквозь него сила,

не убивая, хотя на пределе, точка.
Налево вверх – то, с чего всё началось – красное платье.
В ветреном (московском) воздухе оно, точно
спичка, горящая посередине, лоскут, сам по себе объятье.

Почему-то запах духов. Довольно. Черта в тишине
наискось, сквозь голубую кляксу направо,
короче, чем первая, упирается в голубя с дробью
внутри. Её не видно, но здесь она – центр белой
смерти, всё остальное – оправа
из растопыренных лакейских перчаток,
                          запачканных кровью.

Все сбалансировано на центре – точке тишины,
                          как на плечиках гардероба.
Я оставляю это висеть в пространстве.
Я видел, как прыгает антилопа
и зависает на миг. Я однажды хотел в нём остаться.

Главное – необусловлено.
Я кланяюсь тебе, громыхающая в ветре проулка банка «Колы».

ПЕНЬЕ ДЕТЕЙ НА ПОБЕРЕЖЬЕ

Голоса их, как соты двустворчатых
перламутровых створок, плывут,
полны девой нагой и игольчатой,
что, как облако ос - там и тут.

Кто же горсть Афродит над пустынею
моря синего влёт разбросал,
и толкаются тростью за спинами,
выгибая их, - голоса.

Это дети поют, это детское
пенье пенное в воздухе лиц
и салфетками, и занавесками
облепляет лодыжки, как гипс.

Обвивает их мель белым мелосом,
словно мелом спираль возводя,
чтобы дева, вращаясь и пенясь,
стала матовой лампою вся.

Погрузила в простор, полный пения,
полный свёрл, полный игл и кружения,
полный визга и пил, и свечения,
две рожденные руки свои.

И стоит в тиши, колесована,
в человечий зрачок врисована,
и сквозь занавес чёрный просовывает
две пропащие руки свои.

Как в звезды «кулачках» крутилась,
погружалась в кристалл бытия!
как свистела, как стружка билась,
как волной называлась, как длилась
эта «молния», Божья милость,
что сомкнула твои края!

Это дети поют, это дети,
это детское пенье сквозит,
это на берег вынули сети,
и в них рыба юлою гудит,

И идет вслед за ними Тиресий,
погружённый в барханы и транс –
шар стеклянный сознанья не весит
ничего, и он держит баланс.

УЛИЦА, ИДУЩАЯ К МОРЮ

Босоногий Атлант, словно увесистый том на ветру, шелестит
страницами торса.
Он весь раскрыт напряжением – черный моллюск, переплёт, обложка,
слова выпрыгивают наружу, бьются в сачке мифотворца –
в дырявом моём уме, где лунная бьётся дорожка.

Уедем, мой ангел, на Север, уедем туда, где флаги,
где лев ручной золотой – держит мяч Земли на носу,
туда, где листья, мой ангел, из золотой бумаги
плывут и ныряют, и, и никто не плачет в золотом,
как флюгер, лесу.

Подвесной вагончик уплывает без нас над крышами города – о-ла-ла! –
он ведь прилип навечно
к сетчатке, как язык к морозной дверной ручке, как к клею синица,
я со зренья срываю его – о-ла-ла, о-ла-ла, - беспечно,
и плывут с ним в горы примороженные ресницы.

Атлант скрежещет очами, вращает плечами, как сломанными весами,
на левой чаше – Земля, на правой – сухой тротуар и стриженый пудель.
Подвесной вагончик, как кончик стрелки, как тромб
 - о, тромб! тромб! - о нервно –
неровно смещается вверх, к ключице Дарсана,
внизу проплывают крыши и ржавая утварь.

На улице, идущей к морю, ветер играет в ловитки с небесами, - о! –
на улице, идущей к морю, никогда не летают пули – о! –
а лишь пузырьки от нарзана – о! о! о! –
Улица, идущая к морю – Атланта лазурная рана.

МОБИЛЬ - 3

Замешана из воздуха опавших листьев,
из негашеной синей извести лета,
полая, как посмертная маска того же цвета, –
танцующая яхта, Агата Кристи.

Набережная и небо разлетаются на сто открыток,
как если смотреть изнутри бриллианта
или с кончика мачты – в удар разбитых
звёзд в пирамиде ее бильярда.

Вправо и вниз – ниспадающая спираль,
на конце – та же яхта, сезон – осень.
на набережной ветер крутит педаль,
вращая стаканчики, фантики, долготу вёсел.

Яхта – та же, не говори, что вторая.
Борт тот же самый, вопреки Гераклиту,
как мамонт, в гулком холме умирая,
верит, что быть лишь ему отрыту.

Верхняя справа дрожит на спирали
собственного сжатого отраженья,
как дева на чуткой тахте замирая
от пиджака, от его движенья.

Вниз и налево – конец пружинки,
яхта – та же, что первые три,
но время – зима. И чутче пушинки
всё это вращается изнутри.

Центр вращения – точка меж глаз, лоб.
Именно там умираешь взаправду,
с кисти чёрного винограду
скатившись ягодкой в стетоскоп.

Там же себя самого я вижу четыре фигуры –
он идёт в облаке глаз, в Индии рук и лун,
в воробьиной стае из слов, любовник лиры-Лауры,
выпроставшей навстречу объятье, полное струн.

***

Прогулка по набережной оснащается сором.
Бабочка, как поток света, долетает до линзы
Глаза, переворачивается, проникает в розовый край, в котором
Строчкой млечной череп прошит, горячо, книзу.

Единорог тянется влажный от фонаря,
Пробивает глаз, сгорел и воскрес, перевёрнут.
Звезды выпадают из гнёзд, как цифры календаря.
Сколько глазниц на небе, коробов сколько, комнат!

Подруга жизнь несёт подбородком, как скрипку.
Царский раствор нищеты и зелёной звезды крепчает.
Золотую из глаза в волнах соринку,
и всю ночь-то луна яхты в белом тазу качает.

ТЁМКИНА МАРИНА (США)
ПОЭТ

* * *

Мой дед похоронен в Джанкое.
Вот думаю, «джан» армянский бежал от турков и «кое»
какое-то кое такое и что-то там ещё, как в куплетах
французских. Мой дед развёл виноградник,
в глаза винограда не видел, когда покидал местечко.
Дом отобрали с садом и пароходик, стали «семья лишенцев».
Дед не ревёт, не стогнет, надо от них убраться,
от Днепров, их штыков, и лучше на юг, теплее,
может, хотел и дальше, через море, кто знает.
Дед Темкин Арон молчит, он тебе не расскажет.
Шестеро его детей арбайтен, поют на идиш
в винограднике том библейском, это их палестина.
Всем выводком собрались со Славой,
бабушкина сестра-близнячка, перед её отъездом
в Америку Кафки, есть семейное фото.
Только не философствуй. Когда переселялись,
отцу моему двенадцать. На фотографии ему семнадцать,
всю жизнь разбирался в дынях, бахча, мандарины,

стоял на фруктах, всё, что осталось от Крыма.
Раскулачили деда, забрали лошадь, была водовозом,
опять разоряют, прямо во время обыска на их глазах и умер,
кому нужна такая жизнь? Быстро оттуда уехали.
Зятья полегли за отчизну, внуки рассеялись,
евреям всегда везёт. Их дети, правнуки той могилы,
о ней не ведают, заговорили на разных наречиях,
друг друга на улице не узнают, и могут вполне
оказаться на разных фронтах враждующих армий,
как в Первую мировую. Теперь, говорят, татары
закрыли лавочки, и еда исчезла. Моя татарская
подружка детства Таля живет в Хельсинки,
составляет часть русского меньшинства. Этнос
я лучше политики понимаю, когда не за что голосовать.

Август, 2014

ТКАЧЕНКО АЛЕКСАНДР (Россия)
ПОЭТ, ПРАВОЗАЩИТНИК
1945-2007

БЕЛАЯ СКАЛА

Птицы здесь улетают вспять,
назад – над скифскими курганами
к гнездовьям птеродактилей…
Всё насыпанное тысячелетиями
имеет форму
неподчинения ветру –
он вечный точильщик
камня и истории –
сдавшаяся форма
уже не принадлежит нам,
хотя сейчас лишь за один
рабочий день
можно разрушить то,
что было создано
эпохами…

…и белая скала
уходит вспять –
вот отступленья путь
под натиском железных пил –
величье, неприступность,
высота, с которой эгейский
берег виден –
и холм пыли белой,
сахарная пудра –
лишь дуновенье губ,
и сколько ни смотри по сторонам,
ты видишь берег высохшей речушки
и белую скалу, нависшую над ней.
Я понимаю – человеку нужнее дом
с обыкновенной крышей,
чем с крышей неба,
пробитой белой скалой насквозь,
и всё же…

ГУРЗУФСКИЙ СОН

> «Отчего так сильно во мне желание вновь посетить
> места, оставленные мною с таким равнодушием?»
> А.С. Пушкин, из письма к Д.

1.

Античность – слышу птичье,
на самом донышке, оливковое масло.
Гурзуфа современное затишье,
светило дневное погасло...
Растянуты горы в усмешке
над палубой пристани,
                    её молчаливым ненастьем,
корабль уплывает – всё меньше и меньше
его неуклюжие снасти...
Так век уплывает, так годы скользят,
касаясь верхушек сырых альвеол,
так я в окружение взят
крутыми нарезами волн...
Когда я вернусь и куда?
Гнездовья развенчанных чаек,
вода нас, морская вода,
на скалах разбив,
                    у пляжей ленивых венчает...
Простимся в таком единеньи,
друг друга простив,
всё в письмах сгорает –
любовь и места и презренные деньги,
всё в горы уходит,
                    и пепел стоит над горами.

2.

Слышу птичье – античность,
это первое повторение,
                    повторение пройденного,
вот с чего начиналось паренье –
берег виднелся, назревала родина.
Из-под ног уходила вода,
на качелях волны
так выбрасывала в города,
у которых лишь были
                    очертанья видны...
И земля становилась Землёй,
отделяя от мякоти камень,
очаги мрачнели золой,
домочадцы светлели –
                    веками.
Это первое повторение,
                    посторение пройденного,
и слова загорались от тренья
чёрствых чувств –
пройден путь
от абстрактного «твердь»
                    до твердыни, до Родины.

3.

Что приснится во сне одиноком?
Одинокая мачта и берег лесистый,
много разных дерев, очень много,
и осенние кроны –
                  южнорусские ситцы...
И одна среди всех
              голова каштана опального,
и у ног его тающий снег,
снег столицы, Петербурга печального...
Что приснится во сне, наяву?
Ветер странствий продует
до костей, до «пока заревут»
и раскроют глаза –
что бывало со мной и что будет?

ТРУБЫ АЙВАЗОВСКОГО

1.

Феодосия. Март.
Одиночество тумбочки в номере.
Ткацкий моря станок
всё шумит о материи.
Я встаю. Я напиться хочу.
Приникаю к изделию из железной руды –
есть вода... Нет воды...
И хрипит узкогорло
глубина перепончатых труб.
Современное горе –
не хватает воды,
не хватает любимых
                    и спасительных губ.

2.

Что за мука? – У воды без воды
и у хлеба без хлеба.
Феодосия. Пути пересохшие
и дорога от Кафы до Феодосии
уложена трупами...
Маятник пассажирского поезда
раскачивается от карантинной бухты
до Курского вокзала,
девочка в «бананах» и роковый мальчик
гуляют по поверхности,
в глубине, уложенной трубами Айвазовского.
Фонтанная площадь наполнена возгласами
бывшего базара и ароматом кофеен,
за кувшин воды отдавали многое,
у богатых своя вода, у бедных своя,
а ей почему-то всё равно, она бездушна,
она послушна и течёт там,
где ей прокладывают русла...
Мандельштам одиноко сидит за столиком
и ждёт своего времени – он уже проложил русло,

и вот-вот потечёт прохладная речь
его строчек...

3.

О искусство, сколько тебе выпало
в веках непониманья и презренья,
а создателям гоненья и холода...
И действительно – зрелище не может
заменить хлеба,
но и хлеб не заменит зрелища...
Слава Ван-Гогам, писавшим свои виноградники в Арле,
но не имевшим права ни на одну виноградинку в этом мире,
но и слава братьям Ван-Гогов, Тео и другим,
ежемесячно посылающим свои кровные на куски хлеба
тем, кто создаёт неповторимое...

4.

Если бы не было моря Айвазовского,
то просто море – это солёная вода,
миллионолетняя стихия, непонятая никем и никогда до конца,
даже утопленники не смогли бы рассказать кое-что
о глубине – так поверхностно тонет человек и то –
это уже крайность...
Живые находят море скучным, целебным, иногда красивым,
но, уезжая, всю оставшуюся жизнь внутри себя, даже
неосознанно, ищут выхода к морю...
Море Айвазовского. Приближенное.
Капля, говорящая о веках и о его мгновениях, суть, сущность.
Запечатлеть – всё остальное будет работать на полотне,
за его видимым краем – вся глубина насквозь – драмы
тонущих кораблей, покой вечерних закатов, пена и
магическая масса воды...

5.

Айвазовского дар –
это трубы через столетия,
дар художника – это способность
отдать всё во имя утоления жажды.
Айвазовского дар –
водопровод – Феодосии напиться,
Кафе – смочить потрескавшиеся губы
тысячелетий,
чтобы дерево античности
проросло сквозь асфальты
двадцатого века – вверх,
чтобы, сидя в тени его, кто-то молвил:
и в наши дни вошёл водопровод,
сработанный ещё в эпоху Айвазовского.
Айвазовского дар –
это доказательство на деле
силы искусства,
может быть, напившись
из труб Айвазовского,
кто-то повернётся лицом к живописи
и не будет так пренебрежителен
к творцам.

6.

Я пишу откровение,
откровение от своего времени –
не хватает труб Айвазовского,
самого Айвазовского не хватает,
всё больше благоразумия позорного,
ни один Сизиф уже камни не катает
так просто, из любви к искусству...
Я пишу откровение от своего личного
времени и хочу, чтобы оно стало хотя бы
на час общественным – хотя бы коленом
в системе водоснабжения
от Айвазовского...
Трубы Айвазовского лежат глубоко,
и в то же время на кончике лопаты
выводится незатейливый фонтанчик –
пей, прохожий, пей даром,
то, что дано природой бесплатно,
должно ничего не стоить,
при совершенно сумасшедших ценах
на рынке – это из труб Айвазовского,
заповедь мастера, вкусившего июльскую жару,
когда так хочется пить, да не на что...
А сейчас дороже всего – совесть, вера, слово.
Мир держится на слове,
на слове, данном когда-то, кому-то,
обещающем суверенность.
Всё можно разорвать, нарушить любые границы,
но если держится слово,
мир будет стоять,
                стоять на слове,
и хотя он давно уже снова молод,
но мы ему снова и снова нужны
и можно рассчитывать на
                Будущее.

ЧУФУТ-КАЛЕ

Колея. Тесто лет застыло.
Тест для взгляда из...
«Будет» здесь звучит как «было»,
«есть» – мгновение, губ каприз,
Сквозь разлом в стене проникли.
Только так – о прошлом щели.
Что ни говори, а к своему привыкли
и к чужому вытянуты шеи.
Что прошло сквозь этот город?
Соты мёртвые. Холодный воск.
Запах неба. Выгоревший порох.
И – сожжённый в будущее мост.
Уходили в горы. Не ушли.
К небу ближе – не достали.
Камеры. Пещеры. Кошельки.
Варвары столетья моего в них спали.
И колонна вверху кончалась капителью,
дальше – крыша, точка в теме.

И ушло в себя пространственною тенью
время...
И пространство спряталось во время.

Тексты предоставлены сыном автора Фёдором Ткаченко.

ХАЛЬБЕРШТАДТ АННА (США)
ПОЭТ

Крым-брюле
Крым-тартар
Крым-караим
Кара им
Нам гашиш
Им шиш
Ку-ра
Ура
Ку-рок
Рок
Не в прок
....
Крым в крик
«Крым-зионерам повысят пенсии
Артек-улируйте ваши претензии
Деньги там тоже станут русские
Запретят хип-хоп интернет
И джинсы узкие»
...
Крым уплыл
Он на пути к Путину
Запутину-Распутину
Перепутину-Напутину
Напутали
Перепутали
Крым скрымздили
Слямзили
Про-Обамзили
...
А людей-то как жаль...

ХАРИТОНОВ ЕВГЕНИЙ (Россия)
ПОЭТ, КРИТИК, МУЗЫКАНТ

ДВА ПОСВЯЩЕНИЯ АЛЕКСАНДРУ ГРИНУ (крымские звуковые стихи)

1.

В Зурбагане
Грин
Господин
Един

Он был один
Он был!
Он был!

...один

Грин один
Гринодинь
Крым – крымь
дзынь-динь

...ииинь

Один един один

был ас А.С.

ГРИН

8-9.02.2007

2.

КРЫМ – НЕ РИМ,
НО – РЫМ
И КРМ
И ЫМ
И, КОНЕЧНО, МММ

КАК ГРЫМ
КАК ГРОМ
КАК ХРЫМ
КАК – ХРАМ

О, ВЕЛИКИЙ КРЫМ---м-м-м-м!

ПОЮ ТЕБЕ Я –
БРЫМ-ДРЫМ-ВРЫМ
ЖРЫМ-ЗРЫМ-МРЫМ
ТРЫМ-ФРЫМ-ЦРЫМ
И ЧРЫМ ШАРАРЫМ!..

НО –
ГРИН! НО ГРИН!
А ГРИН?
А. ГРИН!
ЧТО КРЫМ?
А ГРИН-КРЫМ!
ГРИНКРЫМ ГРИНКРЫМ
КРЫМГРИН ГРИНКРЫМ

КРЫМ-м-м-м-м

МРК

МРЫК

МЫРК

НЫРК...

2007/2008 / 2014

ЧЕПУРИН ВАЛЕРИЙ (Крым)
ПОЭТ, ДРАМАТУРГ, ИЗДАТЕЛЬ

НОЧЬЮ НА БЕРЕГУ

Бессонный брат ребячливой земли,
работай, море. Камешек сверли,
усердствуй над точёной деревяшкой,
сестры игрушки в бухту собери,
всю ночь по дому нянькой хлопочи
и берег, как подол её рубашки
замаранной, ворчи и полощи,
стирай, ворчи. И заодно сотри
натруженной шершавою волною
ненужный сон со лба своей сестры —
меня, цивилизацию, историю.

2014

ПРИГЛАШЕНИЕ В КРЫМ

Приезжай ко мне в гости. При белой луне
Покидаем мы камешки в чёрное море.
То, что север тебе рисовал на окне,
Здесь взовьётся цветным и дурманным узором.

Мы привыкли здесь жить хоть немного, но ввысь,
Дорожить пустяком и пленяться от вздора,
Здесь, у нас, приплывают дельфины на свист
И слетаются бабочки на разговоры.

Здесь, когда запирается солнце на ключ,
То грозы расцветают терновник и лавры,
Чтобы к вечеру из-за раздёрнутых туч
Весь закат на поклон выходил под литавры.

Здесь античные мифы и русская кровь
До корней пропитали пространство и время,
Здесь хватает за горло тебя, как любовь,
Неизбывная и музыкальная тема.

Если ты к нам заглянешь на пару минут,
Обещаю, что обморок будет недолог,
А разбитое сердце, как древний сосуд,
Склеит бережно вновь практикант-археолог.

2013

В УРОЧИЩЕ ХАПХАЛ

Лес многорук. Тяжёые лианы,
Как пальцы, вплетены в промозглые туманы,
И, изукрашен вензелем ужа,
Мутнеет камень, сыростью дыша.
В коричневых листах на склизком чернозёме
Оттиснуты чеканные следы,

Иль иероглифы, иль птичьи следы.
В густой тени, как в сумрачном кессоне,
Внимательные лица птиц:
Они молчат, то вверх смотря, то вниз,
То чуть не падая в язвительном наклоне.
Лишь изредка, как капля в воду,
Взвенит птенец в молчащую природу.
И снова тихо. И по-вражьи мягко
Туман то отодвинется, то нас лизнёт украдкой.

Как странно ощущать стремительную плоть
И кровь свою, струящуюся звонко,
Здесь, в мире сырости, среди летучей плёнки,
Стремящейся пришельца обволочь.
В хаосе скал, в завалах тёмных брёвен,
Где, как громадный ёж, ползёт сосна,
Где из земли, как из каменоломен,
Цветок возник, ничтожен и бескровен,
Мерцанием подземного огня,
Где мох космат, как мех собаки,
Играющей в смертельной драке,

Вдруг – разговора звон, стук топора
И красное животное костра.

1983

ЧЁРТОВА ЛЕСТНИЦА

В горах гудит базальтовая лира,
А море Чёрное – как отраженье туч –
Бурлит внизу. И солнце острый луч
В разрыв вонзает, в середину мира.

А наши ноги наподобье волн
По кручам катятся, и крепкие подошвы
Звучат в камнях, бья горное подножье,
И тёмный ветер носит свой глагол.

Вершина вздыбилась – монгольский истукан.
Наросты рюкзаков – как сложенные крылья.
И сосны вечные трещат, как сухожилья,
И вниз ползёт по Лестнице туман.

Едва вздохнув, теснят легенды Крыма
Прочь этот век, как будто он из дыма.

1984

ЧЕРНЫХ НАТАЛЬЯ (Россия)
ПОЭТ

К ФОРОСУ

…шли на закате
…ни денег, ни спальника, ни знакомых.

Солнце кожу вспороло о гальку, а я босиком.
Кожа солнца пахла хурмой, а всё вокруг было из соли и рыбы,
даже заснувшая фура.
Шли, не останавливаясь,
от Евпатории и до Фороса,
последние дни последнего времени
(что и как, теперь уж не важно).
А было лишь – рубашка из японского батиста
в цветах вишни, сшила сама.
Час, другой. Денег нет, да их и не будет, и с этим уже примирилась.
Дети? Зачем, в двадцать лет, а хотя... Но тогда стало ясно,
что и детей-то не будет, и мужа, и дома,
и что всё: какая-то литература, стихи, выступления, дружбы –
всё как закатная пара часов,
не привязанная ни ко времени и ни к пространству.
Даже море казалось почти лишним,
нелюбимое Чёрное море.
...а до сна ещё долго.
Хотелось бы сна.
Волновалась рубашка, ноги казались длиннее и тоньше, волосы...
Что там. А солнце лежало хурмой,
утешительный вкус сладкого фрукта, да хоть и незрелой клубники,
промытой в солёной воде.

Евпатория, 02.09.1991

ЧЕЧИК ФЕЛИКС (Израиль)
ПОЭТ

* * *

А помнишь, как в Крыму
цикады не давали
уснуть, и потому
мы до обеда спали

с тобой, и наши сны
брели по одиночке
до будущей весны
и до рожденья дочки,

когда сольются вдруг
в одно два сновиденья,
как радости испуг
и страх грехопаденья.

2011

* * *

разговоры говорили
разговоры говорим
не в крыму а в киммерии
не россия третий рим

привыкают уши к вате
рот закован немотой
и барахтаюсь в леванте
и кемарю на святой

2012

* * *

Мы не были в Крыму
почти что четверть века:
и море солоней
и галька измельчала;
как если бы сквозь тьму
смотреть на человека,
что растворился в ней,
как в тишине начало.

2012

АЛУШТА

безразличен водолазу
беспредел небесных тел
опустился и ни разу
он о том не пожалел
жаль что понял слишком поздно
и всплывёт уже вот-вот
а над ним морские звёзды
освещают небосвод

2014

* * *

Ближе к закату осеннему или
только в начале, –
мы коктебельской кефалью кормили
с палубы чаек.

Счастливы были, как малые дети, –
тоже крылаты! –
и растворялись в сентябрьском рассвете
наши закаты.

Криками чаек рассвет потревожен
или ласкаем?
Справа под облаком смотрит Волошин
профилем скальным.

Слева над облаком клин гистиный,
словно магнитом
из белорусской родной палестины
в наши транзитом.

2012

КОКТЕБЕЛЬ

на фоне
моря
любви
и женщин
нет вони
горя
увы
не меньше

2014

* * *

колокольчик полегче
звени ни по ком
тихий ангел с предплечья
взлетел мотыльком
и летит и ему
светит словно звезда
остановка в крыму
на пути в никуда

2014

* * *

ах завидую самому
даже стыдно сказать себе
что отсутствую я в крыму
но присутствую в сентябре

свет невыплаканных очей
память сердца и смена вех
означают сентябрь ничей
т.е. всех

2014

ШЕРБ МИХАЭЛЬ (Германия)
ПОЭТ

НАБЕРЕЖНАЯ

М. Волошину

Хранитель мой, ранитель – Мефистофель
Зажал стальное время в кулаке.

Плыл в небе тополиный Севастополь,
Плескалась Ялта в солнечном желтке.

Норд-ост сухим песком полировал
Бутылочный осколок континента,

И набережной праздничная лента
Изгибом намекала на овал.

День маялся под жирным слоем грима,
Захлопнув звуки створками дверей.
На леденцово-хрупкой кромке Крыма
Застыл лимонный привкус фонарей.

Был новый век упруг, заманчив, юн,
И покрывалом над его постелью
Спадал прозрачный рой алмазных рун
Прохладною оливковой метелью.

ПЛАЧ О КРЫМЕ

Мой пыльный край, античность и архаика.
Над заревом листвы светлозелёным
Поднявшись, полуостров Крым порхает, как
Бесцветный мотылёк над горным склоном.

Упрямого суглинка сухожилия
Да перья пара над хребтами-хордами.
Аркадия, Ливадия, идиллия:
Италия под орочьими ордами.

Ты жажду утолишь водою талою,
Взовьешься,– кипарисом или тополем,-
Над виноградно-яблоневой Ялтою,
Над плоскою казармой Севастополя.

Но спрячься, затаись, покуда велено
Бросать в котел кипящий злые специи.

Твои одежды навсегда отбелены
Слепящим солнцем Турции и Греции.

С ТЕХ ПОР, КАК ТЫ УЕХАЛА ИЗ Д.

> *И если мне захочется любить,*
> *придумаю тебя с ножом в арбузе...*
> *Wasserman*

С тех пор, как ты уехала из Д.,
Из К., из П. и далее везде,
Вонзая шпаги молний в брюхо моря,
Гроза прогрохотала на арбе,
Соорудив (Мираллес? Корбюзье?)
Прозрачный куб из ветра и историй.

А я пытаюсь встать из-за стола:
В единый ком слипаются слова,
И цепью: за лавиною – лавина, –
Без паузы, без перерыва, длинно,
Медовая жевательная вязь,
Попса, джинса, пыльца аквамарина.

Навстречу плыл печальный карнавал.
Я кланялся, я руку подавал
Тореадорам в платье скоморохов.
Мой город выл, мой город падал ниц,
Сбегал к воде, цеплялся за карниз
И рассыпался мраморным горохом.

Но за спиной дышал сосновый лес,
И камешек-янтарь, как леденец,
Лежал у ног, обсосанный волною,
И лопались цветные пузыри,
И тыкалось в ширинку изнутри
Упрямой, умной мордою коровьей
Желание – любовь на безлюбовьи.

Бывало, вспыхнет яблоня в дыму,
Или миндаль на родине, в Крыму,
Вдруг расцветет, – неробко, негасимо,
И в воздухе дрожит, как Хиросима, –
Сверкать и спать, – в густую пелену…
Ну как тут не прочувствовать: в плену
Кровавой глины, пыльного кармина,

Танцует жизнь, бесцветная Кармен,
Иродиада, наволочка, чайка,
Отскочит взгляд – бессмысленный всезнайка –
Хохочущий над Деей Гуинплен, –
От полушарий матовых колен, –
И брызнет слёз серебряная стайка.

И брызнет серебристая икра,
Условность, иерархия, игра –
Скукожились до рамы, до оправы
Шагальего гостиного двора,
Шагальего павлиньего пера, –
Дубового дупла Гранд-Опера,
Алхимии, целительства, отравы.

Танцуй, Кармен, на плоскости стола,
Пока тебя не вздернет каббала
Качаться на путях спиральных странствий,
На нитках неэвклидова пространства
Качайся, закусивши удила,
Замешивай невидимую глину,
Покуда ангел скальпелем крыла
Не рассечёт тугую пуповину.

Танцуй, Кармен, пока не родила!

ШИШКИН АЛЕКСАНДР (Россия)
ПОЭТ, ИЗДАТЕЛЬ

КРЫМ

Допей глоток
Из кружки терракотовой.

До берега – ладонь,
И локоть – до Ай-Петри,
А ветер дунь –
Моделью кордовой
И ты в качающейся пе́тле.
Черна Кармен,
И губы – карамель,
И кровь – вино,
Но небо, как матросское сукно,
Черней Кармен,
Пьянее, чем вино.

1978

* * *

Рука чуть влажная, как небо,
Её коснуться невозможно...
А раньше соль морскую слепо
Смывали губы осторожно.

Пугалась наступать на камень
И повредить больную ногу,
И прислонялась так руками,
Будто боялась недотрогать.

Сабо́ стирались,
Плиты Крыма,
Гурзуф горбатый под ногами –
Воспоминания, как глыба,
Срывающаяся под нами.

1975-82

ПЕЙЗАЖ В КРЫМУ

Как сухо.
Но дикие розы застыли
На камнях подёрнутых вечною пылью
И трепетом жара.
Цикады невидимы,
Море шумит за скалою,
И голову клонит
Неумолимо
К родному плечу.
И вдруг вспоминаешь, как ставил свечу,
От запаха роз над засохшей травою.

26.04.1995

* * *

Екатерине Дайс

Дорога вихляет – блохастый пёс –
Пощёлкивая зубами

Фар мелькающих: поворот-откос –
В гору, к луне в овале.

Где-то справа, как сгнивший зуб,
Прячет ночь за щекой Ай-Петри,
А слева внизу
Море, в чашке Петри

Взвешивает Гермес груз
Кораблей, ушедших навечно в пену,
Точно торговую казну
Крымской геенны.

Ночь задушит остатками пепла сны,
Чёрным бушлатом небес прикрыв матросов.
Корабли не видны. Видны –
Звёзды, каменные колоссы.

Трасса жаркого ада ведёт к воде.
Море гудит и бьётся.
Тени на волнах кричат в темноте
Тем, кто остаётся.

Алупка, 23.08.1910

ШНЕЙДЕРМАН АСЯ (Россия)
ПОЭТ, ПРОЗАИК, ПЕРЕВОДЧИК, ХУДОЖНИК

ЕВПАТОРИЯ

Любе Добашиной

Пыль непыльная, грязь негрязная.
Грязь лечебная, пыль полезная.
И поэтому даже взрослые
без стеснения ходят грязными
и детей не зовут проказниками,
хоть они и бегают грязненькими.
Словно в белой целебной мази,
с ног до носа все в чёрной грязи.
Но не чёрное – море Чёрное –
в нём прозрачная кипячёная
пузырится, шипит вода.
Потому-то здесь и мороженое
абсолютно не замороженное.
Отнесись к нему настороженно,
а купил, так ешь осторожно.
Тени нет ни от стен, ни от тентов, -
никуда от солнца не деться,
лучше сразу ему отдаться,
лучше сразу совсем раздеться,
раствориться на сто процентов.
Но не просто в металле бронзовом
прочном, вечном отлить тела:
разомлел, перебрал тепла –
точно пышная роза розовым

пышешь жаром, горишь на пламени
медно-медленного огня.
Зелень летняя незелёная.
Соль лиманская несолёная.
Зелень жухлая, зелень жёлтая.
Соль лиманская – горечь горькая.
А пошёл гулять на Сольпром -
не пугайся, – не кровь, а бром
соляные озёра красит
цветом праздника, цветом красным.
Но зато на базаре «синенькие»
без обмана возьмёшь – тёмно-синенькие.
День и ночь под небом лежали -
стали синими баклажаны.
За короткую толстую веточку,
как за длинную тонкую ниточку,
баклашарик воздушный хватай –
в облаках над Крымом витай.

* * *

За дорогу ногами и взглядом цепляясь,
пробираюсь меж шестернями солнц и колючек
к границе двух государств суверенных –
Суши и Моря,
где в саламандровых куртках
бессильны бельма радаров
и откуда не смогут погнать на КП
проверять документы.
А маяк в застиранном тельнике
на меня сияющим глазом посмотрит,
как я – на море, песок и солнце, –
без восторга и не сокрушаясь, -
и уйдёт,
         а я останусь.
Ведь и я уйду,
              а солнце останется.
Ведь и солнце зайдёт,
                а море останется...

1992

ЗАКЛИНАНИЕ

Какое красивое море
красивое синее море
синее-синее море
иссиня-синее море
истинно иссиня-синее
и интенсивно красивое –
красивое сильное море
сильно красивое море
невыносимо синее
неизъяснимо красивое
с ним и я иссиня-синяя
сильная и красивая
Море, неси, неси меня

БАХЧИСАРАЙ

Бусина бисера –
ханская рисина –
льдинка в бокале вина
сумерек –
месяц
над черепицами крыши дворца –
губами гаремных красавиц
сдавленным вздохом летит,
теряется эхом
в складках стёганых гор:
бисер серебряный
к чёрному шёлку небес пришивая
минаретами-иглами,
пальчики в кровь искололи.

За ужином
хан проверяет работу,
гулко стучат о небесный фарфор минареты.

В капельках пара
пахучего чая внесли пиалу –
из чаинки проросшую чайную розу в вечерней росе.
В полдень
шмель
опускался с рычанием –
тигр крылатый,
властелин садовых наложниц,
в тень лепестков
и, пресыщенный нежным нектаром,
лишь пригубил.

* * *

Полоска полуденной тени
на отшибе построенной
свежевыбеленной необжитой ещё многоэтажки
(строительный мусор, бытовки,
однообразно пустые балконы,
шахта лифта скрывается
за украинским орнаментом
строгим бетонным крестиком,
странно не тронутым зеленью:
лозы привязаны к колышкам,
не достают до карнизов первого этажа)
южных мальчиков дюжину –
смуглых коротко стриженых
прячет с трудом –
арбузы краденые не умещает –
мячи из звонкой резины
(но не бросай – расколешь!)
раскалённые на солнцепёке
(не удержать – выпрыгивают),
тёмные, точно головы
двух продавцов, говорящих
между собой по-татарски,

что остальным не мешает
спорить, шутить, ругаться
друг с другом и с ними по-русски,
давать щелбаны и толкаться:
сложно вдвенадцатером столковаться с одним покупателем:
"Цена о-го-го-го-громная!
Товар совсем крох-ох-охотный!" –
он на своём настаивает,
арбузы в сеточку складывает,
уходит в город Гезлёв *
на Коломитский залив.
Там он угол снимает –
пляжный топчан в беседке –
с удобствами во дворе,
но это его не смущает,
поскольку ничуть не мешает
вживаться в доподлинный Крым,
хотя кроме слова "Крым"
по-крымско-татарски
едва ли
сумеют хоть что-то сказать
друг другу
жители города.
И это им не мешает.

Гезлёв – средневековый татарский город на территории современной Евпатории

1994

ШНЕЙДЕРМАН ЭДУАРД (Россия)
ПОЭТ, ЛИТЕРАТУРОВЕД, ТЕКСТОЛОГ, ПЕРЕВОДЧИК
1936 – 2012

НОЧЬ НА ЧАТЫРДАГЕ

1

Вечерний рассказ.
Свет солнца погас,
и радует слух
вечерний петух.

Доносится смех
вечерних собак.
Звенит без помех
на вечерних холмах.

Довольно ходить
до вольных долин!
Устали в пути.
Луна, освети
дорогу,
взойди
из-за диких камней –
из-за каменных спин
рассеивать сплин!

2

Где вороном мрак
крыла распростёр,
раскинем бивак,
разложим костёр.

Когда костерок,
скакуч и горяч,
запляшет у ног,
становишься зряч.

Согрелись чуток.
Кипит кипяток.
Развяжем мешок,
разрежем кусок.

Плавленый сыр,
чёрный чифир.
Но без стихов -
это не пир.

3

Где вороном мрак
крыла распростёр,
лети, Пастернак,
на высокий простор!

Где, волей дыша,
мужает душа,
звучи, Мандельштам,
по раздольным местам!

Музыкой сфер -
Рильке, Бодлер!
Музыкой вер –
Аполлинер!

4

Пора отдыхать,
ночлег подыскать.

Пещерка – отель.
Постелим постель.

Ветер, лети,
тучи верти,
взбивай облака,
гони под бока:

перистый клок –
периной под бок,
подушкой – другой,
а третьим укрой,

и – спать.

5

Но толкнёт
внезапный порыв.
Иль дьявол несёт
на край, на обрыв

(наощупь – на шаг
от бездны, на вздох
от смерти)?
"Решай! –
взметнётся душа. -
Полёт разве плох?!" -
"Мне жизнь хороша!"

Эй, Чатырдаг,
Крыма чердак
не урони!

...Вижу огни,
точно нити держу от насиженных мест -
от семи человечьих гнездовий окрест.
В море они
моют огни...

Чёрт-Чатырдаг,
не оброни!

...Осыпь.

6

Наклонена,
ворожит луна.
И заскакал
карнавал скал.

Я ли искал
в скалах оскал?!
Сколы скалы? –
Скулы круглы.

Кажется, грот? –
Каменный рот!
Помнится, лаз? –
Пристальный глаз!

Хмурый народ
твёрдых пород,
базальтовых лбов,
неподвижных слов, –
ты явь или бред?

...Скрылся - и нет.

7

Р а с с в е т .

07.1979

* * *

Старая туя у дома жила,
скудную влагу из почвы пила.

Пушистые звёзды на ней ночевали,
а по стволу муравьишки сновали.

Горлица утром на ветку слетит,
глиняной детской свистулькой свистит.

Что же нам белкой безумной кружить?
Можно ведь просто, бесхитростно жить!

15.08.1993
Евпатория

* * *

Собака
мудрым носом в лапы утыкаясь
зажмуривается
и до утра
вся в шерсти запахов степной безбрежной ночи
диковинных
застрявших в жаркой шерсти
в шерсть памяти внедрившихся навек
всю ночь цикадную до птичьего рассвета
лежит-бежит от счастья обмирая
прокладывая сильной грудью
тропинку знойного степного сна
о травяном цветочном горном рае
который люди кличут *Чатырдаг*

09.1992
Евпатория

Тексты предоставлены дочерью автора Асей Шнейдерман

ШРАЕР МАКСИМ Д. (США)
ПИСАТЕЛЬ, ПОЭТ, ЛИТЕРАТУРОВЕД, ПЕРЕВОДЧИК

ТРИ СОНЕТА С КРЫМСКИМИ РЕМИНИСЦЕНЦИЯМИ

СОНЕТ С МАРГАРИТОЙ

Девочки целуют стариков,
бабочки сосут нектар растенья;
Маргарита не стыдясь своих оков
со мной отпраздновала день растленья.

Она сияла, словно аметист,
она преображалась на постели,
и тут я вспомнил — не поверите — о степи,
о том, что коростовник золотист.

И что своим дрожаньем ковыли
и жаром, исходящим от земли,
напоминают треугольное пространство,
которое колышется и ждёт,
когда его накроет сладкий гнёт,
когда на землю небо упадёт.

СОНЕТ В ДУХЕ ПИКАССО

Квадратным ртом,
прямоугольным телом,
привидится потом...
А нынче ангелом
со стройными ногами,
и персиковой крымской кожей,
и формами нагими,
и непохожей
ни на чью улыбкой...
Лет через сорок
ты ужаснёшься ловкой
подделке. Значит срок
модерна наступил и время
уродовать воспоминаний бремя.

В ЯЛТЕ

Мне снилось: мы с тобой аристократы
в какой-то опустившейся стране,
мы пьём вино, с утра играем в карты,
читаем в новостях о сатане,
родившемся у пожилой кухарки,
потом гуляем в гавани, где чайки
клюют бычков, похожих на окурки,
плывущие к причалу на спине.

«Аристократы? В чём же благородство?»
ты говоришь, а мы с тобой бредём
по гавани. Случайное уродство
царит над красотой, и здесь наш дом,
мы не в Крыму, а здесь, в Америке, умрём
под флагами морского пароходства.

ШРАЕР-ПЕТРОВ ДАВИД (США)
ПОЭТ, ПРОЗАИК, ПЕРЕВОДЧИК

НАТЮРМОРТ

Лимон, помидор, яйцо,
Твои золотые пальцы,
Краба скалистый панцирь,
Сброшенное кольцо.
Стул, купальник, стихи,
Трек телефонный, ласты,

Курево против астмы,
Комнатные грехи.
Приёмник, окно, дуб,
Голуби и газеты,
Пепел и сигареты —
Макет обгоревших труб.
Губы, ресницы, моря,
Солнце. Простыни к чёрту!
Ты ведь моя! Моя!
Да оживут натюрморты.

1962

ОСЕНЬ У МОРЯ

Нынче прозрачная осень,
Ещё не бывало таких.
Вдоль берега моря ослик
Бредёт, расседлан и тих.
Он отмечает копытцем
Последнюю пристань листа
И уходит напиться
В забытые нами места,
Куда паучок, как всадник,
Ведёт его под уздцы.
Там высохший виноградник
В море макает усы.

1962

ПОДВИГ

Памяти В. Набокова

Вернуться в Помпеи, на Капри, вернуться отсюда
В такие места запредельные, в щёлочку их пролетел.
Вернуться. В траттории быть половым или драить посуду,
И с берега камушки в синее. Ты не у дел.

Ты больше не лорд захудалой предместной усадьбы,
В которой от дивных соседских собак затерялся забор.
Ты больше не горд, ты случайность, ты свары и свадьбы,
Собачьей пирушки звонарь, органист и собор.

В такие места запредельные: Капри, Помпеи иль Бухта-Барахта
Бежать и утапливать камушки-рифмы солёной тоски.
Из самой цветущей, куда занесло тебя дьявольским фрахтом,
Затеянным в городе-бухте родном — до могильной тоски.

1990

ДОМИК ЧЕХОВА В ГУРЗУФЕ

Здесь Чехов писал «Трёх сестер»,
А нынче пылает костер

Осенних шаров золотых
И море кидается в стих.

И речка, подобна ужу,
Сползает пятнистая с гор.
И я до сих пор ухожу,
Уйти не могу до сих пор.

1991

НА ВОЙНУ

мне приснилось что я провожал на войну
моего лучезарного сына
я ему бормотал про победу весну
а его уносила стремнина
обгорелые древки бесславных знамён
колыхались над пешим полком
до меня долетали обрывки имён
или помесь слёзы с хохотком
барабана басок бригантина трубы
уплывали покуда вдали
новобранцы исчезли и пыли столбы
унеслись как в моря корабли
я остался стоять обгорелый как пень
на опушке грядущей войны
и откуда-то бил барабан целый день
и труба не скрывала вины

2008-2009

ВОЗВРАЩЕНИЕ ИЗ ПУТЕШЕСТВИЯ

кто эти люди которые входят в белый коттедж
в самом центре бостона
напротив старинного парка
он перезвоном ключей подтверждающий право
дверь отворить и секретку
выключить чтобы себя осознать властелином
комнат внизу и вверху и в полуподвале
где в темноте дремлют коллекционные вина
кто эти люди он и она которых
память сигналит припадком сирены
я помню
море стонало швыряясь солёным коктейлем
водорослей зелёные волосы шлёпались на деревянный настил
пляжного променажа
прятались стаи курортников в полуподвальном баре
он и она словно шторма не замечали
шагали по пляжу
что-то они обсуждали выкрикивали в обиде
словно швыряли друг в друга
водоросли запретных слов и не ждали как будто взаимных
признаний
кто эти люди он и она которые входят
в белый коттедж визави городского парка

вносят они чемоданы и сумки
набитые водорослями недоумений
вытащив чемоданы и сумки
из багажника автомобиля
предполагаю
одной из коллекционных марок
это как вина картины монеты коллекционные марки
сумки и чемоданы и другую поклажу
из багажника автомобиля
что они скажут друг другу
годы прошелестели
водорослями волос поседевших
которыми море швырялось не зная
что в чемоданах и сумках в белый коттедж
принесут он и она пересохшие воспоминанья
о бушевавших когда–то страстях
о выкриках обвиненьях упрёках
о солёном коктейле шторма
срывавшего водоросли
со скал равнодушной стихии

2008-2009

ШУЛЬПЯКОВ ГЛЕБ (Россия)
ПОЭТ, ПРОЗАИК, ПЕРЕВОДЧИК, ТЕЛЕВЕДУЩИЙ

* * *

Татарская «Старая Крепость»
на левом плече Коктебеля –
зажарь мне кефаль на мангале
и рюмку мадеры налей

> *– пока не стемнело над морем,*
> *мы с морем та-та-та поспорим,*
> *и нам та-та-та-та-та рифмы*
> *та-та-та, та-та-та, та-та...*

Но что-то не сходилось в этот вечер
на каменной веранде Коктебеля.
«Иван Шмелёв» у пятого причала
пытается напрасно бросить якорь –
с такой волной!
и катер сносит в море.
А я прошу татарина – мадеры.
Когда холодный ветер гонит волны
и мелкий дождь качается над ними,
мне в Коктебеле, кажется, звена –
зерна – узла – недостаёт в пейзаже.
Зря ветер перелистывает волны.
Из этой книги вырваны страницы.
Я заплачу промокшими деньгами
за рыбу на мангале.
Мой татарин
смахнёт объедки, лавки и лотки
и чёртовы отроги Карадага

на ветер.
Сырая парусина лупит воздух.
Накрашенная баба в караоке
рыдает про измену и любовь.
Я слышу на бильярде стук шаров.
Мне в Коктебеле кажется – судьба
бросает на сукно в шалмане жребий.
Скажите, что за числа на шарах?
Мне отвечают, ночью на дороге
разбился грузовик; что все погибли.
Один татарин в розовом трико
картонкой молча машет у мангала,
и я пойму, что рифмы для распада
не существует.
На каменной веранде Коктебеля
я слышу, как «Иван Шмелёв» даёт
второй гудок – и отплывает.
С такой волной! он курс берёт на Керчь
и с ходу набирает обороты
А я сижу, и кажется, что глина
полосками стекает по лицу.
Я трогаю лицо, но рук не вижу.

В такие дни в Крыму темнеет рано.

2004

ЩЕРБАК-ЖУКОВ АНДРЕЙ (Россия)
ПОЭТ, ПРОЗАИК, КРИТИК, ПУБЛИЦИСТ

КРЫМСКИЙ БЛЮЗ

Южная ночь...
Блеском моллюсков мерцает прибой.
Пьяный – точь-в-точь,
Словно, возлюбленный прерий, ковбой
Я иду по песку,
И только небо способно понять мою тоску...

Теплый кагор...
Что может быть лучше массандровских вин?
Стих разговор,
И в целом свете оставшись один,
Я иду по песку,
И только небо способно унять мою тоску...

Клятвы на веки
Канули в реки
И растворились в стремительном беге.

Если я в Лету
Кину монету,
Не обязательно снова приеду...

Дальних огней
Свет одинокий ползет по воде.

Мысли – о ней...
Не разбирая пути в темноте
Я иду по песку,
И только небо способно отнять мою тоску...

Остров Тузла, Керченский пролив,
Палаточный лагерь фантастов «Комариная плешь», 1994

ЭЛИНИН РУСЛАН (Россия)
ПОЭТ, ИЗДАТЕЛЬ, КУРАТОР
1963–2001

СТИХИ ИЗ ЦИКЛА «ИЗ КИРНА (КИММЕРИЙСКИЕ ПИСЬМА)»

* * *

Здесь такие серьёзные чайки, Вардгесович,
я не слышал их смеха,
Я не пил здесь волнующий сок винограда и женщин,
Зато видел тебя под Неаполем Скифским.
Приснилось?
Я не стал подходить: ты ругался с Джорджоне,
она так хохотала над вами,
что мне её вдруг захотелось.

* * *

Вардгесович, друг мой, зачем
ты спрашиваешь какая она.
Разве мало того, что я её полюбил.
Взглядом с автопортрета гляди на меня, на себя и рисуй
остывающий день с наполненным птицами небом...
А ещё у неё очень тонкие ноги.

* * *

Если б ты знал, Вардгесович, как тут жарко.
К счастью много воды
и тени.
Рыбы в море ведут себя непонятно:
то излишне доверчивы, то осторожны излишне.
Я полюбил их.
И это
для меня тут
содержит тайну.
Это держит меня.
Ещё тут варят хороший кофе,
а в полдень довольно интересно заниматься любовью.
Чуть не забыл: на этом острове
моя жена – самая красивая женщина...
И последнее: остров кишит гетерами, это терпимо,
но нет ни единой пифии.

* * *

Друг мой, я расстрою тебя,
Салгир за последний век так обмелел,
что кажется умер.
Больно переживать друзей.
Ещё больнее себя.
Ты подержись ещё.
И я постараюсь.
Этим мы сильно друг другу поможем...
А ещё у неё безумные кисти,
ей бы поменьше краситься,
да поменьше гримасничать перед камерой
и умереть или ожить
хотя бы на четверть.
Да, Вардгесович, я избалован –
не кем-то – собой,
согласись: это очень приятно.

Керчь – Симферополь, 1994.

Тексты предоставлены супругой автора Еленой Пахомовой

ЮДИН БОРИС (США)
ПОЭТ, ПРОЗАИК

К Р Ы М

Эос с перстами пурпурными вышла из мрака.
Тени неверны, как жёны, и склонны к измене.
Ночь была потно-глухой. Только выла собака
На бутафорски-картонный абрис Аюдага
Да Афродита мерещилась в кремовой пене.

Эос с перстами в крови под кликухой «Аврора».
Колосники тяжелы и на дно тянут гардемаринов.
Слышишь – стихи прорастают из грязи и сора,
Чтобы в Чека неповинный Поэт шёл с повинной.

Чтобы «Серебряный век» позабытою ложкой в стакане
Звякнул тихонько. Чтоб пахло полынью и мятой.
Скалится «Век – волкодав» и толпа на горячем майдане.
Обыск, погромы, расстрелы, в заложники – каждый десятый.

Крым – за кормой кораблей уходящих, играющих в прятки.
Список Гомера уже Мандельштам дочитать не успеет.
Всё позабудется, кроме стихов в пожелтевшей тетрадке.
«Скрым!» – вскрикнет галька на пляже под твёрдою пяткой.
Крым... Аромат поцелуя и платьице из бумазеи.

ПЕРВАЯ ВОЛНА

Гарь Перекопа, волн безбрежье,
Военный госпиталь, кровать...
И всё же в «Дальнем зарубежье»
Нам предстояло умирать.

И мы легко и бестолково
Ходили в небе босиком,
Отравленные русским словом,
Как тройка пыльным большаком.

АЛУШТА. ВЕЧЕР

Пляж безлюден. Вечер. Жарки зори.
Чайка – на замшелом валуне.
Женщина идёт по кромке моря
И не вспоминает обо мне.

Мидий перламутр, осоки остров
И песок под пяткой – хруп да хруп.
Женщина заметит рыбий остов –
Улыбнётся уголками губ:

Мол, похож на стрелку Купидона.
Небо низко, в тучах – седина,
Чаек астматические стоны,
Запах йода, гнили и вина.

ТАВРИЯ 2050

Рыжеет около двери забытая подкова,
Свирель, ручей, и старый фавн, и болтовня наяд…
И процарапано гвоздём на стенке «Здесь был Вова».
Кентавр натягивает лук и волны шелестят.

КОКТЕБЕЛЬ

Пляж. Карадаг подёрнут дымкой.
Волны бодрящий холодок.
Найду себе сердолик с дыркой
По имени «Куриный бог».

Найду и жизнь при амулете
Помчится задом наперёд.
Тогда хоть кто-нибудь заметит,
Тогда хоть кто-нибудь поймёт.

Девиц щебечущие стайки,
И пляж нагрет и полунаг.
Кричат хохочущие чайки :
– Дурак! Какой же он дурак!

ЯРОШЕВСКИЙ ЕФИМ (Украина)
ПОЭТ, ПРОЗАИК, ФИЛОЛОГ

КРЫМ

Я путешествовал тогда, имея виды
на берега Тавриды.

Там море,
там в морской воде блестят болиды.
Там долго не купаются киприды,
там по ночам летят одни ставриды
и медленно гуляют нереиды.
В соседних домиках шьют обувь инвалиды.
Там шепчутся веселые наяды
и шьют свои наряды...

Слепящий звездный дождь
(сверкают Леониды),
там бродит старый вождь,
неся свои обиды...
Теперь там холодно
(сплошных сюрпризов груда).
Кругом простуда!
Там одинокий колокол звонит
и всех зовёт в зенит.
Там ночь, шальные ветры и ринит
у сторожа. Там дождик осторожно моросит.
Там пусто. Там листва под дождиком дрожит.
Там бродит Вечный Жид..

2

Меж тем, пока Москва дымит,
пока над составленьем гороскопа
корпит Европа, –
на кухне у случайного соседа
кипит беседа...
Там собрались ночные архимеды,
домашние мыслители, поэты,
бездельники и кифареды,
масоны, иудеи, выродженцы
(в суровой жизни сущие младенцы)
и отщепенцы...
«Конечно, мы немолоды и седы, –
один из них твердит, –
у нас свои проблемы,
(и мы не немы!)
Но к нашему житью нельзя привыкнуть –
и надо крикнуть!»

Наверняка их ожидали беды
к концу беседы.

ВРЕМЯ ЖИЗНИ

Глинобитные стены куриных домов и кварталов,
где навозные дыни и рикши
курлычут вдали о тепле.
В санузле непогода...
Корневые системы работают долго и вяло.
Человек, задыхаясь от смога,
читает на кухне Рабле.

Сквернословит труба...
Совершает полет по орбите

премированный вишнями маленький Чук или Гек.
Тяжко дышит, напившись капели,
горбатая чайка в зените.
Еле правя державой,
покидает санузел
медлительный старый генсек.

* * *

Мастерская

На лопнувшей стене печать глухой разрухи...
В потёках от дождей проступит натюрморт.
И мы забудемся... и затоскуют руки,
и в пальцах вздрогнет мир, и задохнётся порт.

И, мхом поросшая, вдруг запоёт рапана,
и каракатица вдруг выползет со дна,
и голубой моллюск проснется из тумана,
прихлынет океан,
         и сверзнется стена!

И мир наполнится гомеровской октавой –
гекзаметром воды – размером бытия.
И стих исполнится целительной отравы –
духовной жаждой снов, еды и пития.

* * *

Холодный ветер юга продул кварталы лета,
весь город был оставлен и брошен наугад.
Раскинутые ноги старинного буфета, –
все кинуты на ветер –
кто беден, кто богат.

Ах, этот ветер юга! Прощай, ещё не вечер...
Живи ещё полвека и продувай дворы.
Оставь нам тяжесть моря, которое нас лечит,
не отдавай пришельцу
ни Крыма, ни Твери.

* * *

И ускользающий, и женственный и легкий,
Стих Пушкина курчавится, как влага,
Из отдыхающих, влачащих влагу легких -
Дыханье сонное степи и Аю-Дага.

Где печенегами текла за ратью рать,
Бахвалятся стихом, не знаются со знатью...
«У греков – жизнь любить,
у римлян – умирать!»[1]
А если умирать, то средь стихов и братьев.

[1] *Александр Кушнер «На выбор смерть ему предложена была...», 1975 г.*

Создатели геопоэтического проекта НАШКРЫМ выражают сердечную благодарность всем, кто оказал неоценимую помощь в создании и продвижении этого проекта:

Екатерине Дробязко
Елизавете Гиппиус
Эльвине Зельцман
Фёдору Ткаченко
Асе Шнейдерман
Миле Сапгир
Татьяне Сабуровой
Ольге Кушлиной
Анатолию Кудрявицкому
Борису Марковскому
Сергею Сутулову-Катериничу
Алле Макеевой

Елене Гавриловой
Гарри Лайту
Дмитрию Дону
Владимиру Гутковскому
Андрею Урицкому
Дмитрию Лосеву
Алексею Блажко
Ирине Акс
Дмитрию и Алле Лисовецким
Олегу Зиньковецкому
Эдуарду Шнайдеру

СПОНСОРЫ ПРОЕКТА

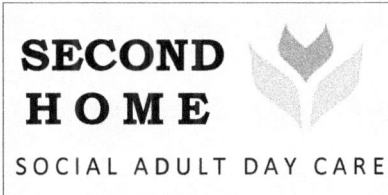

ИНФОРМАЦИОННЫЕ СПОНСОРЫ

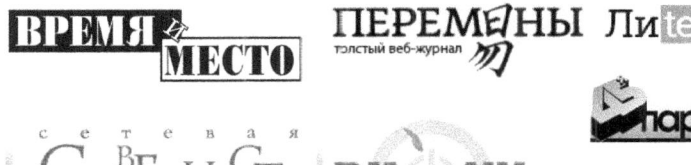

Международная поэтическая антология

НАШКРЫМ

Редакторы – Геннадий Кацов, Игорь Сид
Компьютерная верстка, макет – KRiK Enterprises Inc.
Дизайн обложки – Рика Кацова

Составители антологии: Игорь Сид, Геннадий Кацов, Рика Кацова

Бумага офсетная.
Гарнитура Bookman Old Style
Тираж 1000 экземпляров
Сдано в набор 09.25.2014
Подписано в печать 11.10.2014

Издательство «КРиК»
www.krikph.com

Электронная версия антологии
www.nkpoetry.com

www.ingramcontent.com/pod-product-compliance
Lightning Source LLC
Chambersburg PA
CBHW070637160426
43194CB00009B/1483